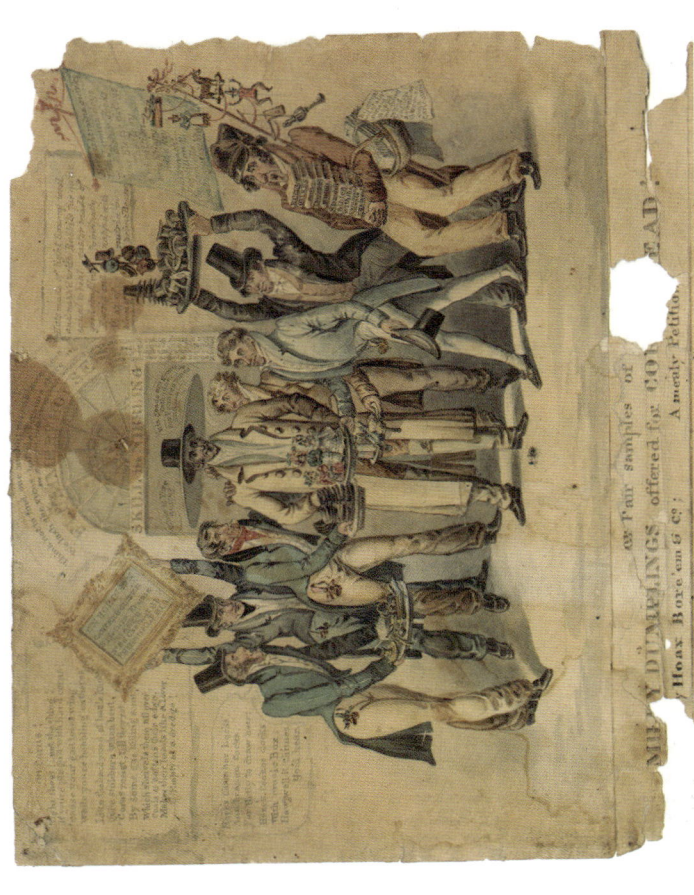

彩图 1 "花言巧语"和"俏皮怪话"的卖家常常吹嘘他们琐碎而廉价的商品。爱德华·克莱（Edward Clay），《玉米面包搭配的牛奶饺子》(Or Fair samples of MILKY DUMPLINGS offered for CORNBREAD)（费城），约 19 世纪 30 年代）。费城图书馆公司。

彩图 2　大萧条期间，杂货店经营者们用更理性的方式陈列商品，确保明码标价。阿瑟·格拉克（Arther Gerlach）拍摄，来自《伍尔沃思价值 $250000000 的招数》（*Woolworth's $250,000,000 Trick*），载于《财富》杂志，1933 年 11 月。

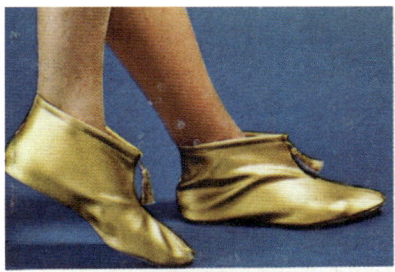

OH! THEM GOLDEN SLIPPERS! . . . A glittering fashion touch for sleek silk & velvet pants, floor-length skirts, all your "at home" outfits. Marshmallow-soft golden vinyl; sparkling tassles. Suedine foam sole; faille-lined.
☐ Golden Slippers
Small 4½-6 (H-32623D) $2.95
Medium 6-7½ (H-32631D) $2.95
Large 7½-9 (H-32649D) $2.95

GENUINE HUMMEL NOTES . . . The original, world-famous Berta Hummel designs reproduced on quality note paper. Adorable collector pictures in soft rich colors—trimmed in gold. A pleasure to receive! Ass't prints. Fine quality paper stock—single fold—4½" x 3½". 15 with envelopes.
☐ Hummel Notes (H-31948D) $1

LIVE THE LIFE OF A MERMAID . . . Dive, swim, shower and keep expensive hairdo in. Specially fabricated rubber strip fits comfortably under bathing cap. Absorbs no water. Adjustable. Velcro closing. Seals at the touch. Protects bleaches & tints.
☐ Mermaid Band (H-35683D) $1

SHUFFLE CARDS AUTOMATICALLY!! . . . 1, 2, even 3 decks at one time . . . Card Shuffler does a thorough job automatically!! Never a shadow of a doubt! Fast, easy . . . just place cards on tray and revolve! Presto; a "square deal" every time! Use bottom side as a Canasta tray! Sturdy plastic, ass't colors.
☐ Shuffler (H-51177D) $1

34 PRESIDENT STATUES . . . COMPLETE FROM WASHINGTON TO KENNEDY . . . A magnificent collection . . . your own museum display of miniature carved statues of every president of the United States. Each authentically detailed from head to toe—from the lifelike, familiar faces to the typical gestures & dress of each president. Each poses on a gilded pedestal printed with name & dates of office. An impressive display for den, office, living room, hobby room! Comes in "picture frame" box to hang on wall. Plastic statues, 1¾" high.
☐ 34 President Statues (H-49825D) $3.98

49

彩图 3　这是 1964 年斯宾塞礼品目录中的一页，上面展示的塑料拖鞋、橡胶浴帽、自动洗牌机和总统小雕像可能都是日本制造的。

彩图4　公司往往不遗余力地为它们的廉价免费赠品增添一圈尊贵的光环,比如以全彩方式呈现。李氏制造公司的《李氏畅销商品赠品的奇妙目录》,1924年。

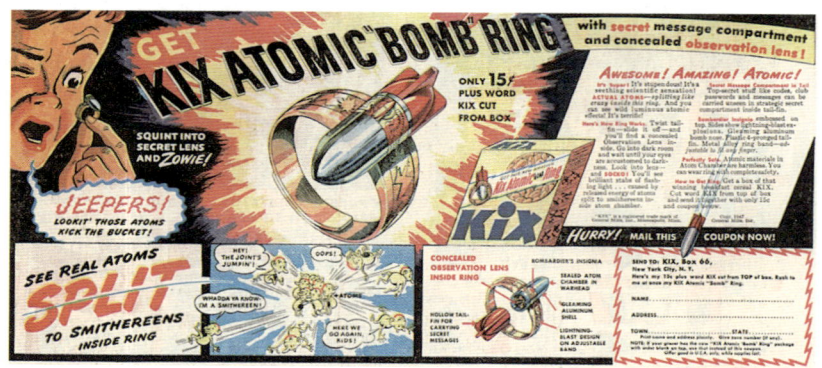

彩图5　很大程度上得益于全彩印刷、动感十足的广告,数以百万计的孩子们得以通过邮寄索取早餐麦片公司提供的免费玩意儿。通用磨坊为Kix原子弹戒指刊登广告,《纽约周日新闻》(New York Sunday News),1947年2月9日。

彩图 6　礼物制品往往十分诡异，令人费解。海伦·加拉格尔－福斯特之家（Helen Gallagher-Foster House），1964—1965 年秋冬季。

彩图7 第一款平安夜盘,也就是官方伯利恒圣诞盘,由卡尔霍恩收藏家协会于1977年推出。盘子背面有证实这件收藏品真实性的款识,例如编号、签名和"官方标记"。蒂姆·蒂布特(Tim Tiebout)拍摄。

彩图 8　老物件也可能是垃圾货，正如这件 19 世纪早期斯塔福郡瓷像，将本杰明·富兰克林标成乔治·华盛顿。谢南多厄河谷博物馆，小朱利安·伍德·格拉斯藏品（Julian Wood Glass Jr. Collection）。罗恩·勃朗特（Ron Blunt）拍摄。

彩图 9 对收藏者来说，像"宝贝时光"这样大批量生产的小雕像仍然具有独一无二的特质。蒂姆·蒂布特拍摄。

彩图 10 新奇排泄物衍生产品包括假鸟粪、假粪便和假的狗呕吐物。蒂姆·蒂布特拍摄。

便宜货

廉价商品与美国消费社会的形成

[美]温迪·A. 沃洛森 著 李兆天 译

Wendy A. Woloson

Crap

A History of Cheap Stuff in America

中国科学技术出版社

·北京·

Crap: A History of Cheap Stuff in America by Wendy A. Woloson, ISBN: 9780226664354
Licensed by The University of Chicago Press, Chicago, Illinois, U.S.A.
© 2020 by The University of Chicago. All rights reserved.
Simplified Chinese edition published by arrangement with Gending Rights Agency
Simplified Chinese translation copyright © 2024 by China Science and Technology Press Co., Ltd.

北京市版权局著作权合同登记 图字：01-2024-1312

图书在版编目（CIP）数据

便宜货：廉价商品与美国消费社会的形成 /（美）温迪·A. 沃洛森 (Wendy A. Woloson) 著；李兆天译. -- 北京：中国科学技术出版社, 2024.10. -- ISBN 978-7-5236-0818-0

Ⅰ. F737.124.2

中国国家版本馆 CIP 数据核字第 2024CH1572 号

策划编辑	方　理	责任编辑	方　理
封面设计	周伟伟	版式设计	蚂蚁设计
责任校对	邓雪梅	责任印制	李晓霖

出　　版	中国科学技术出版社
发　　行	中国科学技术出版社有限公司发行部
地　　址	北京市海淀区中关村南大街 16 号
邮　　编	100081
发行电话	010-62173865
传　　真	010-62173081
网　　址	http://www.cspbooks.com.cn

开　　本	710mm×1000mm　1/16
字　　数	279 千字
印　　张	20.25
版　　次	2024 年 10 月第 1 版
印　　次	2024 年 10 月第 1 次印刷
印　　刷	北京盛通印刷股份有限公司
书　　号	ISBN 978-7-5236-0818-0 / F·1294
定　　价	69.00 元

（凡购买本社图书，如有缺页、倒页、脱页者，本社发行部负责调换）

CONTENTS　目　录

引言　我们的便宜货，就是我们自己　001

第一部分　便宜货小贩之国

第 1 章　从砍价狂热到无处不在的廉价货　016

异质性的诱惑　017
第一批廉价百货店　019
多样性的焦虑　020
丰饶的大杂烩　024
便宜的不同含义　027
砍价狂热　036

第 2 章　连锁店时代的廉价商品　043

将秩序变成混乱　043
几美分几十美分的事儿　047
日本制造　052
便宜的持久性　059

第二部分　家居神器带来更好的生活

第 3 章　持续不断的改进优化　064

北方佬的创造力　065
专利申请中　072
吹捧创新　075
奢侈的徒劳　079
家居神器带来更好的生活　083

第 4 章　　**家居神器狂热　087**

变魔术般的效果　087
吹嘘科学原理　091
机械狂热　093
下一个最棒的东西　095
跟电视上看到的一样　099
家居神器制造商掌控了电波　105

第三部分　自由 / 免费之邦

第 5 章　　**徒劳无用　112**

免费炼金术　112
免费变得系统化　118
免费的代价　124
免费又简单　126
小朋友，大梦想　131
战后的赠品　138

第 6 章　　**忠诚的代价　142**

为善意付费　142
胡乱发放　148
家里的广告　152
名片这门生意　157

第四部分　（不）为品位算账

第 7 章　　**古董生意　162**

用文明的视角回溯　162
爵士时代倒退的品位　166
古风雅韵的商品化　168
出售时间　175

　　　　塑料世界的手工制品　182
　　　　过去即现在　185
　　　　遗产的气味　187

　　第 8 章　**待售的鉴赏力**　190

　　　　时尚血统　190
　　　　就叫它礼物制品吧　196
　　　　别具一格的小窝　200
　　　　私人定制商品　205
　　　　化粗俗为高雅　208

第五部分　价值定位

　　第 9 章　**收藏纪念**　214

　　　　制造现代收藏者　215
　　　　纪念品的政治经济学　219
　　　　收藏品的崛起　223
　　　　开一家铸币厂　230
　　　　审判　236

　　第 10 章　**制造稀缺**　242

　　　　最早的收藏品　242
　　　　收藏品人偶的诞生　247
　　　　制造宝贝时光　252
　　　　熊市　256

第六部分　等一下，还有更多

　　第 11 章　**逗你玩**　266

　　　　最新款的新奇物品　266

进来吧，闪电香肠，还有其他怪东西　269
生命的意义　271
民主的超现实主义　273
新奇物品与商品形态　278
攻击剧院　280
笑会伤人　287
屎成真了　293
生而为人的荒谬感　297

尾声　　一个由垃圾构成的世界　301

致谢　313

引 言
我们的便宜货，就是我们自己

美国人生活在廉价垃圾货的包围之中：价格低廉、粗制滥造、材料劣质、无甚意义，也不指望能经久耐用的消费品。这些廉价垃圾货充斥在日常生活的各个方面，填满了数不清的厨房"垃圾"抽屉，淤塞了全国各地的车库和地下室。到处都是，让人难以察觉，就好像是实体化的白噪声。

垃圾不仅仅是一种物质状态，也是一种文化状态：对于美式浪费的一种充满活力而又毫无歉意的表达方式。劣质垃圾潜入日常生活，看似是件新鲜事，但其实从几个世纪前就开始了。随着时代变迁，美国人——无论是作为个人还是群体的一员，乃至整个美国社会——决定全面接受物质主义本身，包括物质主义粗制滥造、不甚光彩的那一面。你的生活无法逃脱这个充斥着垃圾货的世界。但出于种种原因，美国人培养出的消费习惯现在已经刻进了这个民族的基因里。在物质过剩的时代，我们继续把钱花在不必要的东西上，这些东西通常用不上，而且可能我们压根就不想要。这一切都是为什么？通过讲述消费动机背后更为宏大而悠久的故事，及其如何塑造出我们现在这个消费者之国，本书将解读美国人对垃圾货持之以恒而又令人担忧的眷恋。

我最爱的电视剧《阴阳魔界》(*The Twilight Zone*)有一集精准描述了垃圾货是怎么运作的，没有比这更好的解说了。这集是《给天使们的推销话术》，和蔼可亲的街头销售员卢·布克曼（Lou Bookman）试图阻止死神先生带走可爱邻家女孩的灵魂，展示了一段堪称人生巅峰的推销话术。布克曼就像魔术师从帽子里掏出兔子一样，从随身携带的旅行箱里拿出了一连串商品，引得死神先生的注意。死神先生一开始是个冷漠而又疑心重重的顾客，但由于布克曼的销售技巧高超，死神先生变得格外感兴趣起来。小贩卖的领带，原料不是化纤，而是"原子能以来最激动人心的新发明"，一种"能骗过古代中国丝绸匠人"的材料。缝纫线就更厉害了。"现场演示抗拉强度……如钢铁一般坚固，又如山东绸一般柔顺丝滑……由特别训练可以越洋飞行的东方小鸟偷运进来的，每次只能带一点，放在它们红色喉咙下面挂着的小袋子里。要飞832趟，"布克曼极力兜售着，"才够绕一个线圈的线。"死神先生被深深折服，疯狂翻口袋找钱，大喊着："你有多少我全要了！"（图0.1）

图0.1　卢·布克曼通过"演示抗拉强度"向死神先生推销普通缝纫线。截图来自电视剧《阴阳魔界》中《给天使们的推销话术》一集，1959年10月9日首播。

就像死神先生一样，美国人面对商品市场时，既有精于世故的那种厌倦感，又令人惊讶地容易轻信。新鲜事物定会层出不穷，还会更加便宜易得，这样的确定感令人着迷。与之相伴的风险也很低，因为商品的单价并不算高。但结果就是，这个物质世界充满了稍纵即逝、用完即弃、无甚意义的商品。这是一个垃圾货的世界，而且有着非常实在的成本，从物质到精神，从环境层面到情绪层面，各个方面都有成本。

美国的垃圾货进程始于几个世纪前。以前的村子里当然也有做劣质钉子的铁匠，给黄油掺假的农场女工，还有偷工减料的裁缝，这些先按下不表。大多数东西都出自技巧娴熟、口碑良好的匠人，他们有着良善的初衷，制造出来的东西是为了满足本地社区居民的需求。始于 18 世纪中期的消费者革命则改变了一切。更加广阔，也更为匿名化和平民化的市场催生了更多需求，于是打柜子的木匠们刻意给柜子外面贴上假的贴皮，模仿珍贵木材和镶嵌，金属匠人们研究出了制作镀金镀银等仿制品的方法，珠宝匠人们开始把流动态、较黏稠的含铅玻璃垫在锡箔上做成闪闪发光的宝石。但即便在那个年代，仿冒品也只有精英阶层和幸运的平民奋斗者才能用上，因为毕竟它们还是手工制作的。仿冒品往往颇受好评，因为它们是巧妙的模仿品，让人们可以物超所值地买到，向其他人炫耀自己物质上的充裕。

但垃圾货——审美低劣、具有欺骗性的模仿，粗制滥造且不指望经久耐用——很快就跟着出现了。这些低劣的东西也开始有了魅力，因为人们总有各种各样的理由想要购买它们，比如单纯因为方便易得、便宜无负担，想跟朋友攀比、让邻居羡慕，或者仅仅是渴望新奇事物。然而，如果不是因为有无数巧舌如簧的推销员助长销量，垃圾货也不会变得这么受欢迎。这些早期推销员就像自耕农和独立手艺人一样对国家崛起至关重要，他们的前辈是走街串巷的货郎，至少从 18 世纪晚期开始，他们就用夸张的表演手法把一件件迷人的玩意儿从包裹里拿出来。虽然他们很早就从商业格局中销声匿迹，但他们的传奇依然在延续。诱人海妖之歌向我们许诺，无数宝藏正在超值特卖，这歌声来自 10 美元店满当当的货架，来自易贝（eBay）这类电商网站上无穷无尽的购物清单，来自数不胜数的资讯广告，也曾经来自奔走街头、寻求下一个推销机会的那些卢·布克曼和威利·罗曼（Willy Loman）们。

一旦美国人接触到廉价商品（crap）❶——通常是在货郎和推销员

---

❶ crap 一词也有"屎"的意思。——译者注

的帮助下——他们就开始将自己的生活"垃圾化",起初只是浅尝辄止,后来逐渐乐在其中。美国独立后不久,国内市场就被海外商品淹没。大不列颠是在美国沿海地区倾销的主力,其中许多商品都可以算是劣等的:损坏的、仿冒的、过时的、陈旧的,用易褪色的颜料染的,用不耐用的材料做的……各种五花八门的东西,既无甚意义,也大抵不会持久。

　　这些都不重要。经历了国内市场的抵制和阶段性的禁运之后,各种类型的美国人——有钱人或中产者,城里人或乡下人——不仅拥有了这个新的市场,成为消费者,同时也将自己视为生产者。19世纪早期的那几十年,给超值商品打广告的零售商和专营平价百货的店铺,开始出现在大城市和小村镇中。卖廉价产品有利可图。作为我们现在1美元店的前身,它们提供的商品选择多,而且价格还低,这个组合非常俘获人心。无数走街串巷的货郎是这些零售商的辅助,他们把"洋基玩意儿"及其体现的国际化观念,带到了内陆地区。美国消费者有史以来第一次开始重视便宜且寿命短暂的物品,而不选更耐用的,迷恋于这些新产品的价格低廉,有规律地大量推陈出新,以及它们貌似可以在物质和情感层面上许诺的满足感。美国人很快就享受起了廉价商品的周期性流失,避免对少量、高质且贵价产品的长期投入。美国这种毫无歉意的一次性文化,正是根植于这一时期的这些商品。

　　逐渐拥抱廉价商品的这个过程值得探讨。物质如此简单易得,使美国消费者得以全面地参与市场活动——不仅仅是商品的世界,更是其体现的理念和可能性。同时,对廉价商品的品位促进了制造商的产出,由此也提升了整体生活水平。生产商雇用更多工人投入生产,批发商扩展销售网络来分发商品,零售商雇用更多店员来卖货等。促进廉价商品流通也刺激政府投资建设基础设施。由收费高速公路、运河、铁路组成的交通网络,不仅让人们与一度遥远的市场产生联结,也让新的商业模式成为可能,比如做邮购起家的企业:西尔斯百货(Sears and Roebuck)和蒙哥马利·沃德公司(Montgomery Ward)。从个人层面来说，大多数美国消费者得以仅凭新鲜好玩的乐趣而追求新鲜事物，因为他们不再需要把少数物品凑合用一辈子。这就使"拥有"这件事少了很多负担：可以轻易丢弃、替换，不再需要费心维护自己拥有的物品。坏掉的水壶或碎裂的盘子本来算是一场危机，但自从有了垃圾货市场，这场危机就轻而易举地变成了生活中的一点不便，买个新的就能立马改善。

廉价商品也通过其他方式让人们的生活更轻松。从19世纪40年代开始，多功能玉米研磨机、神奇灭火器之类的小装置，或者说"家居神器"（gadget）越来越多，其数量在南北战争后更是呈指数型增长，补充了人们生活中可靠而常用的工具。家居神器体现了美国人无穷无尽的创造力，也大大提升了效率。这些新花样为洗衣服、削苹果之类的活计带来了更快速、更简单、更好玩的体验。但这还不是全部。家居神器似乎是以佣人的身份出现的，意图让工作的重负变成有趣的娱乐活动。人们现在仅凭自己就可以创造奇迹，只需几个小妙招，就能把普通的土豆变成完美的薯条。从过去的多功能工具到现在的神奇园艺锄，这些家居神器用较低的成本带来极大的奇观，也只有它们自己如此极端的超强功能可与之匹敌。

更诱人的是，垃圾货不只廉价，还有免费的。早在19世纪初期，商人们就开始用赠品和奖品来回馈忠实的消费者，这比"好家伙"（Cracker Jack）玉米花送的纪念币和麦片盒子上的奖品要早多了。就算是用最普通的东西——苍蝇拍、日历、圆珠笔——也能营造出卖家和买家之间的温情，提高忠诚度。现在的商业美誉体现在T恤、帆布包之类的东西上面，而19世纪则是日历、有浮雕的尺子还有便宜的珠宝等。全是垃圾货，但是不要钱，这就够了。

垃圾货也给美国的家庭带来些许活力。早期走街串巷的货郎兜售便宜的雪花石膏像，让廉价的小饰品、小玩意儿变得平民化。富人和穷人现在都能享受装饰品带来的快乐。虽然这些人（比如19世纪的廉租房住户）的居住条件"肮脏、潮湿又晦气"，但他们也可以在壁炉上摆满廉价的小雕像。不管这些小饰品有多么劣质,它们装点了家居,也让人们在窘境之下得以暂时喘息。有时候廉价仿品反而还更优越:人造植物和水果,用塑料或石膏制成,就算"笨拙可笑,涂抹着绿色黄色的颜料",也比真实的更生动,更持久,无惧腐坏和死亡。

"可作礼品之物"——高级的小摆件——的贸易增长让美国人拓展了关于装饰品的视野,其种类更繁多,风格更鲜明。这些平价物品——吹制玻璃花瓶、小木雕、手工蜡烛——在专卖店出售,使其拥有者得以用微妙的方式表达自己,彰显品位乃至政治倾向。礼品店在20世纪熹微之际开始出现在美国各地,服务到了越来越多开着新车全国自驾游的休闲游客。这些独立商店的数量与日俱增,店主通常是女性,给消费者提供了似乎独一无二的商品——爱尔兰亚麻茶巾,印度产烟灰缸,手绘木质餐巾夹。越来越多的消费者开始购买这些特别的物件,这似乎与他们的性格、往事和个人艺术品位相契合。但由于这些可做礼品之物总是大批量生产的,它们只可能是非原创的衍生品,绝非独一无二。其挪用的风格化外表,常被称为"样式",比如殖民复兴风、乡村风、现代风,只能体现出一种假冒的真实性。

还有一种美国人彰显鉴赏品位和社会阶层的方式,就是通过大批量产、销售的收藏品。"刻意的"收藏品是特别为收藏而生产的,最早出现在19世纪晚期,餐具公司开始制作纪念品汤匙。但这个市场真正腾飞起来还是在20世纪50年代中期,当时的瓷器制造商极力营销纪念盘。自然而然地,收藏界开始纳入小雕像、古物仿品、玩偶之类,号称值得日渐富有的美国人花钱投资的东西。

这些东西的制造商让收藏这个本来具有排他性的活动变得平民化了。有收藏癖但没什么门道的人们,过去的选择很有限:要么集邮,要么集火柴盒和行李箱贴纸。针对正经藏品的那种真正意义上的收藏——古董拍卖、艺术品市场和赞助博物馆这样一掷千金的世界——在经济和社会阶层上只属于顶级精英阶层。而刻意制造的收藏品则使普通人得以享受搜寻的快感,获取和陈列的满足感,展示的自豪感,同好之间的陪伴与情谊，以及（名义上的）经济上的投资回报。20世纪60到70年代，从喜姆瓷偶（Hummel）、军品模型，到纪念硬币、限量版玩偶，各种收藏者都有自己的俱乐部、杂志甚至特别开设的垂类交易市场。

毋庸置疑的是，垃圾货在每个时期都给人们带来不同形式的乐趣。欢乐蜂鸣器、放屁坐垫和模拟呕吐物大概也是如此。这些东西也有很悠久的历史：批发商们早在19世纪60年代就开始出售类似于会爆出假蛇的罐头、假蜘蛛、假胡子、复活植物、惊喜盒子之类的恶作剧用品。美国人此前从未见过如此怪异又稀奇的东西，更不知道要拿它们怎么办。但没关系。这些东西好像总能给人带来无数的乐趣、机遇乃至谜团，特别是对于小孩子或者富有童心的恶作剧爱好者来说。

新奇玩具的市场自萌芽以来持续扩张，一方面是由于技术创新使得新玩意儿爆炸的动静在可控安全范围之内，另一方面则是靠广告的发展。在20世纪早期，低俗杂志、邮寄商品目录甚至泡泡糖的包装纸，都成了透视眼镜、假狗屎、手指陷阱的黄金广告位。虽然新奇玩具的黄金年代早已过去，但一个多世纪以来，它们在轻佻和玩闹的伪装之下，让年轻的消费者探索了性爱与死亡这类禁忌话题。

* * *

如果没有这些垃圾货，美国不会堂而皇之地成为现在这副物质拜金的可憎模样，而垃圾货也让几乎所有人都能过上"美好的生活"。但是这一切都是有代价的。人们用排泄物的同义词这种最贬义的方式来指代廉价商品，这可不是无的放矢。垃圾货在很多方面都算得上是累赘——很快就被用完了，被扔掉的时候带着些许喜悦甚至自豪。它们可能玩世不恭，虚与委蛇，还缺乏诚信。更重要的是，垃圾货往往通过谎言销售，基于那些花言巧语的推销员和营销者们做出的各种虚幻的承诺，他们和巧舌如簧的卢·布克曼别无二致。然而，我们并不总会轻信。我们买垃圾货的时候，完全清楚它到底有多垃圾。

垃圾货遍地都是，而且超脱了各种分门别类的限制。虽然大部分垃圾货不会很贵，这是其优点之一，但低廉的价格并非其先决条件。有钱人也买垃圾货——只是更贵一点。虽然大部分垃圾货用的都是低劣的原料，本来也不指望经久耐用，但也不能仅用劣质来定义垃圾货。比如说很多家居神器就利用了最上等的材料、最高级的科技，但要评价它们的实用性，委婉点来说只能是差强人意。

　　垃圾货不是具体某种物品，而是一种存续状态：物体的属性，而非物体本身。构成垃圾货的因素非常个人化，而且要放在历史语境中。我的垃圾货并不一定是你的垃圾货。对我而言没什么必要的家居神器可能在你那里就是必要的工具。我收藏的纪念盘子看起来是无价之宝，但可能有价无市。某个不知名公司随便送的赠品卷尺，要是出现在奶奶的针线篓里，可能就是珍贵的传家宝。同理，物品的垃圾属性可以切换，时有时无。有的设备本来是为了省力，但如果用起来反而更麻烦，还增加额外工序，那它就失去了原本的价值。纪念品汤匙的装饰价值和货币价值，会随着流行品位和市场波动而起伏。新奇商品一旦被用过，就不再能提供惊喜价值。物品的相对"垃圾性"在于它提供多少虚假的希望，是否会加速本身的淘汰，有无明确的目的性，以及情感、实用或市场层面上的价值。我们通常不需要，用不上，甚至也不想要这么多垃圾货。进一步来说，垃圾货并不完全是同等的垃圾；它们的相对"垃圾性"取决于它们有多么自相矛盾、南辕北辙、虚情假意、画蛇添足，甚至根本就是大错特错。

　　还有，垃圾货不是刻奇（kitsch）[1]。有些刻奇是垃圾货，反之亦然，但两者完全不同。刻奇物品主要是由其审美意义上的属性定义的，拥抱"极繁"和"多即是多"这样的理念。在之后的章节中，刻奇的东西确实会偶尔客串出现，包括驴子造型的潘趣酒杯、女性胸部

---

[1] kitsch，投大众所好、跟风模仿的艺术品。——译者注

造型的咖啡杯，但这些都不是重点。如果要从审美角度讨论垃圾货的形式，比如某些刻意制造的收藏品和可做礼品之物，刻奇就会起到更为核心的作用。这些东西的市场在很大程度上基于热情的"刻奇男女"，他们喜欢浅显易懂的艺术，用意大利艺术评论家吉洛·多福斯（Gillo Dorfles）的话来说，因为"他们认为艺术应该只创造愉悦、甜蜜的感受"而不是"严肃的话题，令人疲惫的练习，需要投入身心、具有批判性的活动"。这就刚好形容了"艺术盘子"、古物仿品甚至类似"宝贝时光"水滴娃娃这类东西的收藏者。这些收藏者喜欢在已知款式数量的情况下，接受集齐一整套的挑战。但刻意收藏品背后的生产方也迎合了只看外表的那些人，工艺品对他们来说是装点生活的"调味品"，或者审美意义上的"背景音乐"。

理解我们占有垃圾货的动机非常重要，不管我们占有的是小瓷像、胸部造型的咖啡杯、假呕吐物，还是的家居神器。精工细作的物品不言自明；垃圾货则需要好好解释一下。这就是为什么本书既是垃圾货的历史，又是消费者心理学的历史。为什么美国人从一开始就很欢迎垃圾货来到自己的生活中？为什么我们允许甚至鼓励它们留下来，何况其敷衍又劣质的特点不仅毫无遮拦还经常成为至关重要的卖点？垃圾货在耳旁低吟其许诺，又高喊其妄念。它怂恿消费者为了囤货而囤货，为了冗余而冗余，为了填满而填满。购买垃圾货往往是毫无歉意的不理智行为，是浪费的、冗余的。垃圾货最能代表美国性。

垃圾货混淆视听：低价的商品并不意味着物超所值。垃圾货满口胡言：家居神器不会减轻我们的负担，也不会奇迹般治愈痛点。它们制造的问题比本来要解决的还多。垃圾货魅惑人心：免费的东西其实并不免费，送我们东西的人不是想要交朋友，而是想赚钱。垃圾货徒有其表：礼品店里买的东西并不是独一无二的手工艺术品，而是跟其他商品一样在工厂生产的。它们背后的浪漫故事也是编造的。垃圾货掩盖真相：大批量生产的收藏品并不独特，也不高贵，更不会越老越值钱。垃圾货玩弄是非：新奇商品并不会让我们玩上轻松的游戏，反而会制造出激烈暴力的场面，让原本平心静气的围观者成为加害者（喜欢恶作剧的人）和受害者（不喜欢恶作剧的人）。

当然，这些物体本身并不会做这些事，但好像又做了：它们的很多诱人之处，借由时髦的销售话术和性感的营销活动，用富有说服力的语言对我们讲了一堆废话和谎言，消除了销售方的存在感，好像这些诱人的卖点都是物体自己散发出来的一样。这一桩桩指控会帮助我们理解，到底是什么原因在鼓动我们购买名不副实——或者也算是名副其实——的东西，以及我们为什么一犯再犯。

多亏了厉害的游说者，我们得以在各种物体，尤其是垃圾货上注入某些超越其本身的特质和属性，即马克思提出的"商品拜物教"。这个重要的概念让物品焕发生机，同理也为本书增色不少，能够帮助我们更好地理解垃圾商品以及我们与其的关系。物品本身并没有生命力，但我们常常假装它们有，主要归功于它们花里胡哨的广告营销起了作用。从过去上门推销员的花言巧语，到如今电视商业广告里的带货主播，这些营销策略赋予物品神秘的特质，与其真实的生产和消费场景切断了联系。当人们在某家大型零售商购物时，一般不会考虑这些产品的生产方式、地点、工人、环境，乃至最后怎么到达店里的货架。就好像是魔法，由它自己的生命力驱动。马克思认为这点很有意思，也很了不起，他写道：

> 乍一看，商品好像是一种很简单很平凡的东西。但对商品的分析表明，它是一种很古怪的东西，充满形而上学的微妙和神学的怪诞……商品一旦出现，就变成一个可感觉而又超感觉的物了。

商品拜物教不仅模糊了生产的途径，也暗示这种神奇的、超感觉的特质是物品天生具备的，由此使得各种形式的劝说更有说服力。卢·布克曼给死神先生展示的领带，不是用普通化纤做的，而是最新潮的太空时代的织物，同样实用且神奇。最成功的营销活动能让消费者自动地把这些特质带入物品之中，真心为垃圾货卖家所编造的话术买单。正如一位喜姆瓷偶的收藏者所说，"这些瓷偶是在收集你"。

*　*　*

为什么我们要关注垃圾货呢？只为一点：它太无孔不入了。垃圾货曾经数量充裕却又使人致贫，值得我们像对待艺术和古董那样来严肃看待。垃圾货密集占用了资源，不仅在概念化和生产过程中消耗了时间和精力，还让人们为它花钱，更不用说从液态石油化学品倒入模具的那一刻开始，到最后产物被扔进垃圾填埋场，这整个过程对环境的影响。垃圾货也为消费者心理学研究提供了独特的见解。商品大量涌进市场，美国人就增加了消费量，但这是为什么？东西变得更多并不意味着我们就得跟着买，但我们真就买了，还从此一发不可收拾。理解不同时期消费者的动机，不仅能揭示美国人是如何购物的，更重要的是揭示我们是怎么思考的。理解不同时期的广告和市场营销策略如何应用在售卖垃圾货这件事上，可以进一步揭示美国人在情感上的自我认知——不仅是内在的渴望、需求、焦虑和激情，还有每个个体的冲动和怪癖如何形成了一种民族性。虽然这么说可能有点自相矛盾，但不得不承认，垃圾货堪称日常物件和大众消费的巨型档案馆，能够深刻地提供许多洞见。它为普通人的思想文化史提供了有形的物质实体。

更重要的是，消费者不仅相信各种形式的游说，还认为个人物品是其身份认同不可或缺的部分，是自我定义的基础构件。当我向朋友和熟人们表示我在写美国廉价商品历史的时候，他们都饶有兴致。当我告诉他们我把这些东西称为垃圾货的时候，有些人大吃一惊，有些人则觉得被冒犯了。后者认为我说的是他们的东西，所以觉得我是在抨击他们本人。我们的垃圾货成为自我定义的一个基本构件，尽管我们根本没有参与其最初的构想或生产。我们只是挑选,付钱,带回家。然而一旦我们的物品遭到诋毁,我们自己也会被牵连。

　　本书无意冒犯任何人,只想做出解释。因为我们的生活中都会有垃圾货,我们应该去了解它在塑造我们每个个体和美国人这个集体的过程中发挥了什么作用。我们应该去追究这些商品到底在多大程度上偏离了我们的预期。这正是衡量垃圾货及其垃圾程度的标准——物品失败无用或未达标准的程度:谎言夸张的幅度越大,东西越垃圾。但现实比这更复杂,因为我们并不总会被垃圾货蒙蔽。花言巧语的营销活动和弄虚作假是一回事,睁眼瞎似的购买粗制滥造的东西是另一回事。我们经常漠不关心。

　　出于各种原因,美国人长期购买垃圾货。虽然"垃圾货"这个词起源于近现代,但粗制滥造的商品并不新鲜。事实上,劣质产品甫一面市,美国人就找到了切合实际的称呼,用一些自带提示的词语:玩意儿,样子货,废物,便宜货,零碎,中看不中用,后来还直称破烂。我们可以认为垃圾货就是实体化的胡说八道。

　　胡说八道、错误虚假,却随处可见、无拘无束。垃圾货也是如此。它的平民化力量值得称颂,让所有阶层都能享受到现代化物质的充裕。但也需冷眼看待,更精确地计算这些貌似廉价的商品究竟成本几何。20世纪早期的两则记录展示了美国长期以来与垃圾货的冲突。1911年,作家西奥多·德莱赛(Theodore Dreiser)赞扬了小杂货店里的货品,因为几乎所有人都能来买到自己想要的东西。德莱赛把这种消费者唾手可得的"过量生产造成的货品"描述为一种"着实美丽、有艺术性、人道主义的东西"。其他人并不那么肯定,他们认为这种物质上的充裕带有犬儒主义和虚无主义的色彩。德莱赛发表这番言论的十年之后,经济学家斯图尔特·蔡司(Stuart Chase)和弗雷德里克·施林克(Fredrick Schlink)谴责"浪费消费者的钱""我们被淹没了"。他们观察到:

我们不随身穿戴的东西，我们丢失的东西，过时的东西，不受朋友待见的礼物，莫名其妙消失的东西——墨水笔、雪茄点烟器、廉价珠宝、专利铅笔❶、漱口水、钥匙扣、麻将套装、汽车配件——无穷无尽的小东西小玩意儿小发明，把我们淹没了。

换言之，不必要的垃圾货太多了。所有这些"无穷无尽的小东西小玩意儿小发明"只是浪费钱吗？或者说，它们其实是美国人借以畅想未来更好生活的通道，其中充满的物品一如其最初的设定，能保证便利，提升地位，带来新鲜感，提供价值，彰显情调吗？

无论好坏，垃圾货是美国人作为个体也作为社会整体的缩影。物品是文化的物质形态；它们用符号的语言来表达，承载意义。对大多数美国人来说——那些只买得起这些东西，或者只对这些东西感兴趣的人——恰恰是垃圾货，而不是更值得尊敬的物品，构成了我们的世界。美国人拥抱垃圾货，是对垃圾货本身及其象征意义的赞颂、接纳和内化。它反映了我们曾经并将继续生活的社会经济状况，也反映了我们曾经并将继续在如何花钱这件事上所做出的决定，这直接表达了物质和精神层面上的选择与偏好。因此，垃圾货才能发人深省，用好东西所不能达成的方式，一语道破我们最深切的欲望、动机和焦虑：我们的垃圾货，就是我们自己。

---

❶ 可能是指自动铅笔。——译者注

第一部分
便宜货小贩之国

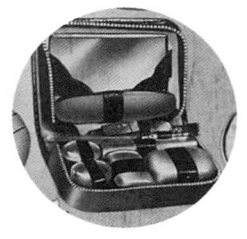

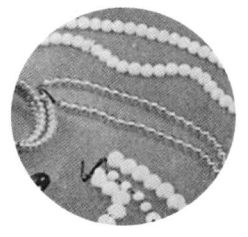

第1章
从砍价狂热到无处不在的廉价货

从18世纪中期开始，无数小贩把廉价的小玩意儿第一次带给美国消费者，这正是垃圾货市场的开端。小贩不仅让更多人接触到便宜的商品，也在事实上点燃了消费者革命的星星之火。小贩推广了商品本身，还推广了物质充裕却也便宜的观念。人们之所以会购买小贩的商品，不单是因为它们都是现成的，还因为它们提供了顾客们尚未拥有的东西，比如新奇、多样、易得。"洋基玩意儿"相对低价，让手头现金最为紧张的那些买家们都心动了。同时，小贩的商品种类如此丰富，从情感层面，也可以说在非理性的层面上，诱惑了潜在顾客。正是低价和多样这种特别的组合，驱动了早期的垃圾货市场。

当然，品种多样是一种很实际的招数，小贩有更高概率会纳入某个潜在顾客会想要的东西。他用尽可能经济适用的方式准备货品——塞在胡椒盒子里的丝带，咖啡壶里的线轴，"藏在锡制杯子和铁质勺子下面"的布匹——然后带着包袱或推车，踏上偏僻的乡间小路，换取一些轻便可移动，也不太贵的东西。不同类型的商品各有其交换价值，这就意味着精明的小贩可以轻松地将他的货物换成现金，或者换成动物油脂、废旧金属还有破布头这类家里常有的东西（容易再次转卖或交易的一些副产品）。这在统一纸质货币尚未出现、硬币（硬通货）也长期不足的时代尤为重要。更重要的是，小贩通过集中展示多种多样的货品，可以给消费者制造欲望，然后顺便就能使之满足。在这些"崇拜的目光"中，他一一展示新式剃刀、丝绸手绢、灌香肠机、"高级"领巾、"保证纯钢"制作的刀叉，还有很多"当时人们都不知道的东西"。

异质性的诱惑

通过提供各种各样的商品，小贩们创造并满足了人们物质和心理层面上的渴望。他们激发了消费行为本身就可变化这一潜力，逐渐使消费者相信市场会回应他们的诸多渴望和需求。不管真实价值几何，廉价百货——新鲜，往往有点奇特，而且马上就能获得——唤起了充满奇观、神秘和无数惊喜的世界：新玩意儿一个接着一个出现。缝纫剪刀、珍珠母纽扣、彩绘锡器，看似朴实，却也称得上是幻想之物。而小贩通过把价格降到可承受范围内——甚至可以说是低廉——将幻想变成现实。消费的平民化是由小贩们这些便宜简单的货品推动的，而非服务精英阶层的那些技艺娴熟的匠人和专卖店店主。正因为垃圾货而不是那些昂贵物品的存在，使得各个阶层的美国人都能花钱买到商品（图1.1）。

"异质性"是纳撒尼尔·霍桑（Nathaniel Hawthorne）[1]于1868年创造的新词，他捕捉到了小贩包里的繁多种类所体现的精神与力量。随机商品共同出现，带来了无数"许诺"，这一点足以让人神魂颠倒。小贩的表现增强了这一效果。"我能站这儿听他讲一整天。"霍桑如此描述他遇到的这个人，带着"一大堆铅笔、钢笔、剃须泡沫、镀金戒指、手镯、扣环、各种珠宝、一板一板的珍珠或钢制纽扣……整套的木梳子、一盒盒火柴、裤子背带，简言之就是所有东西。他伸手探进这些东西里面，许下了很多美好的承诺，然后可能拿出一瓶肥皂樟脑搽剂（用于治疗外伤），附赠一支铅笔"。多样性对于吸引第一代美国消费者进入垃圾货世界起到了非常关键的作用。

小贩们非常认同多样杂货在感性层面上的吸引力，尤其是对于中等收入家庭。他们的货品不仅仅是没焊接好的锡器、一段段俗气的金

---

[1] 霍桑（1804—1864），美国作家，著有《红字》。——译者注

图 1.1　小贩正在展示一个诱人的箱子，装满小饰品和"洋基玩意儿"。F.O.C. 达利："小贩"，来自约翰·L. 麦康奈尔《西部人物》（*Western Characters*），1853 年。费城图书馆公司（Library Company of Philadelphia）。

色丝带或是二流的瓷器这些东西本身，还是迎接更大市场之前的开胃菜——东西和想法的市场。小贩并不只是把新鲜玩意儿带到偏远地区的送货员，更是重要的"文化代理人，通过商品交易推广社会变革的信息"。这就是为什么随着时间的推移，美国人消费的胃口非但没被这些便宜东西满足，反而变得贪婪。便宜本身成为人们追求的目的。

小贩们让便宜商品变得生动起来，在商品中注入了远超其真实价值的神奇感——人们也意识到了。比如，出现于 19 世纪第一个十年的这段奇妙的韵文，描绘出了许多效力于"骗人烦人公司"的小贩（彩图 1）。这些商人用"蚕食的技巧"劝说顾客们来购买各种"花言巧语"和"俏皮怪话"。旁边的插图表现了这些荒谬之人及其荒谬之物。一个人托着一盘艳俗的小雕像站在中间。另一个人拿出一盘小帽子，用的是号称"跟真的差不多"的皮草，"相当于河狸鼠皮毛之于高级河狸皮毛"。一个德国供货商紧张地抱着一摞书，一只手挽着一篮流行乐谱，同时还努力保持一根挂满玩具和新奇玩意儿的树枝的平衡。综上，商品带来沉浸式的感官体验，结合了听觉（布谷鸟钟和音乐盒）、触觉（房门锁），甚至味觉（用来导出啤酒的黄铜龙头）。

第一批廉价百货店

早在 18 世纪 90 年代，售卖各式杂货的实体小店就加入了小贩货郎的大军。作为一种全新的零售企业，廉价百货店（variety store）似乎比干货店（dry good store）❶更高级一点，因为干货店里卖的都是一些品种有限、毫无惊喜的大路货，而廉价百货店的东西便宜、新潮，通常不算是必需品，甚至有点奢侈放纵。廉价百货店量多且杂——正是小贩背包里那些让消费者疯狂迷恋的东西。虽然没有取代干货店，但它们扩张到了小城镇和大都市，说明美国人对新潮、多余，往往还是用后即弃的东西只会越来越感兴趣。

从一开始，廉价百货店店主就要同时满足感性（品种多）和理性（价格低）：有得选，还买得起。西拉·诺顿（Selah Norton）在马萨诸塞州的阿什菲尔德有一家廉价百货店，他在 1794 年的一期《罕布什尔公报》（*Hampshire Gazette*）上做的推广声称："新款商品！便宜商品！

---

❶ 直译为"干货店"，实际上主要售卖布料、成品服装、日化副食，但不卖液体产品。——译者注

时髦商品！"这个标题的底气是一个长达四十多种产品的清单，从给马梳毛的刷子、平底锅到鼻烟盒、靛蓝和巧克力。"我卖的东西，（有人说是）史上最低价。"他提到。佛蒙特州温莎的汤森和沃德新式廉价百货店，提供"种类齐全"的商品——从"主要的、高级的东西"（五金器具、拐杖）到"英国、法国和印度的商品"（布、拖鞋、肉豆蔻）。由于廉价百货店大多经手现金交易，他们在利润空间很低的情况下都能赢利。通过充分利用城区市场和1812年战争后禁运取消所带来的便宜进口货，纽约州尤蒂卡的平价廉价百货店店主爱德华·弗农（Edward Vernon）得以承诺"便宜，便宜，便宜，收现金。新鲜商品，来自纽约的拍卖会"。

整个19世纪，小贩们依然还在内陆地区推销便宜货，而廉价百货店则用日益充沛的货品赶超了这些走街串巷的竞争者；他们也经常以物易物，换来猪肉、小麦、苹果干、黄油、旧白镴制品（pewter）❶、碎布头甚至珍珠灰（pearlash）❷。由于批发商会被迫亏本处理掉冗余的货物，而廉价百货店可以将这些货变现，这就使得廉价百货店即便在1819年大恐慌❸之后都还能广受欢迎、大获成功。以"恐慌价"买到的商品可以触及更多消费者，他们很愿意购物，也有能力消费最便宜的东西。

多样性的焦虑

但是，"数不胜数"且"乏善可陈"的物品，也给买卖双方制造了焦虑。想当年，消费者商品的基本类型就相当有限，特别是对于那些本地制造的东西，人们差不多能判断一件东西的质量并估算出合理的

---

❶ 即锡铅合金，买不起银器的家庭以此作为替代品。——译者注
❷ 主要成分是碳酸钾。——译者注
❸ 美国历史上第一次大规模持续性经济危机。——译者注

价格，能够对其真实的市场价值达成共识。便宜商品的蔓延造成了人们对价值的怀疑，特别是因为好多东西都来源不明。这个充满希望的商品新世界也充满不确定性。

即便是经验老到的商人，在这个领域也偶尔摸不清方向。小贩们用方言土话"奇怪又幽默地吟诵"，让霍桑觉得很好玩，却也有着损人利己的一面。这种哄骗手段靠的是不光彩的游说艺术，企图"唬住不懂行情、容易被骗的人"。不论头脑天真还是思维缜密，消费者都有可能被小贩的承诺欺骗，被"狡猾狐狸的阴谋陷阱"给抓住。"阴谋陷阱"有多种形式。"以前，"1829年的一位评论家写道，"商品具有与众不同的特质，从名字就能得知。"比如对纺织物来说，这就相当于包装上标注了精确的宽度和长度。特定的名字表示质量、成分和编织结构。但是，他继续写道，"名字和长度现在没什么意义"，因为纺织物不再按照标准尺寸进行剪裁，数量也不再保持一致。类似地，别针以前会根据长度和粗细规格进行编号，"但多年以后，这东西的一切都变得混乱不清"。

新晋消费者更缺乏指导，也没有足够的经验来判断商品价值，尤其是面对他们从没见过的东西。廉价商品的供货商决定保持这个市场的变幻无常，以此谋取私利。商品的多样性本身激起了消费者的兴趣，同时也让人们在繁多的品类中难以清晰地判断某个物品真实合理的价值，因为很难甚至根本不可能找到准确的类比参照物。我们从一种将商品混合陈列的"打包"拍卖会，即可了解这种体验。就像廉价百货店里一样，在众多商品中搜寻的人们可能会被某些顶级的东西所吸引，这就让他们难以衡量现场其他品质略差的商品。一个观察者写道，有的买家"非常欠考虑，根据自己对最贵样品之一的估价参加竞拍"，"于是付出了远超真实价值的钱"。商品的展示常常"颇费心思"，唆使浏览者选择错误的参照物，让他们的目光只看向最好的东西。

由于廉价百货店售卖锡器、纺织物、别针、丝带、玩具、五金，以及其他必需品和小小的享乐产品，它们也同样模糊了成本和品质之间的关联。广告突出库存商品之充沛，从而变得情绪饱满。读者们对这种吸引力报以积极的回应，反过来还伴随着理性的考量：通过使这些东西变得极度便宜，杂货经销商让消费者不再思考价格和品质之间的关系。一位商人指出，拍卖商坚持吆喝"史上最便宜的商品""确实有效"。这个催眠咒语的文字版本"便宜！便宜！便宜！"总是出现在报纸上，对于消费者也有同样"功效"（图1.2）。"所罗门·普兰里（Solomon Plainly）"❶在1816年写给《康涅狄格先驱报》（*Connecticut Herald*）编辑的信中，讽刺地描述自己妻子是个通过"购买所有能便宜买到的东西"来拯救自己的女人；她最近花五十美金买了"我们不想要的零碎玩意儿"。"便宜广告"对他们全家都产生了影响；极为渴望消费便宜东西，就连他的孩子们都变得"无法控制自己"。鉴于各种新奇廉价商品店铺次第开业，以及它们诱人的广告，这个陷入困境的男人只得强行面对，"难逃破产的命运"。

虽然和当今的劝说方式相比尚显稚嫩，但早期的廉价百货店广告——附带令人震惊的商品清单——邀请第一代大众消费者参与到一种与实际用处无甚关联的自由联想。这些早期的印刷广告或许就是把小贩的行为文字化：他够到背包，"伸手探进这些东西里面，许下了很多美好的承诺"。这样，廉价百货店广告及其本身，成为情感和物质渠道强有力的结合，激起了美国人对更多的渴望。

从消费者心理学的视角来考虑，这些广告也催生了"聪明消费者的感觉"，使得早期美国人对自己尚处于萌芽阶段的购买力充满信心，因为他们能够用很大的折扣获取商品。然而，聪明消费者的感觉以感性为基础，而非理性。某些推广活动，比如"印着夸张的'省$$'保证的广告"，造成了"戏剧性"，导致消费者强烈地渴望这个产品，却并不理智。于是，很多仔细阅读廉价百货店醒目广告的读者们，就会向这些广告商品投入情感——被低价所动摇——即便还没在现实中见

---

❶ 直译为"坦白的所罗门"，是一个笔名，所以加上引号。——译者注

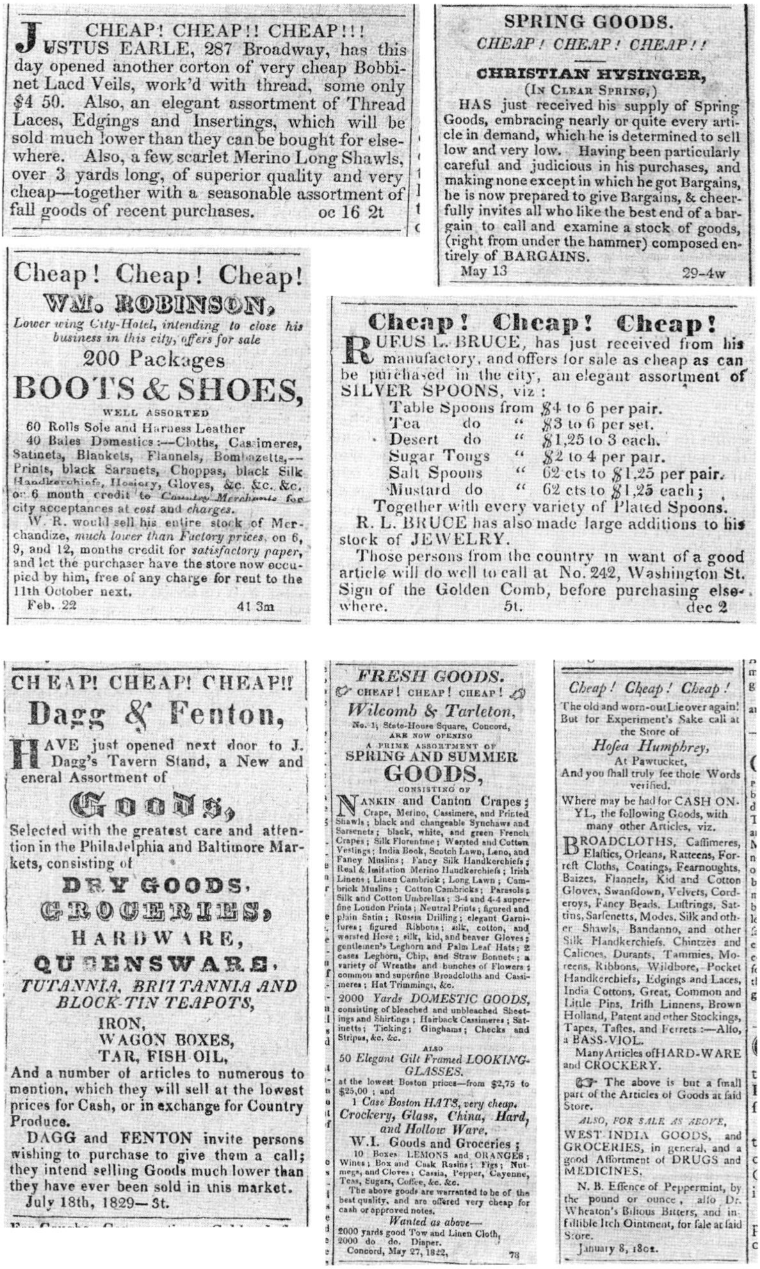

图 1.2 吆喝"便宜"东西的人不止小贩。报纸亦然,正如这些 19 世纪早期的广告所示。

过。这就足以形成一种"生动地想象出的"印象，可能"在勾起欲望方面，与真实环境中的实体展示有同等的效果"。因为人们会想象这些东西，在实际效果上相当于宣告已经占为己有。接下来要做的就是直奔廉价百货店，把它们带回家。

丰饶的大杂烩

然而，早期美国人在应对蓬勃发展的市场时，并不只是被动地受骗，或者激动又无力地站在商品新世界的面前。这些垃圾货确实带有一些不容否认且与生俱来的乐趣。材料的大杂烩催生出无尽的、充满想象里的排列组合与可能性。更重要的是，杂货的低价使其从人们梦里的东西变成物质上的现实。貌似具有异国风情的物体现在真的就近在咫尺。

这种物质上的丰饶有多重源头。自然，国内的制造商会给一些廉价百货店供货（厚重的陶瓷餐具、粗布）。杂货也来自一些二手渠道，比如破产拍卖、清算销售。但最便宜的东西来自海外——通常来自英国生产商和经销商，他们大多在中国和印度做生意。在满足美国人"低层次"商品需求的日益增长这一过程中，全球商业得到加速发展，并建立起了延续至今的一种模式：大多数美国垃圾货依然来自国外，而且往往是剥削劳动力的产物。

大量的选择和低廉的价格，逐渐变得比其他事情更重要，甚至对低劣的质量也不那么关心。19 世纪 40 年代早期有一首名为《苏格兰小贩》的诗，嘲讽了这些闪闪发光的东西有多么短命："精细纱布和花哨格子布，还有一盒镀金的小物。招摇的花朵生来就会枯萎，欢乐的颜色染出就会消退。"杂货卖得便宜自有其原因，这不是什么秘密。但是人们屈从于"影响的神秘力量"，还是会继续兴致勃勃地购买。

不过，就算粗制滥造的商品也能带来奇妙的、有意义的各种可能性。这一矛盾让早期美国人既忧愁又欢喜。南北战争之前，人们谴责像传染病一样流行的"砍价和便宜卖的精神",贬低其染指的一切。"搜罗便宜货的习惯,虽然我们嘲笑其愚蠢,却是一出值得谴责的闹剧,"一位批评家在 1845 年这样写道,并表示,生产商们"为了满足人们对便宜货的病态的爱,为了生产最垃圾、最无用的商品",只好给本就很穷的工人们降薪,才能保持竞争力。"砍价狂热"侵蚀了商品的质量,摧毁了市场的诚信,并导致对劳动力的剥削。这让所有人、所有东西都遭到了贬低。

《便宜货杰克》(*Cheap Jack*)的故事于 1846 年出版,描述了一个诡计多端而又充满魅力的小贩,以及他卖的那些诱人的廉价商品,展现了美国人与垃圾货的冲突关系。故事的主角挨个探访每个小镇,用吹嘘的方式售卖他的商品,凭借顶级的技巧让"耳根子软"的本地人立马对他和他的东西"着了魔","欢乐的群氓将毒药当成蜜糖一口吞下"。便宜货杰克那迷人的魅力和幽默的夸张手法,让斧头、盐罐这类"家常的"物品变得活色生香,比如将一把手锯弯成"帽子"的形状给一位老妇人,"用一种狂野的印第安人的方式"将斧子在空中旋转。"这种吸引力,"作者评论道,"让人难以抵抗。"

村民们这种容易上当受骗的性格,也应和了便宜货随后带来的危险。过于轻信的顾客们所拥有的幻想,往往以令人愤世嫉俗的物质形式收场,正如故事旁白懊丧地观察到:

> 我们必须看到,乡下人反复无常[1]这幅图景的另一面。一个贫穷的木匠,买了个刨子,花了半天时间调试工具,结果刚开始用就裂成两半。五六个农场工人发现,他们的西装背心……正在分崩离析。护林员发现他的斧头是铸铁的,而不是铸钢的……这件工具在一棵小橡树上砍了几下就不行了。

---

[1] 指想法容易被改变,容易被骗。——译者注

这个故事讲述了人们"偏信天真的简单"所造成的无可避免的损失，切中要害地点出了真相：美国人越来越多地参与到消费社会之中，于是面对这样可疑的市场诱惑时，他们也变得更容易受到伤害，而这些诱惑来自冒名欺诈、金玉其外的代理人们，"笑里藏刀……口蜜腹剑"。有风险的提议是那个时代的特征，而消费者要为错误的决定自食其果。他们日渐拥抱的物质主义思潮，不止界定了没有生命的物体，还有社会本身。时下流行的"便宜卖的精神"无孔不入：

> 我们贪便宜的店主，我们贪便宜的裁缝，我们贪便宜的杂货店主、面包店主、肉店屠夫、缝纫店主、日用品店主，还有一大群其他人，都是社区里的便宜杰克。走街串巷的小车没有了，取而代之的是花哨的、玻璃门脸的、镀金的、张灯结彩的"百货公司""商业中心""商业市场"——随你管它叫什么……豪言壮语印在了传单上；玩笑话印在了促销通知上；长篇大论……印在了巨型广告上。

这种焦虑或许可以解释，为什么许多廉价百货店的经营者倾向于把促销活动编成顺口溜，把购买低劣产品变成无害的找乐子，以此消解人们对市场的怀疑。1822年，约翰·布朗（John Brown）如此介绍他的店铺：

> 供应充足，
> 商品丰富（值得细看），
> 心地纯良，品种多样……
> 店里有货，还有更多，
> 有现金就能搞定；
> 只要付了钱，他就敢放话，
> 无须担心他要花样。

在纽约州奥尔巴尼，店主 R. H. 皮斯于 1843 年用类似的方法给他的大百货店做广告：

> 这里拥有千种商品，
> 各种品类各种名称，
> 不管想要何种愿望，
> 保证你能心想事成。

诗文般的广告营造出抒情而梦幻的氛围，意在提升原本平庸无奇的商品，迎合消费者感性而非理性的一面。"百货店有百种货，喜欢这种乐趣的人也可以被分成百种类别。"范沙克猛犸象百货店 1845 年的一则广告如是说。

便宜的不同含义

19 世纪中期，随着廉价百货店的崛起，"便宜"（cheap）的含义也日渐明晰。这个词从 16 世纪中期开始用来描述价格和品质（"便宜且糟糕"），通常和反义词"昂贵"（dear）一起出现。17 世纪早期，便宜的含义发生了微妙的变化，它也可以指代轻易获得某些东西，也就意味着没什么内在价值，例如塞缪尔·约翰逊（Samuel Johnson）[1] 所说"空洞赞扬的廉价回报"。随着时代变迁，美国廉价百货店的经营者试图澄清便宜到底指什么。正如垃圾货卖家们熟知的那样，市场的平民化意味着让所有人都能接触到商品，同时也不能让人觉得这些商品的采购很容易，或者质量特别差。

早期商店的广告不仅强调多样性这一令人愉悦的方面，也展示出

---

[1] 塞缪尔·约翰逊（1709—1784），英国作家、文学评论家、诗人，编纂有《约翰逊词典》。——译者注

经营者们在试图提供不那么令人厌恶的便宜。突出多样性可以更轻易地模糊长久以来消费者对品质的关注。几种垃圾货一起出现，就能提升整体的形象，也使得每个单独的物品超脱其低下的地位。这让消费者更难以衡量单个部分的品质或价值。更重要的是，每个大杂烩本身也是新东西：用各种新玩意儿组成的新玩意儿。

这就难怪廉价商品经销商也同时运营娱乐产业。例如，约翰·布朗在他的廉价百货店旁边开了一家酒吧（saloon）❶，而另一边是他开的书店。开在波士顿的这家霍尔登和卡特高级商品玩具店，有着超出常规百货店的选品，提供整个新英格兰地区"最好的烟花"。多米尼克斯·汉森不仅会卖"新颖且改良款"的东西，"一经面市就上架"本店，还兜售"新鲜且纯净"的专利药物——号称"可焕发青春"的神奇灵药。

经营者们常常将他们的货品委婉地称为"高级货"，这也就抬高了原本低贱的袖扣、五分钱手帕，以及对梦幻仙境的追求，因为"高级"（fancy）这个词也是"梦幻"（fantasy）的近现代早期缩略形式，也比"多样/百货"这样的形容更为优美。根据一份记录，"高级"的意思是"女人特别热衷于购买的多种'废物'"。根据当时的一篇小说，在这个廉价神奇消费者商品的新时代到来之前，"馅饼盘还没进入'梦幻之境'，"而且"瓷器盘子和银器碟子……属于瑰宝级别，类似于阿拉丁神灯和福图内特斯的口袋（Fortunatus's purse）❷"。1844 年的《奥尔巴尼城市指南》（*Albany City Guide*）介绍了 R. H. 皮斯的"高级庙宇"中售卖的产品："超乎寻常的丰富；极度不凡的优雅，远超我们寻常所想、所愿或所闻……他的选品堪称时下最为充裕、最为诱人。"关键在于，这些东西充满魅力，同时也不难获得。比如在皮斯的店里，顾客们可以"用远低于寻常的价格"买到这些非凡的物品。很贴切的是，皮斯将自己类比为有史以来最梦幻的小贩：圣诞老人，他那鼓鼓囊囊

---

❶ 在过去的美国指酒吧，而非现在更普遍的美发沙龙。——译者注
❷ 15 到 16 世纪欧洲传说里取之不尽的神奇口袋。——译者注

的包里——从皮斯廉价百货店的货架上进的货——装着远超孩子们极致想象力的礼物。

随着时代变迁，光是靠着营造梦幻感再偶尔提一下便宜，已经没有足够的说服力向更为老到的消费者推销廉价商品了。第一代廉价百货消费者的后辈们，是在垃圾货的世界浸淫之中长大的。向他们卖东西需要更精巧的市场营销策略。于是廉价百货店的广告上开始出现固定价格，多说说真金白银而非梦幻神奇。这一策略突出成本优势，也很有可能修正了消费者关于价值的观念，改变了定义廉价商品的词语。例如，巴尔的摩的店主 D. 博吉声称"波士顿小杂货店的商品基本免费"——便宜到近乎等于不要钱。

由于"廉价"是个令人恼火的模糊定语，消费者得自己研究它到底是指向品质还是价格。廉价（价格很低）商品可能是划算的交易；另一种廉价（品质很差）商品则恰恰相反。于是，固定价格使得买家的注意力从品质转移到了成本之上。1845 年的一则具有代表性的广告如下：

> 波士顿小杂货店，总有廉价东西在售……织线花边，45 美分，50 美分，62.5 美分，75 美分，每码❶售价 1.5 美元。卖光之前快来抢购。镶边条，同上各种价格；分指手套；连指手套；缝衣针；别针；密织长筒袜，超低价；男士背带，超低价；花边，织网，镶边，各种价格；新式项圈，25 美分；发网，3 美分、4 美分；发梳，2 美分、3 美分、4 美分；齿更密的发梳，每英寸 6.25 齿、12.5 齿，售价 25 美分；罩袍，每件 50 美分；杏仁皂，每块 3 美分；发刷和牙刷，还有各种香水，便宜卖了。女士们，再看一眼。

---

❶　1 码 =91.44 厘米。——编者注

由于廉价百货店的货品确实大多质量堪忧，低价成为比较可行的卖点。在第二次工业革命之前，大多数廉价商品中包含零散的进口货，有些是在码头就分出来的，有些是在转运过程中落单的。这些东西大多是容易裂口的瓷杯，容易磨损的棉布手帕，容易褪色的布匹，还有剩余滞销的图书。

　　突出价格就使得品质似乎没那么要紧，特别是在经济下行时期，人们的预算严重吃紧，倒闭商家的库存对于廉价商品交易商来说，也是低价购入的好时机：一个人的失败是另一个人的成功。比如在1857年大恐慌期间，纽约城的拍卖商托马斯·贝尔宣布了一场"高级干货店和百货店的库存"特卖会，包括"瑕疵品、损坏的玩具等"。位于哈特福德的萨格登公司夸耀他们家的织物面料，包括碎布头，都是"以'恐慌时期的价格'购入的"。塞勒姆的 W. W. 帕尔默吹嘘他在纽约可以用"毁灭性的低价"买到各种杂七杂八的东西，现在"还能以恐慌价卖出"。他提供了多样品种和经济实惠："不管你想要何种商品，都来看看我们的存货……现在花钱还是要尽可能谨慎点才好。"

　　南北战争时期，一分一厘对消费者而言都意味着更多；当整个国家陷入内战之时，也没什么条件向上追求高级了。一价店（one-price stores）差不多就是在此时出现，预示着后来的50美分店和今天的1美元店。位于匹兹堡的詹姆斯·肯尼迪兄弟10美分店是最早的一价店之一，成立于1862年。乔治·赫斯特德于1866年在哈里斯堡开了一家25美分店，售卖差异化的各种东西，比如珠宝、冰水壶、木头和煤等。尽管赫斯特德在广告上列出了在售商品，很多店没有这么做，想要试图进一步遮掩人们对品质的关注。位于波士顿的 S. S. 霍顿公司古今商店，用多种名头宣传自己，比如1美元店、3先令❶店、50美分店等。价格是商业广告的主导因素，所以霍顿把他卖的这些有裙撑的裙

---

❶　先令是英国货币，美国独立后某些地区缺少美元硬币，因此依然继续使用先令。1先令等于24美分。——译者注

子、花瓶、相册等东西，只用蝇头小楷列举在广告上，以至于读者们必须加倍努力地辨别。总之，不管广告上说店里提供什么，消费者都会购买，仅仅就是因为便宜。1 美元、2 美元、3 美元店的广告根本就没提商品本身。位于特伦顿的一家 99 美分店，让一个粗大的数字 5 占据其广告主体，而这个 5 是由许多小小的 5 组成的（图 1.3）。

图 1.3　在廉价百货店里，低价常常比商品本身更重要。《特伦顿州立公报》（*Trenton State Gazette*），1879 年 5 月 23 日。罗格斯大学特别藏品（Special Collections, Rutgers University）。

19 世纪后半叶，由于国内生产力的发展和全球贸易的增长，廉价百货商品的选择得到扩充，统一定价逐渐成为主流。低廉而固定的价格使得物质商品的混乱世界变得理性，将过去的多样性缩减为一个共同的美元（或美分）形象，直接忽视物品质量或物品数量。通过使消费者得以公正地判断和比较商品，一价店巧妙地引导他们相信自己正在做出明智的选择。但这些偶然制造的等价物，只会让貌似可算计的购买决定变得更加迷惑不清，因为它们本身就是错误的。一价店看起来好像很理性，实际上却让人们无法判断自己是否真的得到了实惠。

举个例子，就拿弗兰克·W. 伍尔沃思（Frank W. Woolworth）的职业生涯来说吧，他被认为是 50 美分店的"发明"者（这项功绩并不属实；在他的同名连锁店开业至少十年前就有很多这样的店铺了）。伍尔沃斯认可并带动了一价模式让价格变得隐晦的效果。在一本回忆录中，他想起自己当年在纽约州沃特敦的一家干货店当店员时，听说了一种巧妙的销售方法。有个密歇根的干货店店主和一个走街串巷的推销员合作卖一系列手帕，售价 5 美分，低于成本。利润来自和手帕一起卖出的"其他针头线脑之类的玩意儿"。推销员还建议店主设立一个 5 美分柜台，专门展示新款手帕和"一大堆在他的柜台上躺了好几年的老旧商品"。放一个显眼的牌子说这个柜台里的任何商品都只要 5 美分。按伍尔沃思的说法，12000 条手帕"立刻脱销，顾客们也买了柜台里的其他所有东西，以为跟手帕也是同样的价值……这是立竿见影的成功"。他继续感叹地说，"人们涌进这家店里……那个柜台上的东西几乎被一扫而光"。其他人很快如法炮制。新奥尔良的布拉泽尔曼公司在 19 世纪 60 年代中期记录，店里因为有了 25 美分专柜而获得了"无与伦比的成功"。店主夸耀他的这个柜台，就好像是剧场表演一样，"持续超过一个月的热度，现在添加了一大批价格略贵的商品，还比以前更受欢迎了"。北卡罗来纳州威尔明顿有一家沃森瓷器店，广告的中心内容就是装着垃圾货的柜台和"5 美分、10 美分专区桌上的超级好货"。有的商家，比如波士顿的海尔兄弟（Heyer Brothers），专营"专柜供货"就是为此目的而供应的各式商品，零售价 5 美分或 10 美分。

伍尔沃斯对这个策略的功效深信不疑，劝说他的老板穆尔先生也学起来。这个干货店店主有些不情愿地照做了，把一大批最近才从城里批发行进的新鲜货，和一些"其他旧破烂"摆在同一个柜台上。伍尔沃斯观察到，想要让这个柜台保持货满是"几乎完全不可能的"。他还说:"商品到底有没有价值根本无关紧要。我们在店里找到的任何老旧玩意儿,在那个柜台上都会变得火爆起来,立马就卖掉了。"他可以把"栗子"和"贴纸",也就是滞销货,变成特别受欢迎的商品——"梅子"和"木塞"❶。根据一份记录,"人们成群结队地前来买便宜货。在店里,他们也会以更高的价格抢购其他过剩商品"。通过将卑微、廉价、劣质、无法售卖的商品变成人们渴望的东西,低价展示出了多样性过去曾经施展的这种炼金术,同时引发了"激动与迷惑"。更重要的是,一价专柜仅仅是出现在那里,就能鼓励消费者以全价购买他们原本不打算要的"过剩商品"。

专柜销售大获成功,仅第一天的销量就把穆尔和史密斯干货店从破产的边缘拉了回来,伍尔沃斯底气十足,决定自己创立一家完全基于这种概念的店铺。他于1879年在纽约州的尤蒂卡开了第一家5美分店,售卖40多种低价商品。几个月后,他在宾夕法尼亚州的兰卡斯特开了"伟大的5美分商店"。第一天结束营业之际,销售了超过30%的库存。第二年,他增加了10美分商品,这样虽然利润更高了,不过依照伍尔沃斯的看法,更高的价格夺走了5美分策略的"魅力"。但他依然干劲十足,1884年他在宾夕法尼亚州的雷丁开设了一家直销店,此后开拓纽约市以北的纽约上州(upstate New York)❷、特拉华州和新泽西州的城镇市场。到1889年年底,伍尔沃斯的企业旗下共有12家商店,记录在案的销售额高达246700美元,而5年前这个数字还只是12000美元。

19世纪最后几十年内,廉价百货店、一价店和打折专柜已经遍布全国,从伊利诺伊州昆西的尤里卡50美分店("城里最便宜的地方!来买各种好东西吧"),辛辛那提的莫伦霍夫便宜桌["金子降价

---

❶ 在俚语中,"栗子"(chestnuts)指老套的玩笑,"贴纸"(stickers)指不容易甩掉的东西,"梅子"(plums)指理想的、人们想要的东西,"木塞"(corkers)指特别好、受欢迎的人或物。——译者注

❷ 指纽约市以北的纽约州其他地区。——译者注

了，商品远（原文如此）❶降价"]，奥马哈的99美分店，到位于芝加哥的纽约50美分店（"全城最好的选品"）和波士顿的芒森新品99美分店（图1.4）。一价店似乎抓住了所有人的心，不只是手头紧张但想买降价家居神器和餐具的家庭主妇，也可以，比如说，成为照顾贫穷大学生的福利。在1873年这个经济危机的时期，《耶鲁大学校报》（*Yale Courant*）将本地99美分店称为"学生们最爱的休闲胜地"，而店里的东西，按照《威廉姆斯学院校报》（*Williams Vidette*）的说法，"正是学生想要的玩意儿……只要不到1美元"。马萨诸塞州南桥的图书馆在1874年为馆藏增加了50本书，都是在当地的99美分店便宜买来的。1875年，《出版商周刊》（*Publishers' Weekly*）的编辑们提出，99美分店的商品对于奋斗阶层来说可能也有一定吸引力："你可以买到歌剧型项链，珐琅的穿孔吊坠和流苏，给男士的纹章吊坠，威弗莱小说（Waverley novels）❷，哈丽雅特·比彻·斯托夫人（Mrs. Harriet Beecher Stowe）❸的小说，足金刻字戒指，霍兰德博士（Dr. Holland）的作品，整套的甜品勺……所有诗意盎然的作品，镶着金边，装订精致，有袖珍版和放大版；雕刻精美的吊坠盒，还有其他各种东西，不胜枚举。"

尽管预算紧张、为购物狂的大众非常欢迎这些零售新贵，有些人却不然。经营者把重点放在低价上，并不能完全掩盖价格便宜和质量可疑之间的关系。随着一价美分店的新鲜感开始消退，便宜货品质差又不划算，这两点结合起来所引发的忧虑再次浮出水面，使低价商品零售商处于不利地位。位于马萨诸塞州洛厄尔的盖伊兄弟联合餐具公

---

❶ 此处原文是"and Goods Away（sic）Down"，可能是把"总是"（Always）写成了"远离"（Away）。——译者注
❷ 英国作家沃尔特·司各特（Walter Scott）爵士的小说，广受欢迎，以至于作者同一时期的类似作品被统称为"威弗莱小说"。——译者注
❸ 哈丽雅特·比彻·斯托夫人（1811—1896），美国作家，著有《汤姆叔叔的小屋》。——译者注

图 1.4 人们用不到 1 美元就能买到各种东西。波士顿芒森新品 99 美分店的广告宣传页，约 1870 年。来自费城图书馆公司。

司，可能是为了挖苦他们的竞争对手，比如纽约 99 美分商店，坚持在他家 90 美分商品店的广告上写："我们无意为了低价而售卖垃圾，但好的商品是人们愿意再次光顾的。"阿肯色州小石城的 M. M. 科恩（M. M. Cohn）同样抗议："我的好货不愁销路：我保证不会卖垃圾货或者拍卖货。"他们可能是在回应那些观察者们对 10 美分店里"具有娱乐性"的货品的形容："品种无穷多但基本上都是便宜货。每种东西都有一点，但每种东西都毫无价值。"当时流传甚广的一个笑话是这样的：

> 索尔·庄稼汉："听说昨晚10美分店的抢劫案了吗？"
> 海勒姆·茅草房："没。搞到很多吗？"
> 索尔·庄稼汉："是啊。他们在那里待了2小时，带走了大概价值1美元的东西。"

在19世纪最后几十年，廉价百货店卖的——以及消费者买的——都是大杂烩的、没人要的、不好用的或者不适宜的商品，这已经成为一项常识。这是它们的吸引力，也是诅咒。美国人一度被廉价所诱惑，也一度被廉价败坏兴致。

砍价狂热

随着廉价商品而来的，还有更严重的经济问题。即便在南北战争之前，越来越多的廉价百货店招致了许多批评，谴责零售商一味降价，以及他们迎合的这群"专买便宜货"的购物者。然而，消费者并没有嫌弃地远离廉价商品日益催生出的物质主义，反而主动推进了"砍价狂热"的蔓延，颠倒了合理定价的原则，对生产商、零售商和工人们造成了真切的经济影响。专买便宜货的这些人期待商品能以更低的价格面市，于是间接拉低了工资，还通过强迫生产商"满足人们对廉价商品的病态的爱"鼓励他们剥削劳动力。"当这个世界走得太快的时候，"有人观察到，"人们就会对廉价商品充满激情。"还有人更简洁地指出，在1美元店"你会用4倍的价格买一个只值25美分且你根本不需要的东西"。

其他商人们也抱怨廉价百货店的"慢性"扩散。一价店、廉价百货店，还有"市集商店（bazaar stores）"不仅和干货市场、服装零售店竞争，还和杂货店、餐具店、专卖店存在竞争关系。有些杂志社和报社甚至拒绝刊登 1 美元店"宣传其特点"的广告，怀疑他们只是"便宜货杰克"的实体店。一位编辑写道，"就我们所见"，芝加哥的 1 美元店的"经营方式和干货店、杂货店一样是正直的、值得尊敬的。但他们是新鲜事物，诈骗犯们很快会搭上这班车。我们不能让这些人通过我们的版面招徕顾客"。然而，最后还是得靠读者们"自己去行使判断力"，并予以警告"如果试图以半价买什么东西，结果发现这东西根本连半价都不值，你也别抱怨。这种行为，不仅不诚实，还更添愚蠢"。

廉价百货店甚至威胁到出版商对图书的垄断定价权。在 1875 年一封给《出版商周刊》的信中，署名"正义"的作者对书商的减价行为表示深切担忧，特别是"以折扣价给'1 美元店'和'99 美分店'上货，让他们能以 1 美元或 99 美分的价格出售 10 先令、12 先令和 14 先令的书……这事儿他们在全国都这么干"。廉价杂货店的书由于是零售书店淘汰的，既不是"新鲜出炉的"，也不是最畅销的。即便如此，许多顾客好像还是更喜欢便宜的"你想要的一切都有大商场"，而非传统的、理论上口碑更好的书店。

零售商并不是"砍价狂热"中唯一受影响的群体。消费者本身——正是要为降价负责的这些人——却开始把廉价商品当成更昂贵的东西作为礼物互相赠送。19 世纪 70 年代早期，一位新娘写给《戈迪女士杂志》（*Godey's Lady's Book*）的文章里介绍了这种明显越来越普遍的问题。作为订婚礼物，她收到了一对盐罐，装盐罐的盒子来自她所在城市的"顶级珠宝商"之一。她已经收到类似的东西了，所以想去店里换点别的，结果发现这东西其实是 1 美元店里买的。"我们得加一句，慷慨送出这两个清洗过的盐罐的人，来自一个非常富有的家庭。"杂志上写道。1876 年的一篇文章犀利地观察到，"大多数在 1 美元店买的东西是买来送人的"。在《时尚芭莎》（*Harper's Bazaar*）上的一个故事里，就在一位女士想象她丈夫会在圣诞节送什么礼物——"肯定是很不错的东西"——给她的同时，这位丈夫正在1美元店，告诉店员包装上不要留下"显示它来自这里"的标记。

关于廉价百货店商品的许多问题依然存在，不仅包括它们的品质，还有消费者应该拥抱还是摒弃廉价的丰饶。同样令人不安的还有：如果把商品装在考德威尔（Caldwell's）、贝利（Bailey's）、蒂芙尼（Tiffany's）的盒子和袋子里，即便是经验最为老到的买家也无法看出高级货和低级货的差别。歪曲事实、诳时惑众的流言不仅伴随着廉价百货本身，也没有放过买卖双方。"如果一个干货店店主给他的商品降价，"1873年的一位评论员写道，"这些东西要么是过季的，卖不出去的，要么是粗制滥造的。每个人都知道在1美元店上当受骗的可能性极大。"虽然廉价扫清了进入壁垒——钱——这是过去阻碍了大多数人全面进入商品世界的障碍，但这项平民化进程的风险，就是用最小公分母去衡量所有东西。

然而，价值是很主观的，取决于很多因素。一位观察家抱怨，"常规的书外面包着糟糕的姜饼状外壳，在1美元店里展示得十分诱人，当然也没有给它们增加什么价值。"但他是对的吗？毕竟，精致的外壳比起廉价平装书用的明黄色包装纸更能让物品更加赏心悦目。事实上，价值可能是——而且往往是——取决于品位和审美，这跟价格一样重要。在F. W. 伍尔沃思漫长的职业生涯中，他对顾客的偏好培养出了敏锐的感知力。伍尔沃思要求每家店的经理密切关注顾客们的鉴赏能力，而不要凭自己的感觉，他说："多年以前，人们曾经一度对某种花瓶产生了需求，那真是有史以来最丑的花瓶，而我必须无视自己的品位和判断去进这种货。结果卖得那叫一个好！"有次，伍尔沃思去德国进货，他给一个员工写信说他发现了安装在木头上的温度计，每打只要7.5美元，这个价格不错。它们"没有国产商品那么好"，他承认，但他还是买了，因为它们"更加新奇显眼"。重要的是，廉价百货店里的便宜货让无数消费者实现了物质上的满足，批评声就随他去吧。

经营者和顾客都一直在试图平衡低价和还过得去的品质之间的关系。一段不冷不热的时评表示1美元店"足够合理",认可并接纳垃圾货贸易的真相:

> 卖出的很多东西物美价廉,但有些则不尽如人意。当然,赚取利润是目标,每件商品毫无疑问都是有利可图的,不过肯定有的利润薄一点……至于便宜的好货是不是在那儿就比在别处多,那得靠每个人自己判断了。

大多数批评认为人们知道自己在买垃圾货。既然并没有所谓的骗局,消费者应该是自由购买的,这也应和了19世纪10年代晚期到20年代早期拥护拍卖行业的人,他们辩称"在这个自由而幸福的国度,每个人都有权利用自己的方式堕落"。消费者可以买到"物美价廉"或者"不尽如人意"的东西;无论如何,他们在美国人为自己构想的这个消费者天堂中都有自由的选择(图1.5)。正如98美分店在1878年自豪而简洁地宣称的,"经济实惠就是财富"。

廉价的丰饶继续唱起诱人的海妖之歌,特别是在世界市场大开、零售行业扩张、国内产值增长的情况下。廉价不止引诱了美国人,也逐渐将他们定义为一个同时拥有贪婪消费者和积极市场骗子的民族。他们并不觉得自己需要为此道歉;事实上,美国人在这种表面的矛盾之下活得挺自在,因为他们完全不认为这是一种矛盾。这种精神状态在讽刺诗《布朗太太参观首都》(*Mrs. Brown Visits the Capital*)中得以体现。这是一个游客的故事,发表于1896年,非常符合这个由第二次工业革命、百货公司和邮购目录兴起,当然还有垃圾货的扩散所驱动的转型时期。布朗太太去科科伦艺术馆(Corcoran Gallery)的行程被打断,因为她认为附近一家49美分店里的"窗儿"帘子比艺术品更有意思。在国会大厦参观期间,唯一有意义的事情就是买了一双49美分的地毯拖鞋来缓解脚上水泡的疼痛。华盛顿纪念碑这样的国家级地标固

图 1.5 新商品代表新思想,而廉价商品只能增加物质和情绪健康的可能性。新思想商店,由雅各布·沙滕伯格于 1886 年创办。普罗维登斯公共图书馆,罗得岛藏品(Rhode Island Collection, Providence Public Library)。

然重要,但也是因为靠近或者让她想起了 49 美分店。甚至连见到总统本人,她的关注点也在总统的领带上,因为跟她给丈夫在 49 美分店买的"简直一模一样"。她的旅行记录中全是这些便宜货,购于此行最重要的景点:一间垃圾货零售店。

布朗太太正是被猛烈的廉价百货世界卷入的无数美国人之一,而这个世界依然为物质满足和挖苦讽刺提供了充足的资源。20 世纪早期有一首诗,作者是站在一位被妻子盲目购物所困扰的丈夫的角度创作的,其中有如下诗句:

> 她拿来的价格,并不算很高——
> 但通常这东西有点奇怪,
> 琐碎、无用、小小的东西,

用来装饰壁炉或灶台。

我还听她对我讲：

"我不知道这是干吗的，

但就觉得可能有用——

我是从 10 美分店买来的！"

在 1920 年发表的《奇异之物的致命诱惑》(The Fatal Lure of the Whim-Wham) 中，作者亨利·汉斯曼（Henry Hancmann）讽刺了他自己和廉价商品短暂接触的经历。他讲述自己为了买鞋带而踏进了一家 10 美分店，期待获得"及时的服务，固定价格的保证，可供挑选、让人高度满意的商品"。但他很快就被淹没了——香味肥皂、熏香、鞋油散发出了"一阵接一阵"的芬芳。他被闪亮的珠宝柜台分了心，在那儿为妻子买了"制作精良"的椭圆形仿钻戒指。他迷失了自我，仿佛穿越了，"百货商品交易的世界在我眼前展现"。他"在货架之间"上蹿下跳，想要袜子、相框、皮质鞋底、大衣衣架、铅笔。东西都很便宜，他甚至买了个出乎意料的东西，"一小瓶可怕的香水"，只为带回家跟妻子一起嘲笑。他还在"放纵"自己购买花生、毛巾、钉子、怀表链和锡制哨子之前，买了一些书、糖豆、拼图和地图。在堆着打折货的地下室，他发现了更多东西，最后伴随着"鼓囊囊的口袋，手臂下夹着废料（棉花），赛璐珞小鱼擦碰着仿钻戒指，锤子撞击上大腿，还有肥皂小人的气味尾随身后"，他终于离开了。现在汉斯曼已经来不及去考虑烟嘴、纸花、耳环、水果糖浆、流苏还有其他在离开时瞥到的东西。但到头来，他还是得去找一副鞋带。

这些故事赞美了物质过剩给人带来的快感，虽然有些愤世嫉俗，但也捕捉到了美国人极为乐观的物质主义（图 1.6）。而其他人则没有太多热情，并抵制廉价商品可能带来的任何"进步"。工艺美术运动（Arts and Crafts movement）的拥护者们，可能最为大胆直言，他们将廉价百货和一价店视为中产阶级展示地位这一空虚追求的必然结果，这些人被引导用庸俗的小饰品小玩意儿去填满家居，以彰显自己的精致优雅。他们认为，拥有这么多无用的东西体现出了一种精神病态，而这种病态是由猎獗的消费者文化及其助力——具有侵蚀性的工业化进程——所共同引发并促成的。依照文化精英的观点，这个时期"充满便宜商品和廉价的人"，也是"廉价无处不在"的时期，这个纪元的特点是，人们偏好"无穷尽的生产力，大量可供穿戴的东西，无数的家具，无限的色彩"，而不是天然朴素和极简主义。相反，他们相信少即是多。

图 1.6　全美国人都在享受廉价百货店里便宜而丰饶的各式商品。"如何在杂货店内陈列 5-10-25 美分的商品"，《巴特勒兄弟的杂货商经营之道》（*The Butler Brothers Way for the General Merchant*），1913 年 1 月。

他们没有意识到，在垃圾货的世界，多总是多。当然，美国人被扩张市场带来的"致命诱惑"所俘获，可能并不是很聪明的消费者。但他们也许并不在意。单是想象并成为消费物质世界的一部分，可能就已经心满意足了。无论他们是否意识到，他们都将继续进行这项活动，最早是由小贩们带着布谷鸟钟和房门锁展示的，后来又被 F. W. 伍尔沃思这样的零售连锁巨头实现。所有这一切的重点就是，能够生活在一个"廉价商品无处不在"的时代。

第2章
连锁店时代的廉价商品

专营廉价商品的连锁店崛起,是美国人接受无处不在的廉价商品的最好证明。19世纪晚期,独立廉价百货店的店主们面临来自区域性和全国性连锁店的更为激烈的竞争,他们给零售市场带来了创新的销售策略。其中包括更为系统化、规范化的营销计划,可以持续调动传统小贩所带来的那种感性的吸引力。在近现代时期,廉价并没有被淘汰,反而与幻想紧密相连,嘉年华狂欢风格(carnivalesque)也紧随时代潮流而不断更新。

将秩序变成混乱

廉价百货店一面继续带来各种奇观,一面似乎又在推崇理性消费,在这两者之间努力保持平衡。比如,伍尔沃思大卖场将普通大路货穿插进新奇的、季节性商品之中,鼓励顾客们在浏览的过程中期待偶遇一些不寻常的东西,这样通过增添前工业化时代的惊喜和随机性,来提升现代购物体验(图2.1)。最有效果的廉价百货店体验是沉浸式的,商品利用尽可能多的感官体验来吸引顾客。建筑评论家艾达·露易丝·赫克斯特布尔(Ada Louise Huxtable)[1]对这些地方还有着鲜活的、多重感官的记忆:

---

[1] 艾达·露易丝·赫克斯特布尔(1921—2013),建筑评论家,在北美创立了建筑和城市设计新闻学科,提高了公众对城市环境的认识。——译者注

店里散发着糖果、化妆品和墙边一排熟食柜台的味道；伴随着鞋底踏在硬木地板上的声音、老式收银机的铃声还有可以奏出音调的钟声。你能想象到的各种小玩意儿，也呈现了视觉上的盛宴，它们按照销量和多即是多的美学逻辑，精确地摆出几何形……纸板上一排排的按扣，一堆堆杯碟，还有用途繁多、夸张刻奇的新式彩色塑料制品，现在都是收藏品了……这些柜台简直就是聚宝盆。"大巴扎之于中东地区，"年度总结告诉我们，"正如伍尔沃思之于美国。"

图 2.1　早期的伍尔沃思商店门口，展示了各种商品，包括乐谱、碗、篮子和小雕像。地点不详，约 1900 年。

百货商场用戏剧性的灯光照明，闪闪发光的展示柜，还有教堂一样的空间，创造出了一个更为精致复杂的消费者梦幻世界。但是，通过突出商品即时可得——将梦想转化为现实——廉价百货店提供了其他那些高级零售商所没有的东西。正如伍尔沃思的主席曾经说的："每位走进5美分店和10美分店的顾客都成了有钱人——暂时的。他会对自己说，'我看到并想要的任何东西，我都能买下来'。"

零售业的文献资料为创造这种有利的购物环境提供"系统性"解决方案，将大巴扎式的混乱奇观锚定在连锁店的理性大背景之中。策略包括安装有效的灯光，设置整齐的陈列空间，并且明确标价。一个走镇串乡售卖打折库存的破产清算物品专卖商，把所有价格都定为以6或者7结尾，这种不寻常的数字会引起人们注意。用他的话说，这些是"难以置信的减价"，会"驱使"人们来购物，"不管离得有多远"（图2.2）。

图2.2　固定价格所展示的理性往往和多样与廉价的感性一起呈现。来自《"吉姆·莱恩"，砍价主宰者》（*"Jim Lane" The Price Wrecking Fool in Charge*）广告副刊，1920年或1925年。

精明的零售商也会把购物变成寻宝活动。以前的干货店默认顾客知道自己要买什么，而廉价百货店则不同，他们会让人对以前根本就不知道的东西产生需求。廉价百货商品"因其本身"而吸引消费者，因为"他们无法抑制住好奇心去看"这些不算贵的玩意儿。就连邮购大品牌西尔斯百货也会通过繁多品种和惊喜的诱惑来赢利，他们在每个月刊发《特价专柜公告：零散杂货低价特卖》（Bargain Counter Bulletin: Low Price Sale of Odds and Ends），抛售清仓货，过季时尚单品，还有"产量太小、无法用常规标准定价"的一些商品。他们敦促读者为"避免失望"，最好"在你收到本书的当天就下单"，以此来给打折的表链、鞋履、桌布、布菜匙制造出了一种急迫感。

廉价百货店的布局将大巴扎市集上的随机因素和秩序、理性相结合，创造出了一种新式的零售空间。商品摆放的方式各有优劣，而零售商们试图找出利于赢利的"排列组合"。"牙膏和牙刷显然互为提示"，所以应该放在一起展示，"这样其中一个的销售可以带动另一个"，这是1925年《廉价百货店经营手册》（The Manual of Variety Storekeeping）的建议。商人们强调把标价清晰的商品整齐排放的重要性，通常用图表解释这些规则，上面显示出如何摆放商品才能鼓励人们来看一看、摸一摸，然后自己判断品质和价格。有趣的是，如果在摆放整齐的商品旁边放一个大箱子，里面随意放一堆商品，会显得这堆东西好像更划算。厄尔·P.查尔顿（Earle P. Charlton）有一家早期零售连锁店，他汇报说把牙刷、梳子、发刷之类的东西"堆起来"可以"在极大程度上"提升销量。对其他物品同样适用："我们店里有橡胶鞋跟，一对对用绳子连在一起的。我们把其中一些扔进一个大容器里，还有一些装进盒子里放在旁边展示。"那些被"扔"成一堆的鞋跟比整齐装盒码好的那些卖得更好——"这边卖十对，那边才卖一对"。堆起来的东西相比之下似乎更便宜，由此产生了"聪明消费者"的感觉。胡乱摆放也制造了一种稀缺感和紧迫感，激发出了消费者心理学专家们所谓"寻宝的快感"；进一步，购物者们可能会想要他们从未寻找过的东西——一件"未知的渴求之物"。

店主们越来越能感觉到，货品摆放的方式可以影响人们对它想要的程度和销售情况。专业顾问敦促经营者们突出选品之广泛，但也要当心别弄出"古怪而不协调的组合"，比如在男士烟斗旁边放清洁产品，或者把发刷"挂在糖果上方"。商人们把商店视为一个有机的生物体——恋物癖的容器。查尔顿怎么也想不明白为什么他的一家卖场生意不行，毕竟这家店里全是"过日子用的商品"。东西本身单独来看还是有口皆碑、可堪其用的。零售指导书警告经营者："不要无端地让您的商品与可能引发滑稽联想的东西产生关联，这样会让商品显得不合时宜。"商人们也同样担心"卖不动"的"滞销货"（图 2.3）。

图 2.3 最具诱惑力的廉价百货店会将量大且多样的商品按照一种人为控制的混乱方式展现出来。廉价 5 美分店内部，伊利诺伊州斯科基，约 20 世纪 30 年代。斯科基文化传统博物馆（Skokie Heritage Museum）。

几美分几十美分的事儿

"活着的"廉价百货商品快速地在商店进进出出。平均来看，连锁卖场一年中货品周转的次数大概是四次半，有些年份是五次。廉价店的利润很薄，所以需要更高效地流转。想要在付完房租、工资、广告等各种开销之后还有盈利，经营者们必须卖得多，卖得便宜，还要卖得频繁。虽然卖得多有优惠，但20世纪30年代中期每个大卖场的客单价总是几美分几十美分，而且大多数钱都花在单价不到20美分的东西上，比如餐具、玻璃器皿、玩具、电器和文具。

虽然有些廉价商品店会找美国生产商进货，但如果要生产价格低、利润薄的东西，国内劳动力成本终究是太高了。所以，就和过去一样，经营者们转向海外制造商。19世纪晚期，许多廉价商品来自德国，特别是贺卡、聚会用品、新奇商品、"几美分玩具"和娃娃。很快，日本扩大了其廉价商品市场，出口各种东西，从瓷器雕像、漆器盒子到新奇的毛毡小动物和烟斗通条。

伍尔沃思的巨大成功在很大程度上是因为他确保了低价劳动力，从而压低了成本。频繁的国外采购让他可以直接从工厂获取更便宜的商品，并收集竞争对手们的订货和付款价格方面的情报。欧洲的大批量生产中心利润尤为丰厚：英国的斯塔福郡（Staffordshire）瓷器，这里制造了"世界上某些顶级瓷器……还有一些低级的"；德国生产娃娃的小镇松讷贝格（Sonneberg）；劳沙（Lauscha），大理石和圣诞树装饰品的产地；哥达（Gotha），有世界上最大的茶具生产商；还有波希米亚的玻璃制造工厂。但是由于极度关注哪些东西会卖得好以及价格底线，伍尔沃思也被迫屈服于某种恋物癖，因为他并不完全理解这些他自己店里进的廉价垃圾货是怎么做出来的，除非他在现场得到解释：

> 他们（德国人）是怎么把娃娃和玩具做得这么便宜的，这对我来说已经不再成谜，因为大多数是由这地方20英里❶以内的妇女儿童在家完成的。美国有些妇女认为自己工作很辛苦，但和这里的贫穷妇女根本不是一回事——她们没日没

---

❶　1英里约为1.6千米。——编者注

夜地做着玩具，然后捆起来背到背上，就这样背着75磅❶重的东西在泥地里步行10～20英里去卖掉。价值10美分的娃娃，她们通常会拿到3美分，而且她们还必须自己买毛发、衣服和其他做娃娃的原料……她们在每个娃娃上付出的劳动大概只值1美分。

在20世纪的第一个10年，伍尔沃思每年要花几百万美元来采购这些由年轻而贫穷的人们实打实地夜以继日手工制造的商品。垃圾货的商业模式助力了零售帝国的形成。

伍尔沃思并不是特例。20世纪前半叶廉价商品现货涌入美国海岸，他面临愈发激烈的竞争。随着时间的推移，廉价商品店的销售额稳步增长，公司增设更多大卖场，急剧扩张了廉价连锁店在零售商业版图中的存在感。S.S. 克力司吉（S.S. Kresge）在1909年开了42家店，销售额高达510万美元；到1957年，全公司692家店汇报的销售总额达3.77亿美元。第一家S. H. 克雷斯（S. H. Kress）商店于1896年开业，记录的销售额是3.13万美元，而截至1957年，已经扩张到了261家店，年销售总额高达1.59亿美元。在1912年已经有631家店的商业巨头伍尔沃思，年销售额达到6060万美元。到1957年，旗下2121家分店创下了近824万美元的年度销售额，平均每家店38.84万美元。

廉价商品店持续的成功不仅仅是因为他们出售廉价而垃圾的商品，更因为美国人持续消费这些东西。一开始，顾客们会被相对低风险的购买和毫不费劲的新意所吸引。然而，在大萧条时期，低价成为影响价格敏感人群购买决策的一个更为突出的因素。同时，由于商品在物资紧张的时代不容易更换，品质也更重要了。1932年的一位女性非常沮丧，因为她"特价的"长筒袜"突然抽丝"了，"特价的"裙子"没

---

❶ 1磅约为0.45千克。——编者注

有留出锁边和缝边的边距",“特价的鞋子"一穿上脚"形状越来越奇怪"。她还特别厌烦热门媒体"带节奏",让女性多买点东西来振兴国家经济。上百万像她一样的女性尽了自己的一份力,却成为一种"破坏性体系"的受害者,这种体系将低价用作"售卖劣质产品给我的借口"。她们试图勤俭节约的计划,被这些无法持久的东西破坏了。不过她们到底在期待什么呢?这几代美国人都很清楚,低廉价格的产品也会有低廉的品质。

廉价商品店在大萧条时期受到的打击略轻于其他零售商,销售额只有轻微下滑。部分是因为他们强调低价,并且弱化了廉价百货和嘉年华狂欢风格之间长久以来的联系。然而即便低价也不过是妄想。多年以来,许多廉价商品店的东西是拆分售卖的。比如,一个可用的打蛋器实际上卖30美分——碗、打蛋器和可以拧上的盖子,每样各10美分。窗帘每码卖10美分,但是要成套买的话就得1美元往上了;每只10美分的吊袜带必须按对出售。"估计很快就能看到,衬衣每只袖子10美分,每颗扣子5美分,下摆10美分,剩下的部分10美分。"当时一位作家开了这样一个玩笑。

当大萧条变得愈发严重,经理们也将店里打理得愈加整齐,不再把商品堆起来了——这个做法更适合那个令人陶醉的物质充裕的时代——喜欢按"部门"分类的、布局规整的、更为理性的空间安排。这种新方式不再鼓励不经意的发现,而是让购物者更容易找到他们想要的东西。结果,店面布局变得极为同质化,以至于有位广告商表示"你闭着眼睛都能完成购买任务……夹心冰激凌和汽水在左边,糖果在中间,珠宝在正对着的右边"(彩图2)。

正当店主们通过创造秩序井然的空间、设置固定价格试图将消费体验理性化,更多感性冲动仍在继续驱动消费者,甚至是在困难时期,而且可能此时尤甚。廉价百货店定期更换陈设——这周是亚麻窗帘,下周是防止电线打结的理线器。成功的商品会倾向于有"强大的闪光价值"。而大萧条时期的营销人员声称,如果消费者可以通过"亲见亲闻"测试对商品自行判断，那么最成功的廉价百货商品就可以卖到"一时轰动"的程度。

廉价商品店在 20 世纪 30 年代将他们的价格上限提升到 25 美分，于是如何平衡理性和轰动效果就变得尤为重要。因为很多人仍然觉得以自己的"阶层"不会"屈尊"去那儿购物，店铺经营者们必须继续抓住他们常规顾客中的核心人群，利用熟悉和新颖兼有的策略来操纵人们对于廉价的预期。通过打破 10 美分的限制，廉价百货店得以扩充更多样的产品线。同样重要的是，这也让消费者感到他们可以变得更具慧眼，直接对比高价和低价商品的质量。店主们现在不再掩盖某些商品的廉价，他们实际上是在借助劣质商品来推动高价商品。廉价变成了参照物。当时的一位营销人员解释，当消费者可以看到相邻商品的不同"阶级"时，"他们一般都会做出更偏向于高价物品的决定"。但是这个策略并不意味着那些低价的相框就会在货架上等死。一旦加上点免费附赠品，也会有人想要它们的，比如附赠一段挂画绳，或者"人气电影明星的廉价海报"。

然而，就算是最"理性化"的空间也会扰乱消费者对品质和价值的判断力。举个例子，廉价商品店里常见的轻便小炊具。质量差的进口铸铝锅比国产不锈钢锅要便宜不少，因为这种铸铝锅是用掺杂了油污、合金还有其他污染物的边角料铝块熔铸而成的。它们很容易变得坑坑洼洼，还会褪色。工业圈内人管这些东西叫作"F&G"——羽毛和内脏（feathers and guts），里面的成分，通俗点来说，就是垃圾。但是，比较有声望的生产商通常会有各种等级的产品线，这些产品也会放在一起销售。质量更好的商品往往会刻有商标，而低端产品一般没有。为克力司吉生产轻质铝器和高端产品线米罗（Mirro）的商品公司（the Goods Company）有一位高层承认："我们绝对不会在我们认为质量不达标的产品上面出现任何商标。"但这家公司也有一条普通的产品线"用来满足某些特定需求"；显然，他表示，"我们对其销量不予置评"。

甚至就连标注清晰的商品也不能完全相信。仿丝绸的针织品通常被标为"艺术丝""新款丝""丝稠❶",甚至就直接写"丝绸"。棉和其他不属于羊毛类的纤维往往会标成"羊毛"织物。"爱尔兰"蕾丝花边(其实是中国制造的)的"品质和价格都很低"。联邦贸易委员会仅在 1925 年下令要求停止并禁止的七十三件产品中,就有相当一部分是廉价百货店的常客,比如医药制剂、肥皂、针织品、连衣裙按扣、自来水笔和糖果。消费者不可能逐一去真正了解廉价百货店出售的成百上千种东西,更不要说这些东西里可能还混进了具有欺骗性的商品。

日本制造

日本在房屋建造方面有着悠久的传统,这就使得这个国家特别适合为廉价百货店生产廉价商品。早在 19 世纪 70 年代,日本门户开放不久之后,就开始制造和出口廉价商品。妇女和儿童在狭小的家庭单位里劳作,在日本工厂法律的管辖范围之外,大多没有薪水。他们经手各种各样的东西,从纸制品、聚会用品到竹篮子和铁丝鸟笼。这些东西有很多部件是不能机械自动组装的,只能靠手工。然而,它们的零售价最多也就几分几毛钱。美国消费者是这种剥削式压榨劳动力的受益者,今天仍是如此。

日本工人们和欧洲工人一样,在贫穷的、不卫生的,通常还是危险的条件下为"商人组织者(merchant organizers,类似包工头的角色)"劳作,这些人统管协调工厂生产,是制造商和批发商的中间人。农民们被招到城里的工厂打工,往往还有附加"奖励"。到 20 世纪 20 年代,工人们被强迫住在公司统一的宿舍里,一举一动都受到监视,这种模式被许多全球性大制造商沿用至今。

---

❶ Sylk,和丝绸 silk 发音类似但拼写不同。——译者注

到20世纪20年代，日本制造商逐渐主导了廉价商品贸易。由于合成纤维的创新侵蚀了丝绸市场，这是日本过去对美国出口的主要产业之一，所以日本制造商开始专注于为廉价商品店制造产品。在20世纪30年代早期，这个国家经历了一场名副其实的"贸易繁荣"。只举一例，美国从日本进口的玩具和娃娃，在不到40年间就增长了75倍，1932年更是超过茶叶、海产这样的特色贸易产品，即便是在设有保护性高关税的情况下。

"日本制造"成为低价和劣质的代名词。20世纪30年代早期，廉价百货店充斥着各式日本产的商品，不只是玩具，还有瓷器、纸制品、铁艺品、竹制品、橡胶制品、小塑像和锡器。1933年刊登在杂志上的一篇名为《美国的日本制造圣诞节》(Made-in-Japan Christmas in the United States) 的文章，估算在那一年会有大概8000万只日本产灯泡和5400万株日本产的小号圣诞树装点美国人的家居。该文章作者很沮丧消费者只关心"价格、颜色和形状"，而不在意产品来自哪个国家。他继续写，"长远来看，这些商品会越来越贵，而不是越来越便宜——这些灯泡更费电，而且很快就会坏"。这种情绪在通用电气的一则灯具广告中得到了呼应，广告上提醒消费者："当心劣质的'划算'灯具，它们容易浪费电流、英年早逝，最后只会发现它们是花里胡哨的骗人货！"另一位观察者并不完全令人信服地表示，虽然这些商品的低价在萧条的经济环境下有人买账，"但有时候它们的质量被证明是令人失望的，日本产品也会失去它们最初的人气"。

然而，直到第二次世界大战开始之前，就算设置了保护性关税和配额，美国批发商和零售商还是一直在大规模进口廉价日本产品，以至于消费者权益保护活动家们都指责这个国家不正当地倾销低价商品。日本出口商品似乎特别容易被批评，尽管廉价百货来自全世界多个国家，就连美国本土生产商也有不贴标的低端产品线。1937年的一本商业杂志认为，"连锁店的采购在全世界范围内搜寻货源。每家连锁店平均要处理25000种独立产品，而它们的来源必须保持公开"。这种"公开性"的要求使得评估衡量廉价商品变得更具挑战性,因为每个国家都生产种类广泛、品质参差的消费者产品,有时候这么多种类和品质的产品还都来自同一家工厂。产品也会被故意贴错标签。在 20 世纪 30 年代,产地国家不再是可以用来鉴别商品品质的可靠信号。有些本土生产商会在自家产品上贴"进口"标签以提高声望,而有些则不再往外国产品上贴"美国制造"的标签。在大众的想象中,品质有时候可以和地域一一关联,但也并不总是如此。比如说,消费者对古巴雪茄、中国茶叶、爱尔兰亚麻和法国香水比较有好感,但对于他们怀疑或者知道是来自日本的东西,则会认为是错贴了标签或者仿冒制品。

20 世纪 30 年代晚期,批评家们敦促美国消费者抵制日货,政治和经济原因都有,包括日本对中国的侵略,日货众所周知的低劣品质,不正当倾销的印象,对歧视性贸易政策的指控,以及与此同时美国国内支持国货情绪的高涨。尽管面临这些外部压力,零售商们还是不愿下架日货,因为日本是他们的关键供货商。

消费者本身很难完全支持这些反日的理由,特别是因为日本提供了他们想要的这么多便宜的选择。1937 年发表的《为抵制者准备的购物指南》(*A Shopping Guide for Boycotters*)告诫读者们不要买任何丝绸制品——丝质长袜、丝质内衣、丝质裙子,还有丝质领结。文章恐吓的语气说明女性可能还是会继续购买这些得罪人的东西。这很大程度上是因为"低价的诱惑",以及日本产品真的种类太多了。按这份指南的说法,其他应该抵制的廉价百货产品包括所有标注"日本制造"的东西;所有圣诞树装饰品,以防万一;碎布地毯,"材料随机的那种"(rag rugs "of the 'hit-and-miss' type")❶;珍珠,包括人工养殖的和仿冒品,"就是更便宜的那种——廉价商品店里的东西";玩具,特别是便宜的机械玩具、茶具、赛璐珞玩具、乐器玩具,当然还有 5 到 10

---

❶ 指用废旧碎布编织的地毯,有什么就用什么,最后的颜色不是统一整齐的,所以称为"hit-and-miss"。——译者注

美分商店里的那些玩具；瓷器，贵贱都算；竹制品，包括给宠物的篮子（"让你的宠物睡鸡蛋盒子里"）；牙刷；火柴；赛璐珞梳子；售价低于 20 美分的墨镜；木质手柄的伞；扫帚；便宜的放大镜；小镜子；轻质手套；还有，不太可能出现的，水貂皮。这个清单相当长。一位作者承认，说到底"抵制日货的情绪远比这件事本身要更为强烈"。而这项重担主要落在了底层和中产阶级身上，他们是廉价商品店的主要客户群体，抵制失败的主要责任可能也得算在他们头上。

然而，珍珠港事件之后，买卖双方都别无选择了：零售商主动下架轴心国的产品。有些连锁店，比如伍尔沃思的店，"把无关紧要的日本货扔进垃圾桶"，把质量略好的放进库房：毕竟不是产品自己的问题，只是它们在那个时期象征的东西有问题。其他店铺把具有冒犯性的商品去掉标签，或者掩盖它们"日本制造"的认证。也有些店铺把禁止销售的东西捐赠给慈善机构。

由于受到广岛长崎原子弹爆炸和其他大城市轰炸的影响，日本的制造业在战争期间一蹶不振。虽然美国消费者一开始还对日货保有一丝抗拒，但到了 1947 年，这两个国家就开始携手复兴日本制造业了。国务卿杜勒斯提议，出口鸡尾酒餐巾到美国可以作为日本重建经济的一种方式。虽然这种说法未免油腔滑调，但也算是所言不虚。战后日本最早向美国出口的消费者商品其实都是"便宜、往往是一次性的廉价商店货"，这些东西"完全符合美国消费者对日本制造的期待"——比如竹制鱼竿、圣诞树装饰品、口琴、棉花做的复活节小鸡，还有圣帕特里克节❶专用的人造三叶草。这个国家整体经济的复兴极大程度上仰仗于美国人热衷购买这些垃圾货。

对日货的需求确实在持续增长，尽管人们把日货和廉价联系在一起。1953 年的一份报告《战争以来的日本工业》（*Japanese Industry*

---

❶ 圣帕特里克节的时间是每年 3 月 17 日，会大量使用三叶草和绿色主题的装饰物。——译者注

since the War）提出，转包和使用廉价劳动力导致了"牺牲了一部分品质和一致性的要求"。不过这不仅是小规模日本制造过去半个世纪以来运作的方式，也是这个饱受摧残的国家唯一可行的生产策略。"战争和美国占领日本没有改变日本向世界市场倾销劣质产品的传统。"一位作者在1949年如此抱怨，并列举了几种劣质产品，从收音机到橡胶传送带。1958年的一项调查显示，面对同等价格、品质和风格的产品时，只有1%的美国消费者会优先选择日本产品。偏见依然存在。直到1967年一项关于消费者行为的研究依然显示，日本面临"人们对其商品的强烈消极态度"。另一项研究针对的是人们印象中的产品品质，结果表明，日货——从糖果、鞋子到瓷器和电视——在每个类别的排名都在末尾。

但美国消费者后来还是依赖于廉价商品，还有大批量供给这些商品的外国人。1941年，美国政府一一列举削减日货进口所造成的影响，而这些日货都是低价且劣质的。分析师们认为，美国制造的陶器和玻璃器皿可以替代日本的"廉价品级"，但他们也没什么信心，反而预见到国内消费的"陡然下降"。类似地，如果不从日本进口，所有塑料商品的供应也会急剧减少，还有廉价草帽，因为既没有廉价替代材料可用来编织，也没有廉价劳动力。"N.E.S."（nonessential，非必要的）纸制品，"包括几乎所有玩具、新奇小物、小装饰品和其他单价很低的东西"，也就是并不指望"持久耐用"这些东西，其消费量会削减约70%。这些产品实在太"容易被忽略"了，连美国生产商都懒得生产替代品，更不可能从中赚到利润。几乎所有中低档瓷器盘子都是来自日本的；如果没有它们，美国消费者要多花30到50美分去购买更高品质的盘子。"只有中等购买力的"人可能就不买了。这些人恐怕也得放弃"本身价值很低"的新奇装饰性瓷器，比如新潮的盐和胡椒瓶还有小动物瓷像，这些基本只来自日本。大约90%的胶棉塑料制品都会消失，比如搭扣、胸针和吊坠，"主要通过5美分和10美分新奇小物商店分发销售"，可能会被更贵的国产版本取代，也可能不会。廉价商品渠道的缺失不仅会限制廉价商品连锁店的发展，也会让很多人失去参与市场活动的能力，特别是他们以前习惯的那种方式（图 2.4）。

图 2.4　第二次世界大战后，日本再次成为廉价商品的关键货源。这些是众多出口到美国的"花哨商品"中的一部分。日本对外贸易促进机构联盟，《日本提供的商品》，1955 年（Federation of Foreign Trade Promotion Institutes of Japan, *Merchandise That Japan Offers*, 1955）。

所以战争一结束，美国人就去拿走了他们能得到的东西——日本制造的垃圾货。各家公司和政府本身都试图提高日本生产商的地位，摒除刻板印象。新成立的日本对外贸易组织（Japan External Trade Organization）旨在重新树立起大型批发贸易公司的角色，他们在战前是至关重要的中间商，充当国际卖方代理，为小型制造商注入资金支持。日本也在品质控制方面做出各种努力。其中一项成果是日本检验协会（Japan Inspection Association），鼓励工业界"不断为更好的品质而奋斗"。另一项是日本陶器设计中心（Japan Pottery Design Center），确保日本陶器匠人不会抄袭国外的设计，并提高品质，"扩大销售"。这些举动都是为了再次向消费者群体确保，即便是低价的日本产品也不完全是垃圾货。

然而，现实总是不太一样，这不完全是因为日本经营者用心不诚，也因为廉价百货店的商人们会定期"把一分钱掰成两半花"——以极低的利润交易——"造成产品跌价，以至于到了影响使用的地步"。比如，很多厨房小配件是用极其劣质的塑料做的，如果遇到高温或潮湿，它们就会"弯曲翘起，失去强度"。虽然塑料玩具和新奇小物的颜色很讨人喜欢，但它们往往都是用熔掉的垃圾货做出来的，这就牺牲了耐用性，使它们变得"基本没法维修"。竹制品很容易老化，消费者常常"投诉令人不满的产品"。廉价赛璐珞假花可能会着火。

为了尽可能压低价格，廉价连锁店的高层们继续给生产商施加压力。制造商十分依赖廉价商品店的合同，因而他们被迫只能牺牲产品质量，削减劳动力成本，有时候还要放弃自己的盈利。举例来说，玩具车的生产商为了保住和一家大型连锁廉价百货店的生意，会被告知他们的原型打样不能只做一个铸铁件，而要做成两种颜色的两个拆件，还要用包着橡胶的轮胎，不能用金属轮胎。生产这样一件产品，最后还只卖 5 美分，完全不可能。但结果就是如此，代价是巨大的："豆大的泪珠从生产商的脸颊划过，但他最后还是回家做出了两个拆件、两种颜色的小汽车。"虽然连锁店的高层们相信，"经销商对生产商的独裁统治会产出更高价值"，但这也只是因为生产商被迫屈服于大型连锁店的压力和独裁。垃圾货的逻辑更复杂了，一开始是消费者期待低价，后来是零售商削减成本，他们靠的是坚持让供货方降低品质，削减工资，甚至向他们原材料的供货方继续压成本。

美国消费者继续购买廉价日本产品，出于必要、无知或同情的因素。日漫瓷器出口贸易在 1955 年达到了 5400 万美元，几乎是 10 年前的 1000 倍；进口到美国的瓷器中，大约 50% 来自日本。同年，日本约 50% 的橡胶玩具（仅仅是玩具，不算婴儿尿裤、暖水袋、加固件等体量更小的橡胶产品）销往克力司吉、伍尔沃思、克雷斯、麦克罗伊（McCrory's）、纽伯里（Newberry's）等众多连锁店。这些连锁店在1954年的营业额加起来达到了30亿美元，20年前这个数字还是8.73亿美元；这巨大的收益背后离不开廉价日本商品的功劳（彩图3）。

便宜的持久性

20世纪90年代，廉价商品的生产地从日本转移到了中国。大规模生产设备配合家庭手工业，使得廉价产品的产量更大了。美国人不再期待自己买的东西物有所值，但是，按20世纪80年代一位贸易专家的话来说，他们变得"没那么挑剔了"。廉价货的便宜和拉跨都同样大获全胜。于是，海外生产商"无须过于在意品质"。到20世纪80年代晚期，中国台湾的制造商成了"兜售便宜货、塑料玩具和一次性垃圾的小贩……以廉价仿冒品和1美元店小玩意儿而闻名"。中国台湾效仿之前几十年日本的做法试图扭转口碑，耗资4000万美元打造一系列活动，其中包括"全美品质主题月"活动，旨在改善人们对中国台湾商品的印象。

中国香港在20世纪末加入了中国台湾的行列，也成为廉价商品贸易的主导者，专注于玩具制造，从高端的椰菜娃娃（Cabbage Patch dolls）到低端的假冒忍者神龟塑料人偶❶。到1989年，中国香港成为世界最大的玩具制造地区，年出口量超过20亿美元。这项成就背后的事实是，许多商品——不仅是玩具——都不能只用劣质来形容，它们甚至是有害的。消费者监管机构表示，这些来自中国香港的东西往往有危险的锐利边角，容易破损散架，或者是用有毒的塑料制成。仅1987年一年，美国消费品安全委员会（Consumer Product Safety Commission）

---

❶ 未获授权的山寨货。——译者注

记录了113000件与玩具相关的事故（比如，儿童因误食脱落的小部件而窒息，舔食涂着有毒油漆的表面），其中35起致死。令人苦恼的是，很多制造商还被证实有仿冒名牌产品的行为，比如一款叫作0937的塑料积木，其实这个名字就是乐高（LEGO）倒过来。同年，加利福尼亚州玩具检查人员发现200种不安全的进口玩具，共计30多万件产品。按以前的做法，美国政府官员会建议"购物者秉持'消费者自己留心的态度'"。这被证明越来越困难。消费者不仅欢迎这廉价的丰饶，也一如既往地无法准确判断品质，如果他们真的在意的话。

20世纪末中国迅速的工业化很大程度上要归功于，或者归罪于，美国人对廉价货无休止的贪婪。20世纪90年代中期，中国的经济以平均每年约10%的速度增长，仅仅20年内，中国就成为世界上最大的商品出口国。令人叹为观止的规模在很大程度上来自廉价货的生产，或者用贸易文档中的称谓，"杂项制品"（Miscellaneous Manufactured Articles）——该分类下包含服装、玩具、鞋类，还有"一度被视为具有中国出口产品特征的物品"，换言之就是廉价的东西。

迎接廉价商品的猛烈攻势，也需要新式的零售空间。已经有增长势头的巨型折扣店（mega-discounters）开始主导全国的廉价商品市场。他们当中不仅有沃尔玛（Walmart）、塔吉特（Target）和开市客（Costco）这样的零售巨头，还有必乐透（Big Lots）和折扣$（Deal$），都是通过提供不断更新的各种廉价商品而获得成功的。俗称的小宗（small-box）一价店，比如多来乐（Dollar General）和家多乐（Family Dollar），也在参与廉价商品市场的竞争。1977年，克力司吉成为凯马特集团（Kmart Corporation）一员，后者于1987年又把剩下的店铺出售给了麦克罗伊。伍尔沃思于1997年歇业。麦克罗伊和纽伯里也于2002年相继关闭。

就像他们的前辈一样，这些新晋连锁店提供多样性，也提供经济实惠，把卖场开到他们形容为"价格敏感的省钱消费者"附近，往往包括固定低收入的西班牙裔和老年人群。连锁折扣店通过采购"超大量级的商品以保持与卖家和供应商的稳固关系,还有生产商的冗余产量",得以提供极低价格的商品。此外,美元树(Dollar Tree)这样的公司会简化产品包装,在每个包装里少放点东西("调整数量"),以此保持1美元的价格——一种遮掩价值的新方式。

虽然这些策略看起来是现代才有的,但其实也都借鉴自早期的劝说形式。比如,1美元店会设置冰柜和冰箱用来装食品,这样可以增加店内人流量,"提升全品类销售,包括利润更高的非必要消费品",这就很像过去零售商利用5美分专柜来促进常规标价商品的销售。不管折扣搜寻者有多大的热情,某些商品打折并不意味着其他商品也有折扣。牙膏、洗衣液这样的常规商品在1美元店里的价格其实比大型连锁店里的还要贵一些。购物者买它们不只是因为方便顺手,也因为它们在这个语境下看起来好像是划算的,因为它们就在一堆格格不入的商品之中,其中包括不常规的、不继续生产的产品线,还有滞销的季节性商品。贸易行业报告显示,店铺用这种方式卖出的商品"比零售商感觉能提供更多价值",但实际上并没有。

其他年代久远的销售策略也继续用在了新一代垃圾货消费者身上。1美元店通过讨好固定收入消费者理性的、价格敏感的这一面,从他们身上争取到了更高的市场份额,同时也利用店里的垃圾货和混乱的氛围,营造出了嘉年华狂欢风格,以此作为一种卖点。有的店铺试图"优化'购物体验'",让购物"简单轻松,充满乐趣"。还有的店铺以"聚焦顾客需求的选品"作为特色。商业分析师们似乎认为其中大有可为。例如,多来乐一直比竞争对手们"略逊一筹",因为"商品周转率较低"。作为回应,他们努力"改善商品组合"并"优化商品展示层次"——新潮的专业"黑话",意思就是提供更多令人眼花缭乱的东西。

自从美国人在18世纪晚期初次拥抱垃圾货以来,很多事情都发生了变化。垃圾货不只来自大不列颠,或是他们的港口货物中的漏网之鱼,而是全球供货,来自德国、日本、中国等地。廉价百货商店的独立经营者屈服于庞大连锁店带来的竞争,最终又是大宗(big-box)零售商占领市场，他们利用强大的购买力获取了更大的优势。美国消费者不仅学会了常规性地接纳这些劣质而短命的东西，也终于不再对它们抱有期望。

但是我们的故事在很多方面都像是兜了一圈，又回到了起点。早期美国市场的许多垃圾货，比如便宜的餐具和纺织品，其实来自中国和印度——它们后来再次给美国消费者提供垃圾货。很多新一代垃圾货零售商采用了古老的策略去引诱顾客、掩盖价值。虽然美国人对垃圾货的期望值随着时代变迁变得更低，更现实，但他们依然无法摆脱垃圾货的束缚。走街串巷的小贩包里藏着的宝藏——小小的享受，不起眼的玩意儿，便宜的家居神器——体现出神秘、惊喜和即时可得等特质的组合，令人兴奋。它们便宜，它们易得，它们惊异奇妙。早期消费者大多是新手买家，被廉价商品诱骗尚可原谅。廉价货不仅成了消费者革命的导火索，还让中产和底层消费者得以更全面地参与这个不断扩张的、商品和思想都在进行交易的市场。这让他们有了力量，帮助他们逃脱，让他们进入了一个充满无限可能的世界。接触到大量东西，也意味着消费者必须自己决定如何衡量价格和品质。在市场中的参与程度有多自由，就有多危险。

随着时代变迁，愈加精巧的营销策略让消费者更加难以做出理性的购买决策，并在事实上给他们制造了障碍，让他们陷入廉价的丰饶所带来的浪漫的感官享受之中。继承了廉价一代遗产的消费者，本以为在面对垃圾货世界时会更有准备，更加理性和现实。但购物者们依然要仰仗于市场的怜悯，而市场无论怎样，都还会持续带来无处不在的廉价：为所有人准备的垃圾货。

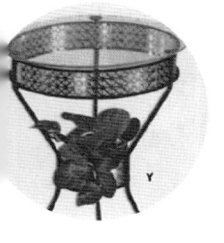

第二部分
家居神器带来更好的生活

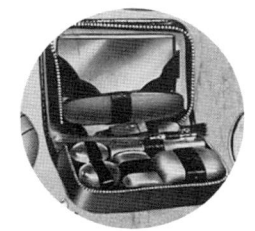

第3章
持续不断的改进优化

据说，美国人生来就富有好奇心和创造力，总有捣鼓新发明的冲动。他们当初作为殖民者能够存活下来，靠的不只是勇气和意志，还有在陌生世界随机应变、凑合度日的能力。这个国家的发展是由高瞻远瞩的理想家们驱动的。人们对优化改进有着无穷无尽的需求，从而激发了创新，彻底地、深刻地塑造了人们的生活方式，更影响了他们对自己身份的思考：作为富有创业精神的个体，也作为一个充满进步精神的国家的公民。无论如何，这部分叙事大多是真实的。不可否认，像伊利运河（Erie Canal）、轧棉机、科利斯蒸汽发动机（Corliss engine）和T型车这样的创新发明，将美国从一个荒野大农村变成了今天的工业化巨头，推动了市场和人口聚集中心的发展，电的使用让工作效率更高，整体上提升了美国人的生活品质。

然而，关于美国的进步，还有一个更准确、更微妙的故事，可以从一些更不起眼而又更普遍的创新说起：从过去的闪电奶油搅拌器、神奇工具套组、电击治疗腰带，到更近代的免手持护发器、便携式宠物楼梯、生物反馈仪态训练器、LED治疗仪。这些小装置，或者说家居神器用自己的方式体现了北方佬的创造力（Yankee ingenuity）——用物质的形式展现了天才、江湖骗子和科学怪人那永远创意十足、时常半生不熟、有时又确实充满远见的奇思妙想。

小装置和真正有用的工具相比，区别往往在于使用语境。比如，电话应答机以前只是给无聊的有钱人当作娱乐的新奇小物；而今天，语音信箱已经成为美国人日常生活不可或缺的一部分。但相比其他形式的垃圾货来说，它只是如实兑现了自己的诺言，是格外杰出的一款小装置。而大多数小装置说的比做的多，只是看起来非常有用的样子。虽然小装置体现出了美国人对于创业进取和足智多谋的迷之自信，却也和那些广受赞誉的发明，比如爱迪生的电灯泡和亚历山大·格雷厄姆·贝尔（Alexander Graham Bell）的电话，有许多重要的相同点。与此同时，小装置迫切地拥抱甚至还无耻地宣扬美国特色另一个重要的部分：毫无歉意地赞颂满嘴跑火车这种行为。小装置产业，就是用大言不惭、勇敢莽撞的方式将发明变得垃圾化。

就像其他形式的垃圾货一样，无用的小装置有着悠久的历史，最早可以追溯到19世纪初。那时候，麦考密克（McCormick）在设计收割机，辛格（Singer）❶在发明缝纫机，爱迪生在研发留声机和电灯泡，而与此同时，无数的小装置发明家也在辛勤地"捣鼓"他们自己的发明创造。他们的动力既来自创意的冲动，也出于利益的动机，希望利用美国消费者对新奇发明装置日渐高涨的需求来大赚一笔。

大多数小装置自带垃圾货的逻辑，一度（现在依旧）愤世嫉俗而又自相矛盾。它们把相对简单的任务变得更复杂，制造出以前不存在的麻烦，而它们所承诺的恰恰相反。有时候它们甚至会产生更多工作量。即便如此，小装置的助推者已经让消费者相信，新潮的设备好过他们用的那些老气、过时的东西。由于小装置能带来新鲜感，引发好奇心，标榜新体验，最后这玩意儿究竟有没有用也往往不那么重要了。

北方佬的创造力

早期的小装置使普通美国人得以参与探讨进步和优化的本质，这是那些更为主要的创新发明所没有实现的。19世纪的前几十年，政治经济学家、生产商等群体开始宣传内部优化的好处，赞扬美国创造力，

---

❶ 作为缝纫机品牌时，Singer译为"胜家"。——译者注

无数的普通市民也开始好奇所谓的进步究竟意味着什么，这样的思考往往是源于越来越多五花八门的新奇玩意儿来到他们家中。有很多热情的早期使用者，也有人认为新设备只会影响他们的自主性。1817年一篇文章的作者将这个时代描述为"改进优化的时代，成倍增长的发明让过去生活中的常见行为变得无用"。这可不是什么好事，因为机器生产的物品"得来全不费工夫"；做起来太容易，"拿到手里就不开心"。换言之，人们对这些东西不像对手工制品那般珍惜。更进一步来说，节省劳动力的设备或许可以有效地回答"任性仆人"的问题，而这个"秩序井然的机器"也会带来淘汰雇员的风险。有些人可能见证或者参与过廉价百货店引发的"砍价狂热"，他们担心人们对新奇事物永无休止的追求。老旧而可靠的设备——耐用，持久，还是"家庭的一员"——可能会被换成新的、更激动人心的，却不一定更优越的型号，就好像忠诚的伴侣被目光游移的恋人抛弃。

　　随着时间推移，人们对创新发明的抗拒，特别是对新型设备这种创新形式的抵抗，变得更加生动。一个自称"生来就不应季的人"在1839年说出了对小装置的反对，认为"速度、利润、实用性和便利性是时代的偶像"。他辩称，"像瘟疫一样的各种新潮发明"，会导致身体"退化"，思想"矮化"。他声称，"在这个机械化时代，人类的精神正在快速堕入废弃之境；而肉身会被小而多样的人造物所滋养和骄纵，会逐渐失去大部分身体机能"。然而，发明者当然会因为机器更有力、用户更无力而收割巨额利润。正如一位"固执的"农民所说："这些小玩意儿可能适合某些人，但不适合我；我的耙子耙地不比碎土机差；如果有些家伙……对劳作的喜爱只有对新玩意儿喜爱程度的一半，那这就是他们自己的问题。"当然，问题一部分在于很难分辨真正实用的创新发明和荒谬的"新玩意儿"。更重要的是，人们依然不确定机器在日常生活中应该扮演何种角色才比较合适，也常常心存疑虑。

　　由于更小型的设备日渐渗透进美国家庭，这些问题变得更值得关注了。这些机智的产品来自"北方佬的创造力"，这个词既是一种赞美,也可用作绰号,对重大创新和不着调的幻想都负有责任。例如,1824年的一则广告宣传了一家波士顿农具公司,展厅里展示了"各式各样的机器,品种数量堪比诺亚方舟上的动物"。人们也许可以在那里见到一种犁,"会自动工作,不一会儿工夫就犁一英亩❶地"。是真的有这种可能,还是纯属夸大其词?北方佬的创意发明之"高产"——孕育出自动电扇、把木材锯成木板的新方法、可以变成座椅的便携式箱子之类的东西——令人叹为观止,带来如此之多近乎不真实的奇迹。

1833年给某一期《缅因农民》(Maine Farmer)投稿的作者提到,他在介绍一种北方佬研磨机时遇到了"批评和嘲笑",他声称这种研磨机磨玉米更快,还能显著提高其营养价值。就连他所谓的朋友们也嘲笑他。非北方人也不会被这些新奇设备所迷惑,因为它们本身就是物质过剩的产物,是为了发明而做出的发明。而且,它们传达的思想威胁到了本地习俗和社会秩序的稳定(图3.1)。中西部人和南方人十分抗拒他们眼中北方人带着这些新鲜玩意儿所造成的侵蚀。更重要的是,这些新事物往往是由那些唯利是图、走街串巷的小贩们——"偷运的乔纳森"(trafficking Jonathans)——带来的,这些人不仅被视为不受欢迎的陌生人,更是外地商贸的代理人,把本地的钱都吸到北方市场去了。一位经常撰写新工具评测的农业杂志作者承认,即便是"最高等级"的设备,只要是来自"北方佬王国",是"新潮玩意儿",或者像某些新型宗教一样,宣传得过于"热情",那么他都会出于本能地不予置信。

人们往往通过漫画的夸张方式表达对北方佬创造力的批评,因为这种形式似乎最能捕捉到小装置溢于言表的愚蠢。例如,1832年出版的书《一个无效论者的回忆录》(Memoir of a Nullifier)讽刺了一位热心的发明家勇敢无畏而又误入歧途的努力,他的发明是"胡克的专利

---

❶ 1英亩≈4047平方米。——编者注

YANKEE INGENUITY.

A company has been formed for the purpose of towing icebergs to every port in the world, where a sale may be anticipated. We wish the project all success.

图 3.1　正如这幅漫画所示，很多人将北方佬的创造力等同于荒诞而不实用的想法。《纽约新闻画报》(*Illustrated New York News*)，1851 年 6 月 21 日。图片承蒙美国古文物学会（American Antiquarian Society）提供。（图上文字：北方佬的创造力。为了把冰山拖到全世界每个港口而成立了一家公司，销售业绩指日可待。我们预祝该项目大获成功。）

自动慈善煎锅"，可以在培根"恰好半熟的时候"自动翻面。发明家自以为完美无缺的商业计划最后被证明是个荒谬而彻底的失败，成为旁观者茶余饭后的谈资。1834 年刊登在《弗吉尼亚和北卡罗来纳年鉴》(*Virginian and North Carolina Almanack*) 上的一篇文章也用类似的手法讽刺了北方佬创造力那过剩的机灵——"将世俗生活神奇但无意义地机械化"。文中描述了"新英格兰香肠和硬毛刷机"的奇妙功能，可以把活猪吞进去，然后产出"现成的香肠"和"有专利的硬毛刷❶"。注意不要把这个设备和另一个差不多神奇的幻想弄混淆："乔纳森专利省力自适应猪再生器"，它是农民的梦想：

一头猪在一秒之内就通过这个机器，另一头就会出来

---

❶ 以前的刷毛使用猪鬃制造。——译者注

四十把发刷，一百柄牙刷，两块贴好标签、烟熏过的火腿，两支猪尾蜡烛，切成任意你想要形状的猪肉，两百磅的香肠，还有腌肉和猪头肉冻，悉听尊便。

即便是"绞烂的骨架"，从机器底部掉出来，也能"以每副 2 先令的低价"卖给医学院（图 3.2）。

图 3.2　小装置往往和纯粹的幻想没什么两样，就像乔纳森专利省力自适应猪再生器，除了猪的尖叫，一切都可以处理。《洋基玩意儿》（*Yankee Notions*），1853 年 5 月 1 日。图片承蒙美国古文物学会提供。

要是真的就好了。这些奇思妙想只是玩笑而已，它们远离生猪屠宰行业严峻、残酷、辛苦劳作的真相。这些严酷的考验包括，控制并击昏重达数百磅的这种顽固的动物，割开它们的喉咙，忍受鲜血涌出和最后死亡的场面，将尸体扛进一桶滚水中再取出。然后它们会被大卸八块、开膛破肚。到这一步，一头猪才算完全被拆分处理成各个可用的部分，整个过程充满刀光血影、骨肉横飞。然后，这些部分要用抹盐、熏腌等方式保存，猪血也要凝结成布丁状的血块。威廉·尤厄特（William Youatt）[1]评价猪："几乎每个'原子'都那么有用。"他解

---

[1]　威廉·尤厄特（1776—1847），英国兽医，动物权益作家。——译者注

释说，除了猪肉本身，猪蹄、猪头、"甚至部分猪肠"也颇受美食家青睐；边角料可以用来做香肠和肉饼；调香师、糖果商和药剂师都需要肥肉脂肪；猪皮可以用来做钱夹或者其他物品；猪鬃是许多消费品的原材料，包括刷子；就连猪脬也是有用的（虽然他没解释怎么用）。以为"省力"的机器可以高效又轻松地把猪这么一个大活物彻底转变成所有这些东西——可以轻易消费到的产品，这也太异想天开了。

然而，短短几年过后，工业化肉类处理设施真的实现了，它们集中出现在芝加哥和辛辛那提。曾经只是开玩笑的机械化幻想，到19世纪60年代中期变成了现实。这种"省力"设备的规模和效率创造出了如此惊人的奇观，每年都有大约五十万人去参观肉类加工厂。可以参观从待宰栏到屠宰区的所有地方。新颖的流程机制使得"拆解流水线"成为可能，规模空前，效率极高。同时，机械化让美国人对牲畜屠宰变得陌生，由此彻底改变了人们与自己的工作和食物的关系。

于是，对小装置的批评，也不仅是因为这些东西大多展示了愚蠢的想法。它们也更迫切地展示了正相反的一面：这些新装置或许会以深刻而未曾预料的方式改变人们的生活。不论这些小装置是真正的改进还是异想天开的幻想，它们都在拥抱新潮未来和因循守旧的两种人之间引入了难以解决的冲突。两种立场都迫使人们思考工作的真正本质及其恰当的地位。应该使劳动变得不再那么繁重，还是说这种改变只会鼓励人们游手好闲，增加人类对机器的依赖性，最终让人类变得无关紧要？

南北战争之前，机械化的承诺和危险一直是令人恼火的问题，而且由于大量的小装置，尤其是那些取代女性工作的小装置，具有特定的形态和即时性，更是给这些问题火上浇油。笔名为"老妇人"的作者在1847年写道，新东西或老东西都不是生来就是好的，对于创新发明要仔细权衡才能判断其功效。她继续说明，节约时间和赚钱同样重要，对新鲜事物明智而"自由"的投资可以为农场带来"巨大的收益"。她将女人比作家畜，写道："农场厨房的省力机器极为重要，因为它们不仅节约时间还节省力气。""自由的便利",就像新式灌香肠机,这种"不声不响的朋友",带来了多种好处,因为一个女人现在不仅可以承担过去男人的活计,还可以做得更快,这样她就可以承担更多额外任务并更高效地完成。小装置通过简化工作,也创造了更多工作。

女人可能比男人更欣赏技术进步带来的好处。平面广告、诗歌、演讲和论文都介绍了家用小装置的相对优势,常常指出男女各有不同的方式接触省力的技术。比如,19 世纪 40 年代晚期流行的一首诗《厨房之歌》(*The Kitchen Song*),便是早期女权主义的号召:

噢噢噢,我真期待!
每个水壶,每个碗碟,
可以被某种洋基佬的机器清洁。
这该有多省事快捷。
从早到晚,工作不绝!
想要有谁能帮忙洗洗涮涮……

有机器能切玻璃,
也有机器能割草坪。
有机器能实现所有愿景。
但他们一次都没想起,
他们自己花天酒地,
可怜的女人却要洗碗扫地……

当这机器问世,
发明家会被感谢,
穷人都会献上赞美,
每个姑娘姐妹,

都会斟满酒杯，

为发明家的健康干杯！

1866年的一期《大草原农民》（*Prairie Farmer*）上刊登了一个故事，更直接地阐述了技术的性别主义。一个叫约翰·梅里尔的农民信奉手工劳动的老传统，不用机械，拒绝采纳任何最新的农业改良技术。他自己的日子还行，但他妻子玛丽的工作量极为繁重，而且没有权力使用新工具："孩子们挂在她身上的同时，她还得用最原始的方式做饭、洗衣、熨烫，干到她站不起来为止。"她不仅要给全家洗衣服，还要给雇工洗衣服，也没有洗衣机或者拧干机的帮助，每天还要用一个"普通的木质搅拌器"搅打十二头奶牛产出的奶❶。结果，劳作的重负终于造成了恶果。她的"体力大不如前"，最后像一匹老马一样"放弃了"。她的嫂子，一个拥有"北方佬勇往直前的开拓精神"的女人，最后证明是她的救命恩人，她坚持建议这家人购买兼具"实用性和装饰性"的设备，包括专利黄油搅拌器和带有脱水机的洗衣机。因为这些新潮设备，"玛丽终于开始了生活的新篇章"，她丈夫也很高兴能"跟上时代潮流"。这些东西看起来是新潮时髦的，但也确实是改变生活的工具。或者，它们也并不如销售时吹捧和承诺的那般好用，我们马上就会看到一些例子。

专利申请中

19世纪中期的那几十年中，无数真正好用的发明为广大消费者制造并采用。诸如《科学美国人》（*Scientific American*）、《专利记录》（*Patent Record*）、《发明的时代》（*Inventive Age*）这样的出版物，对各项发明进行编年记录、宣传报道，并为之创造了一个市场，同时也宣

---

❶ 传统的制造黄油的方法。——译者注

扬创新发明的理念。小装置制造商则通过模糊"有用"和"多余"的界限,利用主流出版物上各项发明日渐高涨的声望与正当性来做生意。事实上,无用的小装置——"普通的、有专利的新奇小物"——数量远超"广为人知、意义深远、青史留名的机器",甚至还更赚钱。早在 1834 年,《机械师》(Mechanic)杂志就批评许多"无意义机器"的设计提交到了专利局。其中很多被证明是"无使用可能""不严谨",甚至"愚蠢轻浮"。作者抱怨道,"此种恶行似乎还在愈演愈烈",特别是因为 30 美元的申请费并不会"劝退一个脑子里的智慧并不超过常识的人",而这种人的想法是,要为"每一个脑海里冒出的新玩意儿"申请专利保护。小装置发明家与科学怪人的区别仅仅在于,他们能利用这些草率的想法赚钱,这些人即便不能证明美国人天生的创造力,也至少能体现美国人试图从任何事物上赚钱的精神。

由于这种发明家和他们发明的小装置越来越多,消费者也愈加难以从"口若悬河却没半句真话的家伙"贩卖的廉价、"畅销"商品之中分辨哪些是真正有用的。例如,19 世纪 40 年代晚期,《俄亥俄耕耘者》(Ohio Cultivator)评测了几种新型黄油搅拌器,指出"很大的功夫"都花在了"蒙骗农民大众混淆多种专利黄油搅拌器,或者引诱许多机械师花大价钱去购买制造同类产品的权利"这些事情上。作者总结道,大多数新型机器都"毫无价值,或品质低于更便宜的老款",比如,"刘易斯和约翰逊的空气搅拌器",外表令人印象深刻,就连见多识广的作者一开始都"倾向于推荐它"。不过,虽然它制作黄油速度更快,品质却没有更好;产量也不多。类似地,"汉密尔顿和希雷的弹簧搅拌器"有着"热情洋溢的广告和图片",保证女人们用它做黄油"就像摇摇篮那样简单";甚至还可以在做黄油的同时编织和阅读。然而,这款机器是用廉价锡罐和劣质弹簧做的,被证明是"唬人的玩意儿"。"巴洛的联合搅拌器"很难清洁,"科尔弗的旋转式凹面黄油搅拌器"是"盛名之下,其实难副"。得到推荐的款式是一个很简单的设计,用可靠的材料制成,而且价格合理——实用,尽管缺少那些最典型小装置所具有的令人震惊的、变革性的能力。

专利为这些东西加了一层正当性，却只会让消费者对其实用性和有效性更为迷惑。为了向农村读者说明这些损人利己的奸商是如何利用这么多假冒"专利产品"来赚钱的，《大草原农民》展示了如下场景：

> 有个人带来了一款专利播种机。所有核心组件都不是新东西，当然也不能申请专利。为了获得专利，琼斯发明（！！）了一个"双重回力带环螺栓"放在这个机器上，倒不是能在机器上起到什么作用，而是为了使它能够取个名字，就是"琼斯的双重回力播种机"。

越来越多的专利经纪人从知识产权的交易中获利，在他们的鼓励下，"数百人坚持将这些无用的发明推到世人面前"，这是 1867 年《科学美国人》的抱怨。这本杂志为了维护自己作为正当创新发明拥护者的口碑，谴责小装置产业的既得利益者。杂志编辑批评了发明者普遍都在制造的骗局：在本就多余的改进上再加更多余的改进，设计过于复杂却效率低于手工的机器。

尽管"正当"创新的高尚的推动者们花了很大力气，但最新款的小装置们还是在吸引消费者继续购买，也吸引资本家买下它们的生产和销售权。19 世纪 70 年代早期，一位作者估计，每年农民都会被"游手好闲的专利小贩们""骗走"上万美元，这些人向容易轻信的大众"售卖没用的专利搅拌器、洗衣机，等等"。专业马车夫观察到，很多家庭搬家后都会留下这些花了大价钱的东西，因为"这些东西无法实现当时被推荐的那些用途，就像把堂吉诃德推荐给教士一样没用"。

吹捧小装置这件事本身，也往往在无意间体现出这些发明在很多方面制造的问题比解决的问题还多。比如早期洗衣机。家庭生产公司（Home Manufacturing Company）的家用洗衣机声称不会伤害织物，也不会使用户受伤，这正是洗衣机"被大范围抛弃"的两个主要原因。虽然声称可以"完美地"清洗最重的东西,可以洗得更白更干净,可以一分钟之内就洗完,该公司还加了句:"我们没有声称我们的机器不需要费力,也不会在没有人力帮助的情况下洗一家子的衣服。"(那这还有什么意义?)"范格里夫特洗衣机"产品线的许多改进也很能说明问题。这些改进包括,移除内部木块,"不然时间久了会使底部腐烂";使用更紧密的盖子,防止脏泡沫"令人不快"的味道跑出来;将传动装置固定在机器的盖子上,以免这些铸件在运输中损坏;用一种新设计的运输箱打包,这样就不用"像往常那样"直接钉进洗衣机,"总是会导致洗衣机在使用过后裂开";换成底部更宽的洗衣筒,防止筒箍脱落;采用新型传动系统,防止齿轮"跳动打滑"。类似地,斯特拉顿和特斯特格的改良洗衣机采用镀锌铸件防止生锈,采用柏木以"防止缩水和产生异味",还有可拆卸板条,利于通风,防止发霉。从中我们可以了解到,改良洗衣机的齿轮会打滑、生锈。洗衣筒发臭、开裂、腐烂、容易长霉。它们产生难闻的味道,不能保持水温。它们还很容易损坏衣服。它们也不能减少繁重的劳动,用起来还可能会有危险。

虽然它们可能会制造各种问题,但女性越来越多地在日常劳作中采用了这种"省力的"机器,即便"省力"也只是相对而言。就像当时的很多人一样,19世纪90年代,一位丈夫给明尼苏达乡下的妻子买了一台洗碗机,希望它能减轻负担,提高效率。这个设备包含"一个大水槽,两个桶、曲柄、齿轮、杠杆、一些内部结构和一个拖布";它需要把"巨量的"水放在炉子上加热,然后抬过来倒进桶里,再倒出去,搅动用的曲柄必须靠手动。这个洗碗机与其说是省力,不如说更费力,拆分成部件反而更有用——"它的新主人决定在大一点的桶里用那个小拖布手动洗碗",她丈夫则用小一点的桶泡脚。

吹捧创新

潜在买家别无他法,只能依靠可信消息来源——朋友、新闻记者的意见，还有自己的判断——来区分骗人的玩意儿和真正有帮助的东西。但这个方法最终被证明也是很具有挑战性的。报纸杂志上"社论式广告"❶背书在一定程度上是可信的，但正如《铁犁、织机和铁砧》（Plow, Loom and Anvil）在 1857 年所承认的，编辑一方面"尽可能让农民得知什么工具值得关注，并提醒他们当心被骗"，但也很容易被收买，加入吹捧无用产品的"阴谋"。对于这点，他们指出，"我们一点也不怀疑"。

在 Yelp❷ 和亚马逊点评出现之前，小装置发明者会发表用户推荐证词，让潜在消费者相信他们的产品不光是有用的，而且有奇迹般的功效。例如，布鲁克林的洗衣女工安·赖斯太太声称，家庭生产公司的家用洗衣机并没有像该公司承诺的那样可以干 6 个人的活儿，而是干了 10 个人的活儿。除此之外，衣服比手洗出来的更白，磨损更少。她还声称，每天用这台机器都能挣回她最初花在上面的投资——15 美元。类似地，亚拉巴马州蒙哥马利的霍勒斯·A. 西利太太也为她的浸入式烘烤箱担保，她可以证明，在这个需要在明火或者不便掌控的煤炉柴火炉上做饭的时代，"烤制肉类时的抹油工序再也不会令人焦虑。我们用这个烤箱做的烤火鸡非常嫩，一点也不干柴，烤出了漂亮的棕黄色"。简单，不麻烦，还有完美的效果。

在产品演示和电视广告还远没有出现之前，这些推荐证词会附有插画，用超越文字描述的方式展现小装置如何改变人们的生活。伊弗雷姆·布朗在 1856 年推出了他的新式土豆蒸锅，广告有插画介绍这种蒸锅给人们带来什么好处，以及如果没有蒸锅会有多么悲惨。有两个吃土豆的场景。一群人大为赞赏，惊叹道："它们是蒸出来的！"另一群人则在抱怨他们的土豆不是蒸的，而是"坏的，有毒的"（图 3.3）。

---

❶ 类似现在所说的软文。——译者注
❷ 美国商户点评网站，功能类似大众点评网。——译者注

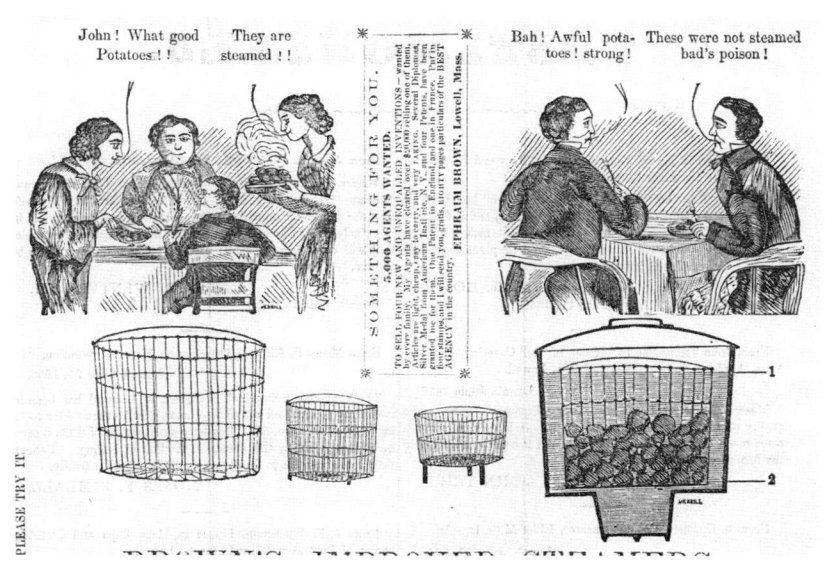

图 3.3 电视广告出现之前，像土豆蒸锅的发明者伊弗雷姆·布朗这样的小装置发明家，要依靠热情洋溢的推荐证词来展示产品的功效。《生活画报》(*Life Illustrated*)，1857 年 4 月 15 日。杜克大学，鲁宾斯坦图书馆和大学档案馆，哈特曼中心（Hartman Center, Rubenstein Library and University Archives, Duke University）。

营销者们通过预演消费者在使用小装置前后的生活，提前制止了关于使用价值的问题：有人真的需要这种蒸锅吗？好用吗？会占很大地方吗？清洗起来麻烦吗？做出来的土豆更好吗？相反，他们聚焦在生活方式上的益处。一夜之间，女人们就能变成更好的厨师，全家人都开心，来赴宴的客人们也满意。J. C. 蒂尔顿在他的蒸汽洗衣机，"或称妇女之友"的广告上展示了两个家庭室内场景，摆脱"老传统"而展开的"新出发"，在洗衣服的基础上延伸到各方面都很好。使用洗衣机竟然让孩子都变得更乖巧，还通过更新换代的家居布置让这个家变得优雅体面（图 3.4）。类似地，"新款"晾衣绳带来了"福祉"，让凌乱变得有秩序，衣服现在都挂得整整齐齐。这些具体的描绘浓缩了小装置吸引人之处的真正精髓。人们喜欢这些东西不是因为它们实际上能做或者会做什么，而是因为它们承诺去做什么。小装置的世界曾经

（现在依然）是永恒的改进，不停歇地淘汰老规矩，通过花钱来"买"到更充满希望的未来。

图 3.4　按照推广者的说法，采用新型小装置可以改变生活。J. C. 蒂尔顿，《150000 已售出》（*150000 Already Sold*）（1837 年）。杜克大学，鲁宾斯坦图书馆和大学档案馆，哈特曼中心。

最高级别的形容词最能传达小装置改变生活的可能性。1884年 J. E. 谢泼德的厨房新奇小物销售目录中，包含了"无可匹敌"的炉灶通风管置物架，具有"无限的价值"。1890 年，"必备家用品生产商"W. H. 贝尔德公司推出了一系列厨房的便利新品。使用他们的改良款"钢铁城市洗碗机"，"一个普通家庭的碗碟都可以被完美地洗净！完美地烘干！完美地抛光！只需两分钟"。"钢铁城市完美刮刀"，"让你省去刀和勺子，省下时间和力气"。令人震惊的是，该公司还推出了"闪电搅拌器"来"解决时间的问题"（"现在你有机会稍微放松一下了"）。"打所有蛋打蛋器"和奶油打发器也"物如其名"。

制造商和营销者的夸大其词精准地正中要害。和其他垃圾货的宣传语类似，这些广告也通过给现实问题提供梦幻般不现实的解决方案来制造欲望。通过鼓励消费者相信他们有可能享受方便、轻松而又完美的生活方式，广告的花言巧语其实揭露了广大美国人——尤其是农村女性——日常劳作的重负，这种重负一直持续到 20 世纪。例如明尼苏达乡下的村妇玛丽·卡彭特的日常工作"单调乏味"。邻居不列塔尼亚·利文斯顿"目之所及皆是失败"，十分担心自己。女人们"只是动词——'去成为，去做到，还要去承受'"。这也就难怪为什么这么多人会把信仰寄托在"尤里卡扫帚架""冠军打蛋器"这类令人难以置信的、如同英雄一般的设备上。就算不为别的，她们为了自己的心理健康也必须如此。

奢侈的徒劳

然而，小装置往往并没有英雄一般的能力，而是"奢侈的徒劳"。组合型工具、多功能工具这样的设备不仅体现了北方佬的创造力，还体现了其盟友——资本主义企业大胆冒失的胡说八道。只要创新发明成为焦点，市场就不会远离。小装置的真正目的当然不是实用性，而是为它们的制造商赚取利润。19 世纪热门专著《论机械与生产的经济》(*On the Economy of Machinery and Manufacture*)的作者查尔斯·巴贝奇（Charles Babbage）❶解释说，制作者要想成为生产商，就必须多想想他的设备能带来多少利润，而不是这个东西到底好不好用。整个设计以及生产过程本身，必须"仔细安排部署"，这样产品才能"以尽可能最低的成本生产"。要把东西做得便宜到足以吸引最多的消费者，就必须"在某些过程中节约成本"。换言之，推动创造力的是利润，而不是发明的天赋或改进的精神。成功的创新者正是研究出如何"卖得比对手便宜"的人。

---

❶ 查尔斯·巴贝奇（1791—1871），英国数学家、发明家、工程师，被视为计算机先驱。——译者注

于是，发明者受到利润美梦的驱动，给最不可思议的创造物和怪异的组合申请专利，把它们推向市场，这些东西声称可以巧妙地把几种不同的工序简化为一个万能多用的物品。这种小装置的一个早期例子，是约瑟夫·B. 吉尔伯特于1812年发明的一个锡盒，"其构造结合了暖脚炉、煮茶壶、加热锅、暖盘器、黄油防融器或冷酒器的所有必备功能，视季节而定"。其他例子包括，组合式肺部检测仪加丰胸器；一体式贴身暖水袋加暖脚器加冰袋加灌肠器；需要烧汽油驱动的洗衣刷；可以变成笔记本的衬衫袖口；做成动物布偶的烤箱手套。从18世纪晚期到19世纪晚期，专利局登记了上千种这类组合式装置，包括橡皮加削橡皮刀、肉叉加撇油渣的笊篱、钟表加捕蝇器、脱靴器加防盗报警器、痰盂加暖脚器。家居神器发明者好像可以想出无数种新奇的组合。

　　其中最为流行、可靠、存在时间也比较长的组合式装置就是多功能工具（人们直到今天还在买）。P. T. 巴纳姆（P. T. Barnum）❶回忆自己孩童时代迷恋上了一把豪华的小刀：这把刀"是所有实用性和装饰性功能的组合"，有两面刀刃、一个挖洞工具和一个开瓶器。小巴纳姆十分渴望这个"微型木匠铺"。这种多功能工具比木匠铺更便宜、更实用，于是在市场上特别受欢迎，尤其受中等收入家庭的喜爱，他们希望给家里配备便宜的基础款工具。这些东西也迎合了正在崛起的中产阶级，他们大多从事脑力工作而非体力劳动，一般雇用外人来家里修修补补，并不需要真正意义上有用的工具。这些奢侈的徒劳之物正是为这个蓬勃发展的群体准备的；他们自然而然地会期待市场提供现成的解决方案——通常是不那么有效的方案——来处理他们的各种问题。比如，"家居之王"在厨房、办公室甚至船上都有用武之地。"事实上，"生产商坚称，"没有哪个地方是用不上这款工具的"（图3.5）。另一样东

---

❶ P. T. 巴纳姆（1810—1891），美国娱乐家、商人、政治家，玲玲马戏团创始人之一。——译者注

西叫"华盛顿斧头"(图 3.6),生产商将其形容为"满满一箱品质顶级、造型小巧的工具"。十件"完美"而"有用"的工具合为一体,包括"重量调过平衡"的锤子,通过铰链手柄连上一个"锤炼到完美的"并具有"锋利开刃"的斧头,一把"助你无须雇用昂贵的水管工就能进行维修的"管钳,还有起钉器、钳子、剪线钳和接线器,"都按科学原理设计制造"。该公司坚称这个产品和那些劣质的产品不同,"并没有一味追求把尽可能多的组合集中在一件东西上而草率为之,只是为了做出好卖的东西"。换言之,它号称这是一件有用的工具,而非小装置。广告如此强调这点,恰恰是欲盖弥彰,反倒佐证了查尔斯·巴贝奇在几十年前对虚假创新的市场逻辑发表的观点。

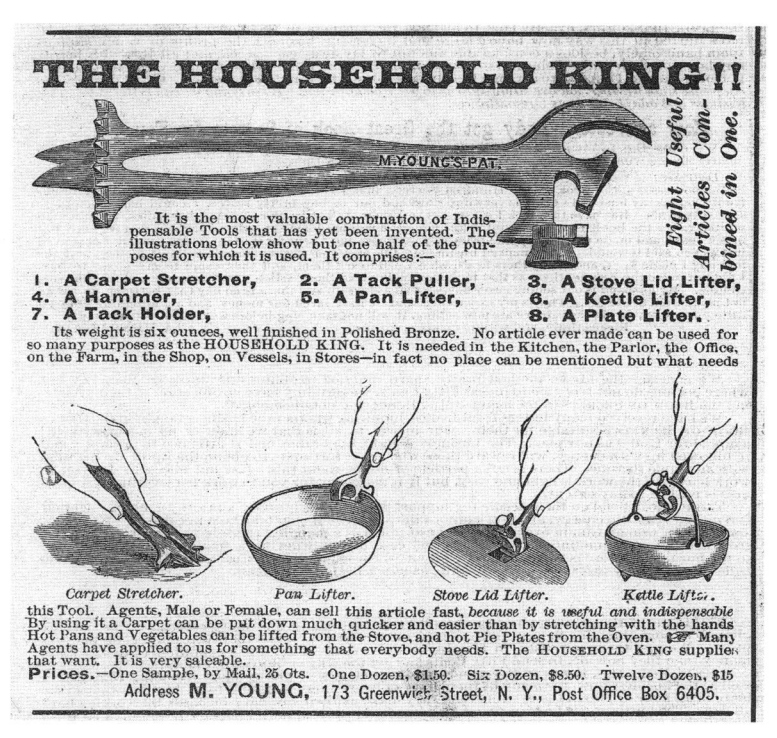

图 3.5 组合工具,通常由流动推销员售卖,最早在 19 世纪后几十年开始流行。正如后来无数类似的设备一样,家居之王号称将许多"有用的工具"组合为一体。《M. 扬的新发明月刊》(*M. Young's Monthly Publication of New Inventions*),1875 年。

图 3.6　类似华盛顿斧头这样的多功能工具，号称能做很多事，但其实每件事都做不好，它们是"奢侈的徒劳"的例证。托马斯生产公司，约 1900 年。杜克大学，鲁宾斯坦图书馆和大学档案馆，哈特曼中心。

如果没有谎言和吹捧让小装置得以被制造出来并赋予目的，它们就只是没有生命而且往往不能被理解的东西。推广式的修辞——来自广告、邮购商品目录和流动推销员的嘴——将这些轻浮的装置变成必备的家用工具。只要卖家可以让消费者相信他们应该拥有这些东西，也就无所谓到底好不好用、能不能用很久。这点对于乡下的顾客们尤其适用，便宜的小装置不仅让他们与更广大的市场产生联结，而且好像是专为他们的需求量身定制。小商品的制造者和营销者特别缜密地制定错综复杂的销售策略，专门用来促使农民，或者更多的是农民妻子，进行一次性购买——或称"交易性"销售。

19 世纪末涌现出了一大批专业生产商。这些生产商规模较小，安排灵活，可以在短时间内完成小批量订单。生产用的主要是木材、铁丝、轻质钢材、塑料——许多小装置都常用到的原料——搅拌器、打蛋器、钓鱼用具、卡包之类的东西，他们随便做多少都行。1885 年，费城举办了新奇产品博览会，在这里，电话和电梯这类伟大的发明要与"不起眼乃至微不足道的"小发明同台竞技，包括但不限于，"厨房新奇小物"（比如无数的切块/切片/榨汁/汤勺的组合工具），各式赛璐珞开瓶器和拆信刀，还有多种新式回形针和紧固件。

家居神器带来更好的生活

除了永久晾衣绳、自清洁肉豆蔻粉碎机这类数不胜数的"革命性"省力设备，还有一些号称可以改善个人健康和外表、带来幸福安康的小设备，也加入了它们的行列。可疑的医疗设备，不外乎是专利药贩子兜售的那种蛇油用一种物质形式展现出来；类似无数种号称可以帮你省力的新潮设备，这些假冒设备同样以解决普通美国人的实际问题为目的，从而变得流行起来。虽然我们很容易去指责容易轻信的消费者真的听信了损人利己的小装置发明家所做出的虚假承诺，然而各种医疗装置层出不穷，也说明了专业医疗行业的衰落导致公众饱受折磨。很难找到受过正式训练的医生，而且花费不菲，他们自己的知识也很有限。就像其他小装置的发明者那样，医疗装置的开发者关注消费者真实的精神和身体上的需求，同时也充分利用商业机会。医疗装置那充满诱惑力的承诺并不在于如何让工作更轻松或者更快捷，而是从根本上改变人生。"L. 肖的美容脸套"——也称"盥洗面罩"（Toilet Masque）——是一款有医疗效果的面部遮罩，宣称"彻底而有效地修复肤色"。类似于其他小装置，它号称具有极强的改善能力：不仅可以把一般的肤色恢复到"正常状态下的纯净和美丽"，还可以"在忠实地持续使用之后，让最亲密的同伴都认不出来"。江湖庸医和小装置这下可是携手并进了。（图 3.7）

失聪比皮肤问题更严重，消费者也在寻求现成的治疗方案，而小装置发明者也愿意揽下这个活儿。有专利的牙传导助听器（Dentaphone），"一个天才的科学发明"，是一个"含有特殊构造"的扇形设备，尖端接触使用者的牙齿，这样就可以接收到声波并通过牙齿和脸部的骨骼传导到听觉神经。有复杂的图表和文字解释这个设备的工作原理，证实其功效。一百位"活生生的见证者"提供证词来佐证该公司的声明。虽然真

图 3.7　医疗装置的开发者承诺"立刻起效、神乎其神"的改变。美容脸套可以改善使用者的外表,美到朋友们都认不出来。L. 肖,《如何变美！女士指南》(*How to Be Beautiful! Ladies' Manual*),约 1886 年。杜克大学,鲁宾斯坦图书馆和大学档案馆,哈特曼中心。

正有效的骨传导助听器直到大约一个世纪之后才被发明出来,美国牙传导助听器这样的公司却只对听障人士说他们想听到的话。牙传导助听器甚至声称连生来没有耳朵的人都可以使用。

　　消费者通常会发现自己买的——或者逐渐买入的——不是单个的设备,而是一整个创新发明系统。其中一例,是专注于结核病治疗的安德拉尔·布罗卡大发现公司。他们长达 70 页的推广手册包含了结核病患者治疗前后对比的推荐证词,解剖学图表,还有如何"保持治愈"的指示说明。最后这项只能通过订阅一种专属治疗系统才能实现,这种系统要求消费者忠实地使用不止一种,而是好多种医疗小装置,比如格雷顿医生的直接吸入器、复方吸入器、洗鼻器、雾化喷雾器。塞缪尔·霍普金斯·亚当斯（Samuel Hopkins Adams）❶在1906年揭发庸医假药的文中谴责格雷顿医生的系统是"没用的吸气加上比没用还糟糕的药，两者结合"。这只是众多诡计多端的结核病骗局中的一例，从苟延残喘的患者手里夺走了最后一点绝望的钞票。

小装置制造商和营销者通过"无用的设备"和"革新的发明"之间往往模糊不清的界限来赚取利润。因为电力曾经促成了许多改变生活的创新发明，所以它也被用在特别具有迷惑性的小装置上。正如多功能工具承诺可以完成所有任务，电动医疗设备也承诺可以治疗任何病痛。电池技术得到改进后，可以轻松地将电流信号通过各种设备输送到任意身体部位。皮尔斯医生的"伤残乐"用电制造出"生气和体力"。"德国电腰带"在美国和海外都作为"卫生电器"获得专利，号称可以治疗消化不良、肝脏不适、肾脏疾病、背痛、失眠、阳痿和便秘，售价很便宜只要5美元。电戒指，比如叫作"征服者"的这种，带有电磁铁，可以治疗风湿病。"20世纪电疗"可以治疗"任何一种神经衰弱"，"100个背部僵痛病例中能治愈99例"，"大部分咳嗽和肺部问题"，"比其他疗法有更高概率能治愈心脏问题"，"几乎绝对可以治愈消化不良"，"慢性头痛"，以及男女都有的"弱点"。"克里斯特尔教授的电腰带和电器"所掌控的电力不仅可以治疗脊椎疾病和腰痛，还能强化记忆、缓解紧张，帮助"使矮小、萎缩或发育不良的性器官变大"（图3.8）。这是一个男性保健设备，也有其他更多功能。

到19世纪末，小装置已经成为美国生活中不可或缺的一部分。届时，围绕本国与生俱来的北方佬创造力的爱国言论，早已得到验证——但讽刺的是，并不是通过大型的、重要的工业创新证明的，而是通过无数平庸乃至大多无用的家用设备。小装置是富有前瞻性和创新精神的，它们承诺减轻工作压力，实现重大的个人转变。更重要的

---

❶ 塞缪尔·霍普金斯·亚当斯（1871—1958），美国作家，调查记者。——译者注

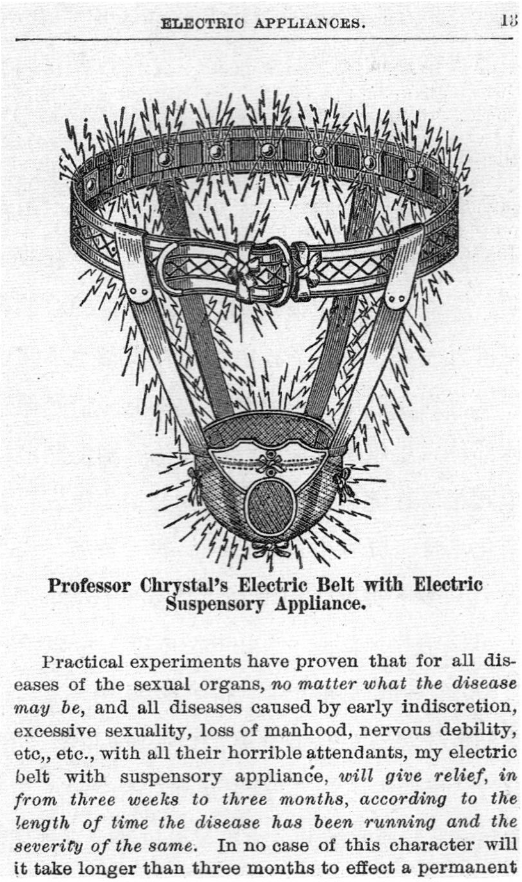

> **ELECTRIC APPLIANCES.**
>
> **Professor Chrystal's Electric Belt with Electric Suspensory Appliance.**
>
> Practical experiments have proven that for all diseases of the sexual organs, *no matter what the disease may be,* and all diseases caused by early indiscretion, excessive sexuality, loss of manhood, nervous debility, etc,, etc., with all their horrible attendants, my electric belt with suspensory appliance, *will give relief, in from three weeks to three months, according to the length of time the disease has been running and the severity of the same.* In no case of this character will it take longer than three months to effect a permanent

图 3.8　电力，前所未见、神秘莫测而又往往很危险的动力来源，在 19 世纪末给无数医疗小装置带来灵感，比如这款带有悬挂电器的电腰带。安德鲁·克里斯特尔，《克里斯特尔教授的电腰带和电器产品目录》(*Catalogue of Professor Chrystal's Electric Belts and Appliances*)，1897 年。

是，无数这些新奇设备和改进革新给消费者带来了一种有人代劳的感觉——不论这东西以前有多么损人利己或徒劳无用。对很多人来说，这种矛盾是颇受欢迎的。不管美国人是否相信小装置离谱的宣传，他们总是会为那些组合工具、神奇面罩和电腰带所承诺的改变而神魂颠倒。小装置发明者通过提供似乎无穷无尽、还可以负担得起的改良创新，使美国人得以购买他们真正想要的——永远的乐观。

第4章
家居神器狂热

20世纪早期,美国人应该已经意识到购买大多数小装置只是在浪费钱。毕竟,他们那时候肯定已经读到过无数揭露黑幕的新闻报道,听到过公众的抱怨,还往垃圾堆里扔过不少无用的小装置。但随着时间的推移,小装置发明者利用了他们能找到的新科技和新材料,比如改良过的塑料和电力。他们还可以使用更精心设计的劝说方式。虽然北方佬创造力催生出的那些新潮产品本身已经成为旧款,但是消费者市场依然持续被希望、承诺、对进步的信念、改进优化、大众化的物质主义理应带来的改良所驱动。小装置的市场繁荣,不仅是因为美国人有着百折不挠的乐观主义精神,也因为他们坚定地需要去相信,愿意主动接受谎言。

变魔术般的效果

正如我们已经看到的那样,早期小装置发明者变得善于调动平面文化来营销他们的设备,利用"专家"的权威声明,第一手用户评价的真诚,以及使用前后对比图片带来的毫无争议的证据。当这些劝说技巧都不再足以引诱愈发精明的消费者时,这些公司开始转投个体推销员,让他们现场演示这些东西的效果。推销员的表演有助于让垃圾货变成可信的东西。他们借用剧场演员和魔术师的技巧,得以抓住美国人天生的好奇心,观看和评头论足的欲望,对奇观的感觉,还有对新奇事物和娱乐活动的享乐——抓住所有这一切,只为卖给他们名不副实甚至经常是完全无用的东西。

小装置发明者运用这些技术来对各种产品夸大其词，比如"美国化学灭火器"，联合生产公司对其做出的过度声明完全就是现代小装置的真实写照：它被保证"永久可用"而且"永不生锈或腐蚀"。其中的活性化学物质"永远不会凝固、结块、受潮、失去效力或者以任何方式变质"。而且它甚至可以由儿童操作。一个推销套装可以让推销员进行多达两百次演示，而且只要来了订单，联合生产公司会发出"备货充足的"额外材料。

公司代表向未来的销售代理亨利·琼斯保证，他可以在业余时间通过售卖"划时代的最伟大发明"来轻松赚钱。这个产品不愁销路，"要是赚不到大钱，肯定是你自己的问题"。但小装置的价值只存在于它们被吹嘘的功能，而非真正的效用，所以并不会自有销路。优秀的小装置销售员非常明白这一点，他们的成功取决于创造有效的幻想或者扭曲现实的能力——然而亨利·琼斯从一开始就不善于调动这些必要的销售手段来售卖该公司的灭火器。按琼斯的说法，他负责销售的设备没有装满"特殊化学品"，而是装满了沙子，即使是最小的火也无法扑灭。当他向公司投诉时，联合生产公司的高管们指责他没有展示出戏剧性，他的演示也没有吸引力：问题在于表演水平低劣，而不是产品本身。他们写道：

> 琼斯博士先生：
>
> 您不是一位很好的消防员。
>
> 一位好的消防员不会想到使用化学制品来灭掉您用纸造出来的这一小团火。他会用脚踩灭。还有一点，一团纸点燃的火对我们的灭火器来说不是一个公平的测试，原因很简单，因为没有产生足够的热量来让化学物质有机会发挥作用……现在，在进行所有测试时，请确保您与火之间有足够的距离，以便正确地将化学品泼洒上去。然后，要用力撒，这样才能形成一团有效的化学粉尘云雾。这样您就可以让所

有原子分散开来，使它们每个都能发挥功效。

科学解释方面的这些花言巧语先暂且不提，联合生产公司明确指出，展示这个小装置的魔法需要有效的舞台技巧。小贩变成了巫师，让目瞪口呆的顾客们为之着迷。琼斯作为一名新晋销售代理，可能仔细阅读了公司保密的说明手册，尤其是标题为"如何进行演示"的这个部分，其中包括对室内和室外表演的冗长描述，并附有插图描绘灭火剂和灭火器的操作方法。

表演者和产品同样重要。比如大家大概都能料到的，"汽油测试"能制造出"令人印象最为深刻的演示"。按照指示，推销员从一个小瓶子里随意倒出细细的一股汽油，倒在身边某个平面上。然后要冷静地用灭火器里的粉末扑灭火焰，要用恰当的速度喷撒在火焰恰当的位置上才能扑灭。这当然没有模拟出真实火灾的情况，也没有模拟出灭火人可能会有的慌张反应。但重点是带来震惊和惊叹，而非展示真实效果。按销售手册的说法，观众们"刚开始会被你看似不小心地"对待危险液体"而感到惊吓"，接着就会"惊讶地看到火焰像变魔术般消失"。成功的推销员会被告知，接下来只要"收起你的机器，然后准备接收订单"（图 4.1）。所以，像亨利·琼斯这样的演示人员只是小装置借以说话和表演的渠道。最有效的表演可以使新潮设备得以用看似轻而易举的方式完成任务，带来令人印象深刻的结果，就好像"魔术一般"。这样，消费者会认为自己也有能力完成此等壮举。

于是，小装置产业的逻辑也不仅是要轻松、有效完成任务，还得是像变魔术一般。售卖的是这个魔术一样神奇的过程，而非产品本身。因此也需要有"活的、会动的媒介"来把普通轮胎维修套组之类的东西售卖给一个刚刚开始拥抱汽车交通的国家。用"老方法"修理汽车轮胎需要至少一小时，而且可能修不好。尼亚加拉商品公司的新系统可以把时间缩短到只需几分钟，不用黏合剂也不用加热，甚至不用千斤顶把车抬起来，而且还是永久性的修复。就连十岁的小男孩都能操

This cut shows how to throw a handful of chemicals into the fire. Throw **forcefully** at the base of the flames.

图 4.1 人们被小装置吸引不仅是出于实际用途，也是因为它们的舞台戏剧效果。"这幅插图展示了如何将一把化学制品撒向火中。要用力撒向火焰底部。"联合生产公司，《给推销员的说明：总经理与销售代表之间绝密的、男人和男人的对话》(*Instructions to Salesmen: A Confidential, Man-to-Man Talk with our Representatives by the General Manager*)，约1910 年。杜克大学，鲁宾斯坦图书馆和大学档案馆，哈特曼中心。

作。表演能展示出真实性，让人们从魔术中体会到产品的真相。该公司声称："你需要做的，就是向汽车车主展示这些事实，他们就会向你订货。"公司向推销员保证，只要他们带着潜在用户成功地走一遍维修流程，"小招数就能奏效"。

可以肯定的是，"小招数"只是容易展示的骗局。和其他小装置一样，"十拿九稳轮胎维修套组"可能真有点用，但并不符合自己吹嘘的那些好处和承诺。比如早期的这种套组所使用的补洞塞子只用了黄铜，而没有橡胶护套。与其说它可以修复轮胎，不如说它"某些情况下会造成擦伤"，导致更多破损。维修套组也不适配新款的轮胎。最后，由于它是一个"系统"的一部分而非独立设备，买家必须使用该公司的辅助配件，比如他们独家设计的橡胶切割器、压力夹和塞子，所有这些都只能从获得授权的销售代理那儿买到——自然是要额外付钱的。

吹嘘科学原理

小装置演示者一方面坚定地立足于夸夸其谈、半真半假和表演炫耀这种巴纳姆式的传统，同时也越来越多地通过对科学和理性的修辞来创造魔术奇观。弗雷德里克·温斯洛·泰勒（Frederick Winslow Taylor）[1]推广的新规则可以使个人和技术的效率最大化，由此为小装置的营销、使用、伪装成省力设备等目的创造出了新的原则和标准。它们不再是基于北方佬的创造力而制造出来的机智产品，而是得到了"科学原理"验证、衡量的。省力设备在中产和上层阶级的家庭里越来越重要，因为对佣人的使用减少，女性承担了更多家务劳动。（家里条件较差的女性一直以来都在承担此类劳作。）

克里斯蒂娜·弗雷德里克（Christine Frederick）[2]在她 1915 年的标志性著作《家务工程》（*Household Engineering*）中长篇大论地叙述了投资最新型省力工具的必要性，尤其是操持"没有佣人的家庭"的女性。女性必须成为明智的消费者，只买"好用的工具，高端的设备"，要了解这些东西是如何运作的。她们也应当避免被引诱去购买当时市

---

[1] 弗雷德里克·温斯洛·泰勒（1856—1915），美国工程师、管理学家，"泰勒制"的发明者。——译者注

[2] 克里斯蒂娜·弗雷德里克（1883—1970），美国家庭经济学家，在20世纪初将"泰勒制"应用到家务场景中。——译者注

场上泛滥的"无用设备",注意甄别这种产品。女性有"错误地只看成本而购买"的风险,必须同时考虑小装置使用的频次。比如看到售价1美元的樱桃去核器(还有粉刺按摩器、微型印刷机之类的),就得停下来想一想。虽然女性可能会"受影响"去买这种东西,但她们也得小心谨慎。她写道,品质是"需要获知的信息中的最难点",特别考虑到女性在大多数情况下都是从推销员口中和描述性传单上获取信息的。

20世纪第一个10年中,有许多让你当心小装置的故事,似乎跟小装置本身的数量一样多。弗雷德里克等人列举了它们好到不真实的几种表现形式。它们可能用起来太复杂。有些设计不符合人体工学,"形状手握起来不舒服"——太短,太长,太扁平而不是圆弧的——都是为了把材料和生产的成本压到最低而设计出的不良构造。它们可能做工很差,比如镀锌洗碗机的边角"焊接得不够完美、潦草粗糙"导致容易割手,或者无火炉灶的铰链"有锯齿突出"导致容易钩破衣物。

很多小装置可能确实在核心功能上可以省力,但间接地产生了更多活计。许多设备由几种复杂并互相关联的部件组成,很难保持清洁,也很难重新组装。为保持小装置正常运作所必须付出的时间和精力往往会抵消其省力效果,弗雷德里克指出,"这也是该设备全部使用时间的一部分"。由于这些商品供过于求——而且越来越便宜——人们就很容易因此而对新产品做出误判。弗雷德里克采访了一位女性,她的厨房里有个巨大的柜子,里面全是小装置,占据了所有宝贵的空间。女性常常在厨房里过量储存"没选好"的设备,原因仅仅是"她必须拥有"。

女性可挑选的厨房工具和设备实在太多了,连《好管家》(*Good Housekeeping*)杂志正刊里都装不下产品评测了,只得另外刊发一个小册子。女性杂志的作者和编辑也像弗雷德里克一样,非常重视读者们对新消费品——特别是对小装置——的非广告类资讯有着日渐增长的需求,因为它们"如雨后春笋般涌现"。好管家机构在一年内评测了1015个设备,其中412个(约40%)没有得到肯定。消费者因为这些"廉价""无用"而"低劣"的产品而"承受失望"并且愈发"感到恶心"。很多小装置不符合生产商"夸大的宣传";买家们"从字面意义上"相信了它们,于是就真的"幻灭了"——魔法失效了。

尽管人们偶尔会感到幻灭,小装置还是很受欢迎。虽然,而且也因为"美国挥霍性的消费",消费者并不完全有能力"区分哪些设备能省力,哪些只是消磨时光"。营销的说服力继续使人们相信小装置可以做出神奇的事情。当时有人好奇是否"有什么机械装置可以在不使用'神奇脑''电动手''巫师眼'这类形容的情况下,也能做出成功的广告"。可能没有,因为这些标签所表示的这种高效和便捷的法术,才是消费者真正付钱买到的。"那些在操作过程中需要你专注留意的小装置,现在都已经过时了;人们被教育得只会期待机器带来省力的效果",一位观察者如此宣称。让本国科学家和产品测试员沮丧的是,普通消费者对待创新时并没有理性怀疑的冷静态度,而是轻信、"天真的惊喜"、"好奇心"和"震惊"。专家们反复向消费者群体指出"小装置经常失效"也无济于事;这几乎完全偏离了重点。

机械狂热

许多小装置看起来明显是荒谬的,因为它们确实如此。小装置作为主动寻找问题的设备,通过将日常生活的变幻无常塑造成跟它们一样,看起来复杂、混乱、劳动密集——工业化的美国确也如此——从而把它们奢侈的徒劳转化成引人入胜的营销招数。结果就是,消费者——通常还有批评者——很难区分哪些是真正有远见的人及其有用的发明,哪些是科学怪人及其发明的愚蠢玩意儿。其中的区别通常跟东西本身的实用性无关,而在于是否有能力获得市场关注。

鲁布·戈德堡(Rube Goldberg)[1]的漫画也许最能体现人们对小装

---

[1] 鲁布·戈德堡(1883—1970),美国漫画家,创作了许多处理简单小事的复杂机械,被称为"戈德堡机械"。1948年因政治漫画获得普利策奖。——译者注

置发明者的一种情态，一度批评也赞颂过他们的勇敢无畏，还有他们把简单任务复杂化的方式。戈德堡漫画里的装置最早出现于 1914 年，用一位历史学家的话说，"戏剧化了他们这代人在和自动化相处时感受到的社会性痛点和乐趣"。和很多美国人一样，戈德堡的题材处于过去与未来之间，一边是人类与自然"给予生命的和谐"，一边是最新科技的前沿。戈德堡漫画里的机器就像真正的小装置一样提供矫揉造作的解决方案，而解决的问题要么是全然幻想出来的，要么是现代化本身带来的（图 4.2）。它们时而奇妙，时而疯狂，时而半吊子，和无数的"巫师小玩意儿"几乎毫无区别，后者寄托了消费者永无止境的"小小愿望和欲求"。

图 4.2　虽然源源不断的新奇小装置有很多值得嘲笑的地方，但人们还是会继续购买它。鲁布·戈德堡，"自动乐谱翻页机"，日期不详。艺术品版权和商标 Rube Goldberg Inc. 保留所有权利。"Rube Goldberg"是 Rube Goldberg Inc. 的注册商标。所有材料均经许可使用。rubegoldberg.com。

其他幽默作者也认可并讽刺新式小装置的荒谬之处，以及消费者的购买意愿。一个开玩笑的人提议让发明家们"弄一个什么玩意儿装在门口，以防人们临走道别要花一个小时说晚安"。这个设备可以往违反规定的人身上倒一桶水，扔一盘馅饼，或者砸一盒鸡蛋。头顶上自动掉下来一个包着软垫的保龄球或一大袋水泥，可以赶走那些"按门铃把你从浴缸里喊出来的"恼人的上门推销员（可能也是卖小装置的）。日常烦心事都可以成为各种发明创新的灵感：

（1）给电影院里弄乱你头发或者踩到你脚上的人准备的小装置。

（2）防止人们为酒水价格而争执的小东西。

（3）阻止服务员把账单正面朝下放在桌上的小发明。

（4）避免跟人聊天气的设备。

（5）过滤掉，如埃迪·坎托（Eddie Cantor）[1]和广告的收音机配件。

1934年，一本杂志在"本月狂热"专栏中介绍了几个新设备，其中包含："来点气泡"（Fiz-It），一种开瓶装置，针对"咒骂了几句才终于在金属盖子上用力戳开口"的那种瓶子。"诚心地按压"手柄会给瓶子里的内容物注入二氧化碳，"如果你操作成功的话"。另一个"狂热"是"丽兹打褶器"（Ritz Friller），"可以让你的蔬菜卷曲成波浪状"，好像这个世界真的需要"卷曲形的欧防风，或者波浪形的甜菜根"。一个好心的男人不想让妻子沦为"家务苦工狂魔"，给家里添置了"挤得干净"（Getzall）橙子榨汁机，"搅合起来"（Mixum）打蛋器，"老爹之友"（Papa's Pal）剃须刀磨刀器，两种土豆削皮刀，还有"不会挤到"（No-Squish）牛奶开瓶器；所有这些都没什么用——而且也很难跟那些为了搞笑编出来的故事区分。（顺便一提，"来点气泡"和"丽兹打褶器"都是真实存在的）。这些东西同样的（不）可信，说明美国人现在有多么沉迷于新奇事物，将传统抛诸脑后。在选择油灯还是电灯泡、马还是汽车、削皮刀还是旋转苹果削皮器的过程中，消费者必须决定是展望未来还是停留在过去（图4.3）。

下一个最棒的东西

由于现代生活不断带来新的烦恼——其中许多是小装置发明者自

---

[1] 埃迪·坎托（1892—1964），美国歌手、喜剧演员。——译者注

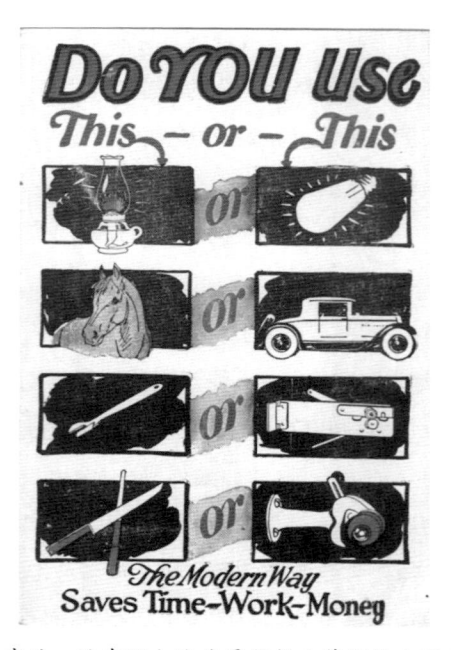

图 4.3 营销者们声称,没有用上这些最新款小装置的人还不如生活在过去。"速比涛"(Speedo)系列开罐器和磨刀器就跟电灯泡和汽车一样现代。"你用这个还是那个?"速比涛厨房小装置套组系列,1934 年。杜克大学,鲁宾斯坦图书馆和大学档案馆,哈特曼中心。

已制造的——新潮产品的市场一直在持续更新。消费者没有从无数让他们失望的设备中吸取教训,而是永远乐观地认为,下一个最棒的东西最终将使生活中的困扰和负担全部消失。营销专家尼尔·博登(Neil Borden)❶ 在 1942 年的文章中写道,消费品的扩张并非来自真正的创新,而是来自无休止地创造"'无意义'或'无关紧要'的产品差异"。不仅是"在产品中植入微小的差异",而且"广告作者经常抓住这些微小差异,并将其放大到超出其本来的范围"。因此,每一个新奇小装置都可以测试消费者是否有能力做出正确的购买决策。

对消费者来说,拥抱无穷无尽的新奇小玩意儿,无论是实用还是

---

❶ 尼尔·博登(1895—1980),美国营销学和广告学专家,曾任教于哈佛商学院。——译者注

古怪，都是摆脱他们的"守旧落伍"并持续展望未来的一种方式。因此，新鲜感一次又一次地战胜了实用性。这就是为什么即便最不切实际的小装置无论时代好坏都能找到可行的市场。就连"节俭的家庭主妇"，家用省力设备的受益者，也情不自禁地被号称"智能近乎超人"的机器所吸引，无论是改进的豌豆剥壳机、自动冰箱，还是"电动烤面包机和滴滤咖啡壶的结合体，并且可以摆好早餐桌"。物质主义的批评者也很好奇"人们是否在各种各样的小工具中找到了快乐，却忘记了简单生活的艺术"。

让情况更复杂的是，即使真正有用且经过时间考验的小装置也处于永久过时的状态；新奇以越来越快的速度变成了"老掉牙"。上门推销员的生计靠的是快速销售，他们都非常渴望展示最新的"小妙招"。一位女士感叹她最先进的真空吸尘器只有六年的历史，却已经被一种"全新超级科学的型号"所取代，产品改进包括吸起烟灰、抛光地板和杀死飞蛾，甚至还可以用来吹干头发，而且她还讽刺地指出，它会"把所有的羽毛从一个枕头转移到另一个枕头上"。

在大萧条和第二次世界大战期间，销售最新的"小妙招"确实要困难得多，因为大多数家庭光是为了维持生计就得费尽全力，没什么耐心，更没有多少可支配收入。然而，没有什么能彻底打消创新精神及其承诺。战后消费市场回暖时，小装置在城郊住宅区的各种装饰性和实用性物资中都占有一席之地。许多小装置发明者吹嘘他们的设备有助于战后家庭和家中男女各自角色的有效运作。自动牙膏分配器"也特别适合爸爸的剃须膏"，"跪得容易"（Neel-Ezpads）可以防止打蜡地板和擦洗浴缸而导致的"女佣膝盖"，而"浴帽"（Shower Chapeaus）让女性能够在等待老公时先化好妆，然后自己再去淋浴（图 4.4）。

一直以来，更贵也更没必要的高档小装置市场一直没有中断。富人似乎永远对新潮而多余的东西感兴趣，越离谱、越不切实际越好。例如，在 20 世纪 30 年代，著名的五金店哈马赫尔·施莱默

> **Come Clean in A Shower Chapeau**
>
> We're singing in the shower... about this wonderful new veiled cap that keeps your hair and face completely dry in the shower. Incredible, but true — you can actually bathe without dripping ends marring your pretty hairdo. And, if Hubby wants to go "first", don makeup while waiting; Chapeau keeps it perfect. Pastel plastic with "see thru" front.
> B 7075 .... $1.00

图 4.4　浴帽这样的小装置有助于战后家庭和家中男女各自角色的有效运作。《班克罗夫特的绝佳商品精选》(*Bancroft's Out of this World Selections*)，约 20 世纪 50 年代。

（Hammacher Schlemmer）没有缩减经营规模，反而大大扩展了创新发明和奢侈小装置产品线。他们是最早上架弹出式烤面包机、电动牙刷和电话答录机这些不必要"奇迹"的公司之一。虽然有些产品现在看起来平凡家常，但在当时它们证明了什么是过度的实用和毫无意义的进步。

事实证明，为富人制造并销售小装置是个获利丰厚的买卖，帮助哈马赫尔·施莱默这样的公司不仅度过了大萧条和战争年代，还使其继续蓬勃发展。1962 年，该公司成立了发明产品公司（Invento Products Corporation），是鼓励发明、监督产品开发的子公司，也成为"新奇事物的清算所"，包括来自世界各地以哈马赫尔·施莱默名称销售的商品。这些年来帮有钱人解决问题的高度专业化小装置包括：可以将方糖切成两半的钳子，用来剪掉煮鸡蛋顶部的剪刀，为单根芦笋设计的抓取工具，四季豆切片器，袖珍胡椒研磨器，欧芹绞碎器，电动巧克力刨丝器，检测鸡蛋新鲜程度的设备❶，豪华的自动酸奶

---

❶　The Eggs Ray，和 X 射线谐音。——译者注

机（"新鲜、愉悦、简单"），以及一种叫培根机（The Baconizer）的东西。该公司还提供专业或公共设备的个人、家用版本，例如按摩床、威士忌酒桶、电动裤管折线熨烫机、桑拿房，甚至呼气式酒精检测仪（图 4.5）。

图 4.5　哈马赫尔·施莱默公司提供这款便携式干湿两用桑拿间，1967 年的售价是 265 美元，相当于 2019 年的 2000 美元。

跟电视上看到的一样

出于多种原因，小装置在第二次世界大战后再次渗透进美国中产家庭。军方开发的军用技术被改为家用；这种重新定位使得主要制造商过渡回了和平时期的生产状况。20 世纪 50 年代初期，越来越多的美国农村家庭开始通电，于是用上了更多电器。此外，大量被压抑的消费者需求从大萧条时期就开始积压至今。最后，许多美国人再次有了可支配收入。在所有新消费品中，电器是女性最想购买的东西，从洗衣机、电熨斗到收音机、吸尘器。此外，购买新家具来装点他们在郊区新建的房子，也成为战后女性告别工厂工作之后所承担的角色所要承担的一部分任务。

他们也购买电视，这种媒介的内容不仅包括新闻广播、喜剧节目和连续剧，还有广告。事实上，这个发光的盒子非常适合推销小装置，因为它们是"需要使用场景、解释或演示的产品"。电视这种亲密的媒介能够为小装置做到早期促销形式所无法完成的事，将生动、催眠、动感十足的演示呈现在无数观众面前。电视机的数量在战后呈指数级增长——仅在 1950 年就增长了近 3 倍，远超 1000 万台。电视台的数量在这段时间同样增加了，卖出的广告总时长亦然。电视台一致认为"任何可以通过使用得到展示的产品，以及所有适合放在柜台和展厅的商品"都可以通过电视推广达到很好的宣传效果。

维他密斯（Vita-Mix）搅拌机就是这种情况，它是第一部电视广告的主题。广告于 1949 年播出，展示了过去海滨步道叫卖人❶的推销话术，以及"食品专家"威廉·G."老爹"巴纳德（William G. "Papa" Barnard）那刺耳但令人着迷的推销。仅仅半小时的一个广告时段之内，巴纳德就以每台 29.95 美元这个不算便宜的价格卖出了近 300 台搅拌机，而他为这个广告时段付了 270 美元。他的设备可以将玉米、小麦和大豆磨成粗面粉和细面粉，搅拌出用来做华夫饼和煎饼的面糊，搅打黄油和鲜奶油，做馅饼馅、煎蛋卷或酒精饮料，当然还可以制作"健康鸡尾酒"。维他密斯忠于小装置的理念，是一种机械形式的灵丹妙药，承诺其可以极致地做到很多事情，包括给予"每个人完美的健康"（图 4.6）。

类似维他密斯这样的小装置就是为电视量身定做的，可以对产品表现进行编排、编辑和重新拍摄，以突出产品的真实能力和虚假承诺。此外，广告商可以在"墓地"时段（晚上 11:00 到上午 9:00）买到划算的广告位。失眠无聊的人成为容易被俘获的观众，而电视广告在寂寥的夜里也格外诱人。晚间电视为小型创业者——"初出茅庐的

---

❶ 过去美国海滨步道的套圈、打靶等游乐设施摊主会大声叫卖。——译者注

图 4.6 威廉·G."老爹"巴纳德在 1949 年通过电视广播演示了他的维他密斯搅拌机，被视为现代电视广告的开创者。这件电器自带一个不锈钢杯，但他用了一个玻璃杯，这样让观看者可以更清楚地看到机器是如何运作的。

公司……上门推销员和车库发明家"——提供机会去兜售他们的产品。潜在的收视率几乎是无限的。这为创新发明家和奇怪的新设备提供了机会，比如维他密斯的巴纳德，他可以制作长达 30 分钟以上的长篇商业广告，在没有其他节目的便宜时段、凌晨和周末播出。尽管在 20 世纪 50 年代晚期的智力竞赛节目丑闻之后，美国联邦通信委员会（FCC）限制了每小时商业广告的时间，但较长的电视广告仍然在有线电视台播出，并在 20 世纪 70 年代后期和 80 年代蓬勃发展。

除了推销特定产品之外，电视广告作为一种形式，强化了对美国企业广泛的赞美，倡导新颖事物而不是传统。尽管通过早期电视广告销售的产品只有 50% 的成功率，但满怀希望的发明家还是会继续尝试。"伦勃朗自动土豆削皮器"是个绝佳的例子来代表为电视世界设计的小装置。作为一件名副其实的艺术品，它号称是"多年来最具革命性的电器"，让传统的土豆削皮器和削皮刀——以及使用这些原始工具的家庭主妇——相形见绌。"伦勃朗"的塑料深碗下面带有吸盘，可以固定在厨房台面上。一根软管连接到水龙头。使用者将蔬菜放入其中，盖上盖子，然后打开水。理论上，液压可以在不到一分钟的时间内完成任意蔬菜的切割、清洗和备菜工作。它不需要清理，因为果皮"被粉碎得很细，可以顺畅地冲进下水道，不会堵塞"。精确调试的流程"只会削掉最薄的一层外皮"，保留宝贵的营养成分。"伦勃朗"这下让其他所有厨房工具一下子都过时了，使备受困扰的女性最终摆脱了所有"老式蔬菜去皮小装置"。这是"科学对更多便利、休闲和经济的最新贡献"（图 4.7）。

图 4.7　通常，小装置带来的问题比解决的问题还要多，也会使相对简单的问题变得更为复杂不便。"伦勃朗自动土豆削皮器"广告传单，约 1958 年。

然而，"伦勃朗"依然符合小装置的基本逻辑，在事实上创造了更多工序，完成既定任务的效率也很低，没有按"科学原则"运作，并不是对厨房的"贡献"，也完全没能让苦差事消失，当然肯定也不会"像魔术一样"。我的祖父是自动土豆削皮器的好奇顾客之一，20 世纪 50 年代，他从事的职业使他一直在外奔波。他经常独自在陌生旅馆房间里收看大半夜的小装置电视广告。"伦勃朗自动土豆削皮器"是他订购的众多设备之一，通常我祖母毫不知情也从未同意，因为她是务实的、理性的消费者，符合克里斯蒂娜·弗雷德里克的模式。然而即便身为乐观主义者，他期待已久的"伦勃朗"试用体验也并没有如他所愿。生土豆没有像魔术一样变成可以直接进烤箱的精致小块，而是变成了淀粉状湿软的飞沫，顽固地粘在厨房墙上、天花板上，还有地板上。他伙同女婿一起花了几个小时，在我祖母回家之前刮掉了犯罪证据。当然，这个装置确实突破了土豆削皮界的天花板，但不是以他预期的那种方式。同样符合小装置特点的是，这件得罪人的设备被放逐到车库的角落里，在几十年后才被发现。

可以肯定的是，我的祖父并不是唯一一个对小装置着迷的人。"每月小装置俱乐部（Gadget-of-the-Month Club, GMC）"（成立于1948年）迅速成为吹捧这个市值百万美元行业的组织，拥有数十万会员。每月支付5美元，就可以收到一个新上市的"小东西""小玩意儿"或"小零碎儿"。有记录表明："包裹可能装着任何东西，从拆信称信二合一组件，到最新款洗车配件，都有可能。"GMC不仅是消费者积累更多东西的一种方式，还给发明者提供了一种测试市场、宣传新品的方式。只要GMC的"公正陪审团"认为这个东西能满足某种需求，就会生产至少10万件，并且向发明人承诺每卖一件都会给他付专利使用费。

也是在这个时候，波佩尔兄弟——雷蒙德·波佩尔（Raymond Popeil）和塞缪尔·波佩尔（Samuel Popeil），卓越的小装置制造商——开始了他们的生意。像维他密斯的创始人一样，他们利用人们对家居用品创新发明的高涨兴趣来赚钱。波佩尔兄弟在一个推销员家庭中长大，他们和前辈一样知道毫无意义的创新仍然可以取得成功，只要得到有效的演示。全神贯注的观众们被"特别优惠"和"限量供应"所吸引，随后就会亲眼见证人与机器和谐工作的巅峰表演。这种"毫不费力的工作"唾手可得，购买即可。人们花钱买的，认同的，只是演示而不是设备本身。按塞缪尔·波佩尔的话说，"让任何事情看起来简单,是成功的一半。如果你笨手笨脚,顾客就会走开"。

现场演示不仅展示了小装置的功能,还促使潜在顾客从情感而非理性层面上与产品及其充满活力的商业代表进行互动。20世纪中叶的一本关于销售技巧的手册建议销售代理将产品"戏剧化",从而"用激动和热情的表演来描绘一幅光彩照人的图画"。这就使潜在买家不太会考虑价格。好的演示会"用平静的方式点燃他的想象力……将其他想法从他的脑海中排除",比如他的妻子是否需要一个 5 美元的液压土豆削皮器。

波佩尔兄弟的成功之处在于将金属和塑料制成的简单小装置推向市场,这些东西的生产成本很低,还适合做浮夸的宣传。低价位——他们大多数的设备售价都低于 1 美元——让消费者可以轻松把握机会,在这些东西未能达到预期时缓解人们的失望情绪。塞缪尔的儿子罗恩(Ron)早年展示的波佩尔切菜机(Popeil Chop-O-Matic)是最成功的产品之一。它吸引了无数消费者,他们希望在家中使用新款、省力的电器,但买不起豪华的电动版本,只能在常用基本家电之外添置"大量的辅助小装置"。

新款小装置激发了人们的想象力,同时也能促进理性的"科学"进步。纽扣安装器(Buttoneer)、奇迹扫帚(Miracle Broom)、干发器(Tidie Drier)、厨房魔术师(Kitchen Magician)、口袋渔夫卷线器(Pocket Fisherman),还有快速织毯机(Speed Tufting Kit),更不用说数不胜数的自动机("O-Matic"),把家务苦差事变成了英雄壮举,把它们的使用者变成了拥有非凡力量的巫师。通过这种方式,小装置制造商找回了商业巫术的早期形式,帮助推动战后核心家庭朝着轻松、科学、装置化的生活这一虚无缥缈的目标迈进。 波佩尔等其他公司通过诱人的电视广告兜售最新的太空时代"专有技术",宣扬了这种文化的时代精神。全部算下来,消费者购买了超过 1100 万台蔬菜切片机(Veg-O-Matic),大多数通过电视广告售出。

家居神器制造商掌控了电波

小装置大师罗恩·波佩尔最成功地掌握了魔术、表演技巧和伪科学营销，这些技巧在过去一个多世纪以来一直是走街串巷的货郎和小贩们的最爱。波佩尔的龙科（Ronco）远程销售产品于 1964 年开始电话营销活动；1973 年，它的年净销售额超过 2000 万美元。 龙科获得成功的基础，在于该公司通过广告展示来营销没完没了的小装置产品这一战略，让人们可以自己观看和判断，把自己想象成波佩尔本人，自己也能完成此种奇迹壮举。例如，伦敦空气（London Aire）牌丝袜号称不会抽丝或滑动是一回事，但真正看到一双丝袜遭受指甲锉、百洁布和打火机的破坏，则完全是另一回事。波佩尔的演示技巧如此高超，以至于其他公司前来寻求合作，将他们的滞销产品，如纽扣安装器、食品真空密封机（Seal-A-Meal）、空心呼啦锄（Hula Hoe）和奇迹刷子（Miracle Brush）之类的东西转变为可赢利的产品线（图 4.8）。

图 4.8　小装置制造商中的顶级大师罗恩·波佩尔将电视广告这种媒体运用到了极致，售卖过从喷雾假发❶到食品切片机的各种东西。这是罗恩·波佩尔"5 合 1 炸锅"的电视广告截图，这是一个可以干大事的小炸锅。

---

❶　喷在脱发区域假装有头发，类似发际线粉。——译者注

最吸引人的小装置是在演出，戏剧意义上的那种真的演出，它们的价值来自表演和观看，而不是真枪实干。小装置制造商向顾客们推销"梦想，神奇的转变"。他们的驱动精神是"介绍使用前，但交给他们使用后"。电视广告吸引观众的方法是夸大效果，制造令人信服的功能展示，以及最重要的一点，突出它们最具表现性的一面。战后的小装置制造商可以将他们大部分的成功归结于电视，反之亦然。1996年，通过电视广告销售的产品总销售额达到了12亿美元；2015年，这个数字增长至2500亿美元——占美国国内生产总值的一个百分点。"时长相当于一档节目的广告"悄悄进入白天时段，用于直接产生销售，进行市场验收测试（beta market testing），提高人们对产品的认知然后在零售场景中购买（称为"可促进零售的"）。

电视广告本质上是戏剧式的，为产品带来的转变创造了引人入胜的叙事，当然，这个转变只是一种有效的虚构。电视广告的展示通常是"为了视觉或戏剧效果"而伪造的。制造商"伪造"他们的演示效果，使产品看起来比实际效果更好，有时甚至需要让完全没用的东西看起来有用。一位电视广告专业人士承认，直效营销（direct response marketing）通常"都会涉及一定程度的操控"。"魔法棒"（Magic Wand）牌手动搅拌器用预先压碎，但看起来像一整块的菠萝来展示完全不真实的粉碎能力，展示其惊人的搅打功能时用的是全脂奶油，但声称是脱脂奶。为著名的力牌（Ginsu）厨刀制作电视广告的蒂莫西·奥利里（Timothy O'Leary）承认，"我们必须在娱乐和欺骗之间保持平衡"。但他们真的保持平衡了吗？

促销"操控"之所以有效，是因为它触及了消费者的需求、欲望、焦虑、希望和恐惧，即便不成熟，但在心里、在意识里已经存在。人们有时会无可救药地被酷炫的产品演示弄得眼花缭乱，相信他们也可以战胜不断增长的腰围、制作完美的土豆丝或巧妙地把鱼处理干净。他们可能因为看到从电动洗衣机到庭院除草机、从裤子紧固件到不粘锅的无数产品都为许多问题提供了简便的解决方案，从而更容易轻信。广告专业人士就像其他营销人员一样，开始熟练地为消费者的生活制造问题，然后又亲切地为他们提供解决方案，只需支付几笔简单的费用（外加邮费）即可送货上门。一位 20 世纪末的专业人士敏锐地观察到：

> 作为营销者，我们将个人对更多的渴望定义为需求；激发和引导购买冲动的需求。对更多安全感（权力、控制、自信、自我保护、害怕失去）的需求；对更多财富（贪婪、占有、不劳而获、爱贪便宜）的需求；对更多爱（虚荣、魅力、自尊、独占、顺从、内疚）的需求，当然还有对更多愉悦（性、止痛、电动工具和厨房小装置！）的需求。这些需求急需满足，我们在这儿提供解决方案，并在此过程中建立一种关系。

如果有什么能定义美国消费者，那就是他们有着更多的渴望和需求。

这有助于解释小装置这个品类持久的吸引力，以及为什么就连最不靠谱的案例也能成功。以"腿媚施"（ThighMaster）为例。构造简单——仅仅是"两个用泡沫包裹的金属丝环，中间有一个弹簧"——构造简单，成本低廉，却以高价出售。400% 的加价"并不罕见"，像"吸水魔巾"（ShamWow）清洁布这样的产品，"工业人造丝废料和聚丙烯碎片"，批发价每片低至 1 美分，零售价每片超过 5 美元。令人信服的吹捧为这个不靠谱的装置展示了许多可能性："这两个环可以当作把手。你可以把它一边塞在胳膊下，另一边贴合肚子的弧度。你可以把它夹在膝盖之间，锻炼大腿。"鼓舞人心的个人使用体验证明了"腿媚施"给身体带来的改善。而且就像多功能工具和组合式小装置一样，它不只是一件东西，而是很多东西："我们将其定位为包包里的健身房"，其营销代表解释道。至关重要的是，"腿媚施"还得益于苏珊娜·萨默斯（Suzanne Somers）❶的热情支持，她是一位光彩照人的娱乐圈名人，但也能让普通人产生共鸣。该产品推出5个月内，每周销售75000件，推出头2年内售出超过600万美元，厂家成为价值数百万美元的大企业。"腿媚施"只是一块包着泡沫的金属，由于非常受欢迎，以至于很快出现了仿冒品。类似地，乔治·福尔曼（George Foreman）❷能够让一款桌面烧烤机重获生机，而实际发明者完全没指望能卖出去，连他本人刚开始也没什么热情；他后来通过销售这款以他自己名字命名的烤架，赚了2亿美元。

不仅只有普通阶层的人民持续迷恋垃圾货小装置。那些在几十年前对培根机和特制芦笋夹产生浓厚兴趣的精英阶层，也继续购买越来越离谱的、矫揉造作的装置。不过，它们并不是电视广告中最常见的"噱头"产品，而是在高档展厅和专项目录那亮光纸页面上出售的独家产品。这些看似更精致、不那么嘉年华狂欢风格的说服形式，似乎更适合精英们认为自己鉴赏力更为精致的这种印象，也奉承了他们对明目张胆的浪费所抱有的自命不凡的态度。

对上层阶级的成员来说，博克斯通（Brookstone）、尖端印象（Sharper Image）和哈马赫尔·施莱默这样的机构可以提供半真半假的医疗小装置（红外线止痛贴、面部纳米蒸汽机、手部反射按摩器）；卖弄张扬的专用设备（Wi-Fi宠物零食机、数码卷尺、冷黄油刨丝器）；以及新奇玩意儿（星球大战烤面包机、给办公椅用的超人披风、遥控沙滩排球）。这些东西虽然更加离谱、昂贵，但仍然是垃圾货。许多高档设备引起了人们的共鸣，这些人的收入使他们得以梦想着通过自动检测污渍的吸尘机器人（700美元的便宜货）和支持蓝牙的3D全身加热按摩椅（4299美元这个价格相当合适）轻松完成工作。与此同时，

---

❶ 苏珊娜·萨默斯，美国演员、歌手、作者、商人，曾出演喜剧《三人行》。——译者注
❷ 乔治·福尔曼，美国著名拳击手，世界重量级拳击冠军、奥运金牌得主。——译者注

市场上年复一年、季复一季总是会固定出现各种新玩意儿、新家伙什儿，其中总有一些引人入胜的创意、乐观、令人惊叹的东西（图 4.9）。

THE ONLY COMPLETE SWISS ARMY KNIFE.
This is the largest Swiss Army knife in the world, holder of the Guinness World Record for "The Most Multifunctional Penknife," with 87 precision-engineered tools spanning 112 functions. Made by Wenger, crafter of genuine Swiss Army knives since 1893, it uses stainless steel for all parts and is hand-assembled by just two cutlery specialists in Delémont, Switzerland, ensuring that every knife meets exacting standards. It has seven blades, three types of pliers, three golf tools (club face cleaner, shoe spike wrench, and divot repair tool), 25 flat- and Phillips-head screwdrivers and bits, saws, wrenches, and more. It also has a bicycle chain rivet setter, signal whistle, 12/20-gauge shotgun choke tube tool, combination fish scaler, hook disgorger, and line guide tool, cigar-cutting scissors, laser pointer, tire-tread gauge, toothpick, tweezers, and key ring. See hammacher.com for a complete list of tools. 3¼" L x 8¼" W. (2¾ lbs.)
HR-74670　　$1,400

图 4.9　唯一完整版瑞士军刀出现在了哈马赫尔·施莱默 2011 年的《礼品预览》(Gift Preview) 商品目录中。虽然售价高达 1400 美元，被形容为"最多功能的袖珍折刀"，具有大约 112 项功能，但因为过于小装置化的设计，它可能无法实现任何一项功能。

无论是像喷雾秃斑遮瑕膏"罐装头发"这样普通价位的产品，还是价值 58000 美元的高尔夫球气垫船，这些新奇产品可以在荒谬可笑的同时又别具一格。20 世纪末，极端的小装置化是美国消费者渴望更多所导致的必然结果：更多的功能，更多的特性，更高效、更轻松、更有趣地完成更多任务。所以美国人确实得到了更多：更多的花销，更多的浪费，更多的劳动，更多的徒劳，更多的失望，也许还有更多的娱乐，更多的希望，更多的乐观。而且因为最重要的是更多，所以这样看来小装置最终确实也实现了许多古怪而空洞的承诺。

第三部分
自由/免费之邦 ❶

❶ 原文 land of the free 出自美国国歌,free 在原文中指"自由",但也有"免费"的含义。——译者注

第5章
徒劳无用

随着19世纪初商品资本主义的兴起，一些奇怪的事情发生了。由于各大企业越来越有动力追求利润最大化，他们也开始免费赠送东西。在思考消费文化时，我们通常会非常理智地选择去关注买卖双方之间的交易，比如商品直接交换、换取现金或赊账购买。但是很多商品已经因为免费赠送而渗透进了美国人的家中。这些"礼物""诱饵""奖品""奖励"和"激励"——随便你怎么称呼它们——既是非常成功的销售策略，也是让接受者的生活变得垃圾化的有效方式。

免费炼金术

今天那些渴望获得奖励里程、为了免费T恤而注册账号的人，他们祖上的前辈消费者也乐于拥抱各种免费东西。垃圾货甫一进入美国市场，企业家们不仅开始出售，而且还免费赠送，以便售卖其他东西。早在19世纪20年代，《基督教倡导者》(Christian Advocate)杂志的出版方就提供免费订阅，只要传教牧师拉来六个订阅者就送一个免费订阅名额。显然，即使是推销上帝的圣言也需要激励计划。几十年后，本杰明·T.巴比特（Benjamin T. Babbitt）——他驾着流动的货运马车推销产品（而且据称是"跟着货运马车"❶这个短语的发明者）——认识到他也需要增强小苏打的推销力度，这是一种必需品，但没什么意思。顾客每购买一盒小苏打，就会收到一张廉价的平版印刷品。这些

---

❶ 引申义为"赶潮流"。——译者注

印刷品吸引人们光顾巴比特的展销会，帮他销售了更多包装便捷、品牌独特的产品。

很多人意识到巴比特的策略十分有效，很快利用免费赠品提升销量，这些东西行话称为零售赠品。其中之一是肥皂商希巴德·P. 罗斯（Hibbard P. Ross），自称"罗斯少校，世界知名的肥皂商"。罗斯的肥皂也是一种普通商品，在19世纪中期甚至都不算必需品；由于肥皂并不是不愁销路的那种东西，罗斯准备了流动展销会，每场通常持续几个小时，他穿着"尖头鞋、短款衬衫马甲、褶边衬衫，还有大檐帽"。他被形容为"活力十足，精力无限"，也被认为是"新英格兰最知名的流动商人之一"（图5.1）。

我们可以想象，罗斯用富有娱乐性的表演吸引潜在买家，接着通过每次购买时分发的"礼物兑换表"来达成交易。当时，罗斯不仅要与其他同样有魅力的流动推销员竞争，还要面对桀骜不驯的公众，他们慢慢地才能认识到使用优质肥皂清洁个人卫生的好处。因此，他提供了近30种不同的激励措施——他号称免费提供的东西价值25美分到500美元不等——给人们消费的每1美元（可以买10块肥皂）。礼物可能是亚麻手帕，随机选的一期《艺术画报》（*Illustrated Magazine of Art*），金怀表，或者好到令人难以置信的、火车站附近的一块精选土地。"这件事不是胡扯也不是拍马屁……不是骗局"，他保证。虽然少校的顾客如果大批量购买还真的收到了一份"礼物"，但获得一所房子甚至一件精美珠宝的概率确实很小。（如果奖品真的存在的话，可能也是两万分之一的中奖概率。）

巴比特和罗斯这样的早期推广者正确地推测出，仅仅是免费获得某些东西的前景，哪怕是一块便宜的手帕，也会刺激人们购买他们原本不想要的产品，而且数量超过了他们需要或想要的数量。20世纪的消费心理学家揭示了免费炼金术是如何运作的。获得免费的东西会产生希望、欲求、期待和"善意"这些积极的感受，从而激励顾客按照商家的意愿行动——购买商家的东西——并让他们为此感到有所回报。

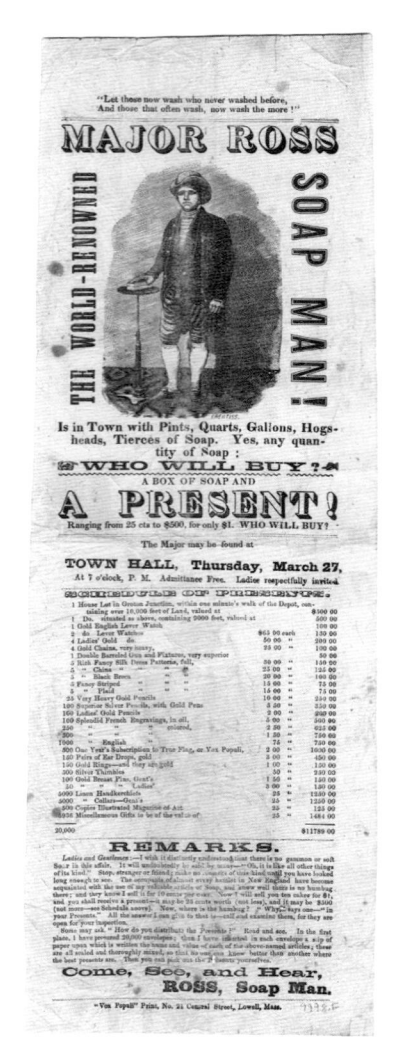

图 5.1　流动肥皂商人希巴德·P. 罗斯给每次购买都提供免费奖品；他的"礼物兑换表"在广告大海报上尤为突出。"世界知名的罗斯少校肥皂商！"1856 年。费城图书馆公司。

语言本身就是为了激发这些积极的感受："赠品""礼物""奖品"。但卖家的生意是为了赢利，而不是为了交朋友，因此根植于免费核心的根本矛盾在于它是有代价的。有时是金钱上的代价，出现在当人们购买超出他们需要或根本不想要的东西时，比如 10 块肥皂，或者当他们为一件东西支付更多以便免费获得另一件东西时。人们也会在情感上付出代价，因为所有那些旨在产生"善意"的"赠品"和"礼物"从根本上讲都是虚伪的，其目的不是加强家人、朋友和邻居之间的关系，而是在买卖双方、销售代理和生意伙伴之间建立商业义务。也许免费的东西最有害的代价是，它们让商业世界以垃圾货的形式渗透进了千家万户。因而这也有助于解释为什么免费赠送与资本主义企业并不对立，而是成为其越来越重要的一部分。

南北战争之前，零售赠品成为制造商和分销商触达消费者的一种流行而有效的策略。同样重要的是，分发"免费赠品"也为剩余物资和无法售卖的商品提供了可行的市场出口：这种机智的方法可以创造出前所未有的价值。一个早期的例子是"奖品礼包"，是一个包含各种廉价文具类产品的密封包裹，附有一个"奖品"，19世纪60年代由小贩出售。例如"伟大的、原创的"S. C.里卡兹奖品礼包，里面有"书写材料、雕版、时尚插图、时髦物品、洋基玩意儿、游戏玩具、菜谱、变有钱的许多方式、高档珠宝昂贵礼物等。单独购买的话总价值要好几美元。礼包售价只要25美分"。还有反对派奖品礼包，情侣礼包（"新款、非常有吸引力……为军人准备的"），尤里卡奖品匣礼包（"有史以来卖出最多的"）等。

虽然吹得很厉害，但这些礼包里的东西都是零售市场上毫无价值的垃圾货，只是被包装成了神秘的宝贝。W. H.凯特利公司的"10美分潘普罗斯佛逊奖品礼包"里，有几张书写纸和尺寸不合的信封，过期的日历，随机几张杂志内页——出版商印多的纸，只剩作为原料纸浆的价值。"有价值的奖品"可能是一枚徽章、戒指、袖扣或者其他针头线脑，这些东西成百上千地生产制造出来，批发价只要几美分。例如J. S.安德鲁在他的"廉价珠宝总部"售出包含100件产品的套装——大多数的归宿是廉价奖品礼包——只要仅仅4美元。

躺在书商货架上的滞销图书也通过和垃圾货绑定而找到了新的市场价值。除了拍卖商，小贩、二手书书商、19世纪中期的一种新式中间商、"礼品书商"，开始利用廉价打折图书赚钱。这种商业模式的运作方法是，廉价书的封底随机刻着一个数字，对应一份便宜的奖品。卖家并没有给滞销书打折出售，反而还把价格标高，因为人们愿意为附带"赠品"或"礼物"的廉价书多付点钱，毕竟他们想要的其实是礼物。这种动机让滞销书得以在市场上持续流通，而没有被降级为纸浆，也给这些原本卖不出去的东西赋予了成千上万美元的价值。

人们来礼品书的展厅不是为了书，而是为了奖品。乔治·G. 埃文斯是最成功的运营者之一，认为"很多"顾客，当然不是全部顾客，是"因为想要书本身"而购买。他承认，"我们比较确定的是，每个来找我们订书的个人客户，至少都怀有秘密的希望想要得到有价值的礼物"。埃文斯印制的邮购商品目录长期在前面放上很多"引诱性"的"手表和珠宝目录"。这部分目录的页数比图书目录还要长，列举差不多 50 种不同"档次"的"赠品"，价值可低至 25 美分（诸如顶针、折叠刀、"盥洗用品"之类的"杂项商品"），高至 100 美元（"专利英式杠杆金表"）。一个当代法庭案件，指控礼品书商经营非法彩票，着重指出礼品书商家出售图书的价格"高于其实际价值"，被告以 1 美元购买了一本书，其实这本书不值这么多钱，但为了获得中奖机会而付的钱与为这本书本身的钱一样多。讽刺的是，他购买的其中一本书是《巴纳姆传》(*The Life of Barnum*)。人们很乐意为不要钱的东西付费。

礼品书商自己也乐于承认他们的奖品质量低劣。例如，阿尔伯特·科尔比将他的"金质"珠宝奖品描述为"有点黄铜色"。在回应有关他的奖品"好到难以置信"的说法时，埃文斯解释说，他有时以现金支付并大批购买，使得他"以低于生产成本一半的价格购入"。他还吹嘘从倒闭的公司和"供过于求"的冗余产品这里购买未售出的库存。换句话说，这些东西都不是什么好货。但是，只要垃圾货是免费的，它就会发挥这种炼金术的作用；那些单打独斗找不到市场出路的商品这下变得令人向往，尤其是与其他垃圾货打包提供时。消费者以为自己在偶然购买的同时还能毫无代价地得到点什么，由此可以加倍享受19世纪蓬勃发展的消费文化的乐趣。

由于这些东西对于消费者而言大多是很新颖的，他们可能无法判断这些东西的真实品质，因而很高兴自己偶然得到市场赏赐的"赠品"。比如，19世纪50年代晚期住在佐治亚州石山的居民们，购买了一些比较畅销的书，像是《弗兰克叔叔的炉边愉快故事集》（*Uncle Frank's Pleasant Pages for the Fireside*），塞缪尔·米切尔的《学校地图集》（*School Atlas*）和《地理》（*Geography*），还有T. S. 亚瑟的《天使与魔鬼》（*The Angel and the Demon*），他们是从邻居G. R. 韦尔斯那里买的，这个人是G. G. 埃文斯的代理，他自己也承诺批发可以送免费赠品。奖品包括男士的雕花金耳钉（看起来值2.5美元），女士素面金别针，"新款"（也值2.5美元），镀银黄油刀（1美元），男士袖扣（2.5美元），男士镀金笔（2美元）。美国内陆居民可能会很喜欢这些洋气的奢侈品，也没途径去了解它们的价值是否真的如埃文斯号称的那样；可能他们并不在意。

零售赠品通过承诺可以毫无代价地得到点什么来迎合消费者理性的自我，在此基础上也利用了感性的渴望，尽管它们琐碎又廉价。一位女士有机会购买一个典型奖品礼包时，她描述自己被"购买的欲望冲昏头脑"。她一丝不苟地审视密封盒子的外表，"有点想要25美分，这样就可以验证盒子里可能有一美元钞票的这个虚幻的承诺，更不用说珠宝和各种文具这些'吸引人的东西'了"。她完全知晓奖品礼包那"虚幻的承诺"以及"吸引人的东西"有多么可疑（这些讽刺的引号是她自己加的），然而她还是被这个谜团所引诱。免费赠品的经营者知道，这些垃圾货可以激发人们占有的激情：他们通常称为"诱饵"（inducements）和"激励"（incentives），这两个词的本义分别是"引领"和"慢炖"或者"燃烧"（也就是"焚烧成灰"）。激励曾经（现在依然）让人们产生了较为迫切的激动心情，曾经引诱（现在依然）他们用行动回应。

免费变得系统化

19世纪70年代，全国无数公司企业，无论大小，都开始采用引诱策略。例如，大西洋和太平洋茶叶公司（Atlantic & Pacific Tea Company, A&P）在19世纪60年代中期实行了一种俱乐部制度。其广泛的邮购项目给那些会批发茶叶的群体组织者免费寄送茶叶，这对公司的成功十分关键。其他公司也如法炮制，比如拉金公司，在19世纪90年代创立了"十人俱乐部"，鼓励乡村妇女充当销售代理，利用家庭和社会关系卖肥皂。俱乐部的组织者并不会收到酬劳或提成，如果达到销售份额的话可以获得产品折扣和高级赠品。这套体系极为成功，使得拉金公司摒弃了所有中间人，通过邮购的方式直接销售给顾客。他们可以用低价批发赠品，甚至为了进一步扩大利润还自己生产了一些。20世纪早期，拉金公司向俱乐部组织者提供超过1600种赠品选项，这当然比他们实际制造的肥皂种类更令人眼花缭乱。

免费赠品在公司的广告文案中变得愈加重要，占据的篇幅常常比主要商品还要多。正如营销专家亨利·邦廷（Henry Bunting）在其具有时代开创性的著作《强迫销售的赠品体系》（*The Premium System of Forcing Sales*）所写的，"人们是因为赠品才购买商品。赠品，而不是商品，才是诱饵……售卖商品的方法是公开你提供哪些赠品"。例如，波士顿的大伦敦茶叶公司在1891年绘制的价格清单，仅用区区10页介绍他们的茶叶和咖啡，但用了100多页来介绍他们赠送的银器、怀表、铜像、台灯、座钟、托盘和纽扣。如果人们不想买茶叶自用或转售，他们也可以支付"现金价格"购买这些东西，从1.25美元的悬挂式火柴保险盒，到20美元的瓷制餐具130件套组。餐具套组是60美元茶叶订单的赠品，也就是60到100磅重的茶叶，视品质而定；火柴保险盒只需要 5 美元的订单。无论如何，这都是很多茶叶——有些情况是一辈子都喝不完的茶。提供这些东西"纯粹就是为了吸引人们大批量购买，并且把其他人也拉来一起买"，该公司是这样解释的。这样他们就能通过这些巨量的订单卖出比实际喝茶需求更多的茶叶。其他行业，比如杂志出版商，也用赠品促使人们来以他们的名义向别人卖出订阅，用一些往往微不足道的东西充当工资。很多公司这么做，其中之一是哈弗菲德和吉文，他们为任何售出六十份《家庭和年轻人》（Home and Youth）订阅的销售代理提供价值 15 美元的"银色"怀表，"目的是诱使你更积极地为我们工作"（图 5.2）。大宗商家也给他们的流动销售代理提供免费赠品，作为达成销售业绩的奖励。

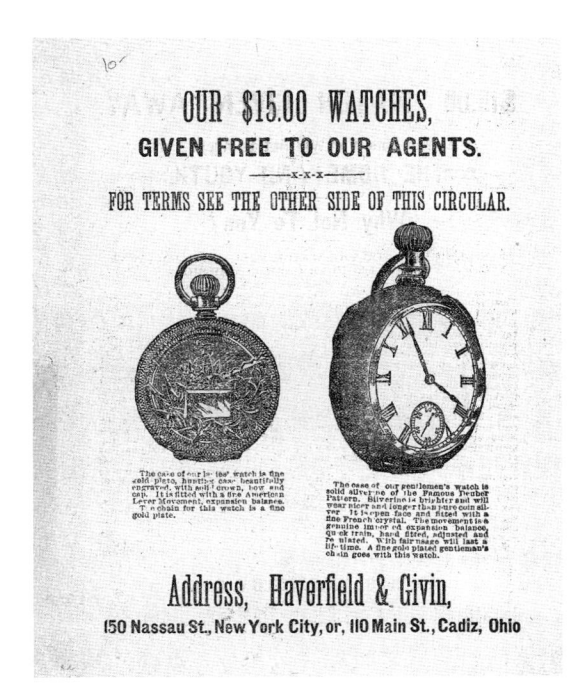

图 5.2　销售代理常常受到免费想法的鼓励。哈弗菲德和吉文公司的宣传页，《家庭和年轻人》的出版商，约 19 世纪 80 年代。

　　M. W. 萨维奇把广告的主要篇幅都给了赠品介绍以及兑换系统的具体细节，以至于很难识别出他到底想要卖什么。显然是个叫作国际储备食物汤力水的东西，在他 1914 年的小册子《萨维奇的免费赠品》（*Savage's Free Premiums*）中直到第 20 页才被首次提及。连篇累牍的意识流文字解释免费赠品计划，毫无歉意地揭示事实，这些赠品不是真心赠予而是出于个人私利：

> 我免费送出赠品是因为它们帮我做大了生意，让我在年底赚更多的钱。生意做到更大体量对于任何生意来说都能极大地削减开销……我发现我可以用更少的钱来保证销售增长，用免费赠品，比在大报纸上做广告便宜，这个或那个当然是必要的，我的免费赠品，给消费者，这个必要的生意增加开销，而不是给其他人……我相信这是切合实际的，日常的，公平公正的合作，因为省了这么多钱，直接进了帮我做大生意的人们的口袋，仅仅是用我的准备或产品，在需要这些商品时。我的免费赠品，是实实在在的——现金礼赠分红——直接退还给你……

萨维奇提供了一系列夺人眼球的商品，从水晶碗到钻石戒指，从皮质零钱包到折叠刀——介绍充满迷人的细节，用 8 磅❶的字号排得密密麻麻（图 5.3）。他的体系多样而繁复：不仅有常规—超级品质免费赠品，还有超高品质免费赠品，华丽双重免费赠品，以及累积赠品。

积分券和优惠券系统的出现使零售赠品的使用更加现代化、体系化、普遍化。积分券于 1892 年由密尔沃基的舒斯特（Schuster's）百货公司首次推出，他们的体系叫作蓝色积分券系统。购物者在每次购买产品时都会收到一定数量的邮票状积分券，要负责地贴在特别设计的

---

❶ 磅是印刷设计中文字大小的单位 point 的音译，中文正确翻译为点，缩写为 pt。1 磅 =0.35 毫米。——编者注

小册子上；由于这段时间美国人已经开始痴迷于剪报狂热，他们似乎都能很顺从地完成这种舔一舔、贴一贴的活儿。每本小册子包含 500 枚积分券，代表零售购物中消费的 50 美元，可以兑换 1 美元的商品或 70 美分现金，相当于 2% 的商品折扣和 1.4% 的现金折扣（类似于今天的返现奖励活动）。

随着时间的推移，零售赠品体系变得更加复杂。虽然许多公司采用了积分券，其他公司则提供带有积分的"利润分享"优惠券，积分可以兑换免费的东西。优惠券有时会放在包装上，迫使购买者保留雪茄烟标、水果包装纸，切下罐头盖子或剪掉香烟盒背面。有时，公司会在产品中插入打印的卡片或几张纸，以便取保存、以备后用。有时，赠品优惠券不会放在某些特定产品里面，而是由零售商分发，目的是换取某个品类商品的最低购买量。

让消费者自己负责跟进计算积分点数和购买记录，为公司节省了资金。同样重要的是，收集、粘贴和存档的这些操作，鼓励消费者更积极地参与到兑奖活动中，增强了在情感和经济上对于购物的动力。更重要的是，它有助于提高品牌知名度，他们在 19 世纪末开始学习一种新式商业语言，以商品及其相关特征为中心。积分券和优惠券鼓励消费者更仔细地检视包装和标签，成为更具有鉴别力的买家；理想情况下，他们会忠于某一个品牌或特定系列的产品。优化的印刷和包装技术帮助实现了这一点，使得营销人员能够将原本平淡无奇的商品变成独特包装和醒目标签的个性化产品，赋予它们独特的身份和个性，这就让消费者可以忠实于某个商品，就好像它们是人一样。

零售业和制造业的转变也帮助免费赠品在 19 世纪末蓬勃发展。邮政系统向偏远地区的扩张，更廉价的运费，也促进了邮购的增长；买家终于不必依赖于流动的销售代理乃至当地零售商。此外，大规模工业化，尤其是美国制造商的大规模工业化，为市场提供了更多、更便宜的商品。公司比以往任何时候都更容易在不亏损的情况下提供免费

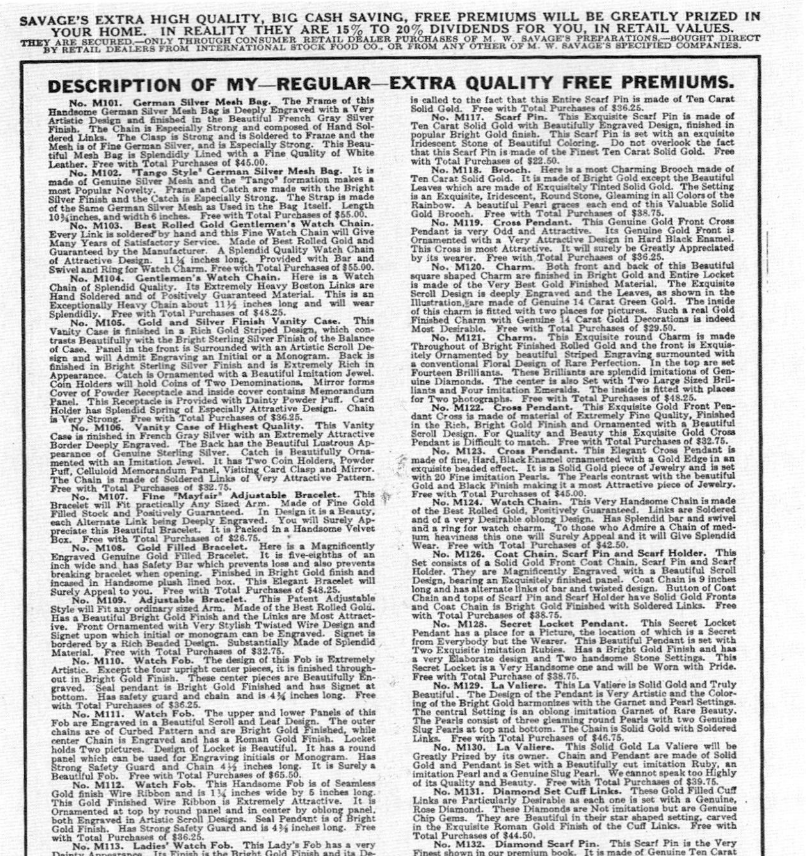

SAVAGE'S EXTRA HIGH QUALITY, BIG CASH SAVING, FREE PREMIUMS WILL BE GREATLY PRIZED IN YOUR HOME. IN REALITY THEY ARE 15% TO 20% DIVIDENDS FOR YOU, IN RETAIL VALUES.
THEY ARE SECURED.—ONLY THROUGH CONSUMER RETAIL DEALER PURCHASES OF M. W. SAVAGE'S PREPARATIONS,—BOUGHT DIRECT BY RETAIL DEALERS FROM INTERNATIONAL STOCK FOOD CO., OR FROM ANY OTHER OF M. W. SAVAGE'S SPECIFIED COMPANIES.

DESCRIPTION OF MY—REGULAR—EXTRA QUALITY FREE PREMIUMS.

No. M101. German Silver Mesh Bag. The Frame of this Handsome German Silver Mesh Bag is Deeply Engraved with a Very Artistic Design and finished in the Beautiful French Gray Silver Finish. The Chain is Especially Strong and composed of Hand Soldered Links. The Clasp is Strong and is Soldered to Frame and the Mesh is of Fine German Silver, and is Especially Strong. This Beautiful Mesh Bag is Splendidly Lined with a Fine Quality of White Leather. Free with Total Purchases of $45.00.

No. M102. "Tango Style" German Silver Mesh Bag. It is made of Genuine Silver Mesh and the "Tango" formation makes a most Popular Novelty. Frame and Catch are made with the Bright Silver Finish and the Catch is Especially Strong. The Strap is made of the Same German Silver Mesh as Used in the Bag Itself. Length 10¾ inches, and width 6 inches. Free with Total Purchases of $55.00.

No. M103. Best Rolled Gold Gentlemen's Watch Chain. Every Link is soldered by hand and this Fine Watch Chain will Give Many Years of Satisfactory Service. Made of Best Rolled Gold and Guaranteed by the Manufacturer. A Splendid Quality Watch Chain of Attractive Design. 11¼ inches long. Provided with Bar and Swivel and Ring for Watch Charm. Free with Total Purchases of $55.00.

No. M104. Gentlemen's Watch Chain. Here is a Watch Chain of Splendid Quality. Its Extremely Heavy Boston Links are Hand Soldered and of Positively Guaranteed Material. This is an Exceptionally Heavy Chain about 11½ inches long and will wear Splendidly. Free with Total Purchases of $48.25.

No. M105. Gold and Silver Finish Vanity Case. This Vanity Case is finished in a Rich Gold Striped Design, which contrasts Beautifully with the Bright Sterling Silver Finish of the Balance of Case. Panel in the front is Surrounded with an Artistic Scroll Design and will Admit Engraving an Initial or a Monogram. Back is finished in Bright Sterling Silver Finish and is Extremely Rich in Appearance. Catch is Ornamented with a Beautiful Imitation Jewel. Coin Holders will hold Coins of Two Denominations. Mirror forms Cover of Powder Receptacle and inside cover contains Memorandum Panel. This Receptacle is Provided with Dainty Powder Puff. Card Holder has Splendid Spring of Especially Attractive Design. Chain is Very Strong. Free with Total Purchases of $36.25.

No. M106. Vanity Case of Highest Quality. This Vanity Case is finished in French Gray Silver with an Extremely Attractive Border Deeply Engraved. The Back has the Beautiful Lustrous Appearance of Genuine Sterling Silver. Catch is Beautifully Ornamented with an Imitation Jewel. It has Two Coin Holders, Powder Puff, Celluloid Memorandum Panel, Visiting Card Clasp and Mirror. The Chain is made of Soldered Links of Very Attractive Pattern. Free with Total Purchases of $32.75.

No. M107. Fine "Mayfair" Adjustable Bracelet. This Bracelet will Fit practically Any Sized Arm. Made of Fine Gold Filled Stock and Positively Guaranteed. In Design it is a Beauty, each Alternate Link being Deeply Engraved. You will Surely Appreciate this Beautiful Bracelet. It is Packed in a Handsome Velvet Box. Free with Total Purchases of $26.75.

No. M108. Gold Filled Bracelet. Here is a Magnificently Engraved Genuine Gold Filled Bracelet. It is five-eighths of an inch wide and has Safety Bar which prevents loss and also prevents breaking bracelet when opening. Finished in Bright Gold finish and incased in Handsome plush lined box. This Elegant Bracelet will Surely Appeal to you. Free with Total Purchases of $48.25.

No. M109. Adjustable Bracelet. This Patent Adjustable Style will Fit any ordinary sized Arm. Made of the Best Rolled Gold. Has a Beautiful Bright Gold Finish and the Links are Most Attractive. Front Ornamented with Very Stylish Twisted Wire Design and Signet upon which initial or monogram can be Engraved. Signet is bordered by a Rich Beaded Design. Substantially Made of Splendid Material. Free with Total Purchases of $32.75.

No. M110. Watch Fob. The design of this Fob is Extremely Artistic. Except the four upright center pieces, it is finished throughout in Bright Gold Finish. These center pieces are Beautifully Engraved. Seal pendant is Bright Gold Finished and has Signet at bottom. Has safety guard and chain and is 4¾ inches long. Free with Total Purchases of $36.25.

No. M111. Watch Fob. The upper and lower Panels of this Fob are Engraved in a Beautiful Scroll and Leaf Design. The outer chains are of Curbed Pattern and are Bright Gold Finished, while center Chain is Engraved and has a Roman Gold Finish. Locket holds Two pictures. Design of Locket is Beautiful. It has a round panel which can be used for Engraving initials or Monogram. Has Strong Safety Guard and Chain 4½ inches long. It is Surely a Beautiful Fob. Free with Total Purchases of $65.50.

No. M112. Watch Fob. This Handsome Fob is of Seamless Gold finish Wire Ribbon and is 1¼ inches wide by 5 inches long. This Gold Finished Wire Ribbon is Extremely Attractive. It is Ornamented at top by round panel and in center by oblong panel, both Engraved in Artistic Scroll Designs. Seal Pendant is of Bright Gold Finish. Has Strong Safety Guard and is 4⅜ inches long. Free with Total Purchases of $36.25.

No. M113. Ladies' Watch Fob. This Lady's Fob has a very Dainty Appearance. Its Finish is the Bright Gold Finish and its Design is Appealing in its Beauty. Center composed of Five Strands of Polished curbed link chains, while Pendant is of Seal Pattern and bears Signet for Engraving Initial or Monogram. Has Safety Guard. Free with Total Purchases of $52.75.

No. M114. Watch Fob. This Gold and Platinoid Fob is composed of Chains of Two different patterns. Outer and center chains being formed of Oblong Links, each alternate Link being of Gold and Platinoid. The remaining two chains are of Rolled Gold in a Beautiful Scroll Pattern. The Pendant Charm is both Gold and Platinoid, center circle beautifully Engraved with figure of a Thoroughbred Horse. Outer Circle is of Platinoid, Richly Engraved. Has Safety Guard and is 4⅞ inches long. Free with Total Purchases of $65.50.

No. M115. Ladies' Fob. This Dainty, yet Most Serviceable Fob is made of very Best Materials. It is very Beautiful in its Oddity of Design. Finished in the Bright Gold Finish and portions are Handsomely Engraved. The Charm is very Handsome and Beautifully Finished and has places for Two pictures. Has Safety Guard and is 3⅞ inches long. Free with Total Purchases of $36.25.

No. M116. Scarf Pin. This Elegant Scarf Pin is made of Ten Carat Solid Gold and the Setting is a most Beautiful pink and white Cameo, bearing a head of a Beautiful Woman. Particular Attention is called to the fact that this Entire Scarf Pin is made of Ten Carat Solid Gold. Free with Total Purchases of $36.25.

No. M117. Scarf Pin. This Exquisite Scarf Pin is made of Ten Carat Solid Gold with Beautifully Engraved Design, finished in popular Bright Gold finish. This Scarf Pin is set with an exquisite Iridescent Stone of Beautiful Coloring. Do not overlook the fact that this Scarf Pin is made of the Finest Ten Carat Solid Gold. Free with Total Purchases of $22.50.

No. M118. Brooch. Here is a most Charming Brooch made of Ten Carat Solid Gold. It is made of Bright Gold except the Beautiful Leaves which are made of Exquisitely Tinted Solid Gold. The Setting is an Exquisite, Iridescent, Round Stone, Gleaming in all Colors of the Rainbow. A beautiful Pearl graces each end of this Valuable Solid Gold Brooch. Free with Total Purchases of $38.75.

No. M119. Cross Pendant. This Genuine Gold Front Cross Pendant is very Odd and Attractive. Its Genuine Gold Front is Ornamented with a Very Attractive Design in Hard Black Enamel. This Cross is most Attractive. It will surely be Greatly Appreciated by its wearer. Free with Total Purchases of $36.25.

No. M120. Charm. Both front and back of this Beautiful square shaped Charm are finished in Bright Gold and Entire Locket is made of the Very Best Gold Finished Material. The Exquisite Scroll Design is deeply Engraved and the Leaves, as shown in the Illustration, are made of Genuine 14 Carat Green Gold. The inside of this charm is fitted with two places for pictures. Such a real Gold Finished Charm with Genuine 14 Carat Gold Decorations is indeed Most Desirable. Free with Total Purchases of $29.50.

No. M121. Charm. This Exquisite round Charm is made Throughout of Bright Finished Rolled Gold and the front is Exquisitely Ornamented by beautiful Striped Engraving surmounted with a conventional Floral Design of Rare Perfection. In the top are set Fourteen Brilliants. These Brilliants are splendid imitations of Genuine Diamonds. The center is also Set with Two Large Sized Brilliants and Four imitation Emeralds. The inside is fitted with places for Two photographs. Free with Total Purchases of $48.25.

No. M122. Cross Pendant. This Exquisite Gold Front Pendant Cross is made of material of Extremely Fine Quality, Finished in the Rich, Bright Gold Finish and Ornamented with a Beautiful Scroll Design. For Quality and Beauty this Exquisite Gold Cross Pendant is Difficult to match. Free with Total Purchases of $32.75.

No. M123. Cross Pendant. This Elegant Cross Pendant is made of fine, Hard, Black Enamel ornamented with a Gold Edge in an exquisite beaded effect. It is a Solid Gold piece of Jewelry and is set with 20 Fine imitation Pearls. The Pearls contrast with the beautiful Gold and Black Finish making it a most Attractive piece of Jewelry. Free with Total Purchases of $45.00.

No. M124. Watch Chain. This Very Handsome Chain is made of the Best Rolled Gold, Positively Guaranteed. Links are Soldered and of a very Desirable oblong Design. Has Splendid bar and swivel and a ring for watch charm. To those who Admire a Chain of medium heaviness this one will Surely Appeal and it will Give Splendid Wear. Free with Total Purchases of $42.50.

No. M126. Coat Chain, Scarf Pin and Scarf Holder. This Set consists of a Solid Gold Front Coat Chain, Scarf Pin and Scarf Holder. They are Magnificently Engraved with a Beautiful Scroll Design, bearing an Exquisitely finished panel. Coat Chain is 9 inches long and has alternate links of bar and twisted design. Button of Coat Chain and tops of Scarf Pin and Scarf Holder have Solid Gold Fronts and Coat Chain is Bright Gold Finished with Soldered Links. Free with Total Purchases of $38.75.

No. M128. Secret Locket Pendant. This Secret Locket Pendant has a place for a Picture, the location of which is a Secret from Everybody but the Wearer. This Beautiful Pendant is set with Two Exquisite imitation Rubies. Has a Bright Gold Finish and has a very Elaborate design and Two handsome Stone Settings. This Secret Locket is a Very Handsome one and will be Worn with Pride. Free with Total Purchase of $38.75.

No. M129. La Valiere. This La Valiere is Solid Gold and Truly Beautiful. The Design of the Pendant is Very Artistic and the Coloring of the Bright Gold harmonizes with the Garnet and Pearl Settings. The central Setting is an oblong imitation Garnet of Rare Beauty. The Pearls consist of three gleaming round Pearls with two Genuine Slug Pearls at top and bottom. The Chain is Solid Gold with Soldered Links. Free with Total Purchases of $46.75.

No. M130. La Valiere. This Solid Gold La Valiere will be Greatly Prized by its owner. Chain and Pendant are made of Solid Gold and Pendant is Set with a Beautifully cut imitation Ruby, an imitation Pearl and a Genuine Slug Pearl. We cannot speak too Highly of its Quality and Beauty. Free with Total Purchases of $39.75.

No. M131. Diamond Set Cuff Links. These Gold Filled Cuff Links are Particularly Desirable as each one is set with a Genuine, Rose Diamond. These Diamonds are Not imitations but are Genuine Chip Gems. They are Beautiful in their star shaped setting, carved in the Exquisite Roman Gold Finish of the Cuff Links. Free with Total Purchases of $44.50.

No. M132. Diamond Scarf Pin. This Scarf Pin is the Very Finest shown in our premium book. It is made of Genuine Ten Carat Solid Gold and is Set with a Genuine Hand Cut Blue-White Diamond and a Beautiful Pearl. This Diamond is Cut in the same manner as Diamonds which Cost Hundreds of Dollars. The design of this Extremely High Grade Scarf Pin is of the Popular La Art Noveau Pattern. You will Surely make no mistake in selecting this fine Genuine Diamond, Solid 10K Gold Scarf Pin as it is Surely a Beauty. Free with Total Purchases of $65.50.

No. M133. Diamond Scarf Pin. This is one of the Finest Scarf Pins in our premium book and is made of 10K Solid Gold, set with a Genuine Rose Diamond. This Rose Diamond is Not an imitation Diamond but is a Genuine Chip Diamond. The Design of this Stick Pin is most Attrative, the Crescent is finished in the Beautiful Roman Gold Finish, while the Star is finished in Bright Gold Finish. Free with Total Purchases of $26.75.

No. M134. Secret Locket Pendant. This is a Very Beautiful Secret Locket Pendant. It is finished in Bright Gold Finish. The Center Setting is a Splendid Diamond shaped imitation Amethyst surrounded by Eight Handsome imitation Pearls. A Genuine Slug Pearl droops from the bottom. This Secret Pendant has space for one photograph, the location of which is known Only to the Wearer. Free with Total Purchases of $52.75.

M. W. SAVAGE OFFERS THE MOST EXTRAORDINARY LINE OF VERY HIGH CLASS, FREE PREMIUMS IN THE WORLD, FOR SUCH SMALL SIZED PURCHASES, BECAUSE HE BELIEVES IN FAIR AND SQUARE CO-OPERATION AND IN THIS WAY HE RETURNS A PER CENT OF HIS PROFITS DIRECT TO THE PEOPLE WHO HELP HIM INCREASE HIS BUSINESS,—SIMPLY BY USING ANY OR ALL OF HIS LARGE NUMBER OF DIFFERENT PREPARATIONS AND PRODUCTS, WHEN THEY NEED PREPARATIONS AND PRODUCTS OF THESE DIFFERENT SPECIFIED KINDS.

Page
Fifteen

图 5.3　赠品推广活动往往会使真正售卖的产品相形见绌，这些页面来自 M. W. 萨维奇在 1914 年为国际储备食物汤力水展销会准备的广告小册子，介绍了“优雅的、超高品质免费赠品”。

第 5 章 徒劳无用 123

赠品，因为这些东西现在无处不在。更重要的是，它们不再是简单的商贸冗余、不常规的商品或上年的旧款，而是专门为赠送而制作的东西。这整个制造类别的发展完全是为了制造免费垃圾货。

免费的代价

一位专家表示，"所有工业分支的命运"取决于健全强力地用好赠品。这或许可以解释为什么20世纪头十年，一场名副其实的"赠品狂热"席卷了全美国。"至少在密西西比河以东地区，几乎找不到中产阶级或工薪阶层家庭，"政治经济学家 I. M. 鲁宾诺（I. M. Rubinow）评论道，"不保存某种优惠券，或者不期望获得某种免费奖品。"作家露西·萨蒙（Lucy Salmon）表示赞同，在1909年写道，许多"特别的诱惑"可供消费者"以奖品或任何你能想到的形式"获得。免费更深层地浸入了市场，过去是买罐头送"蕾丝手帕奖品"的干货商，后来有报纸为参与调查的读者承诺免费郊游。

然而，并不是所有人都深爱着免费的东西。很多观察者感到不劳而获的前景有点可疑。例如，鲁宾诺就把零售赠品称为是一种"道德的流行病"。至少，赠品劝说人们购买的是某个产品，而不是他们需要的东西。赠品通过另一种炼金术，绑定了两种不相关的东西，使得两者的价值都变得模糊。鲁宾诺难以完整地解释这种经济学上的"反常现象"，写道，"两种完全不同的商品组合定价的这种现象，本身就阻碍了对价值本质的最仔细的探究"。这种"阻碍"导致人们对价值可以忽略不计的商品评价过高，又用虚高的价格购买这个组合中的主要产品。此外，把互不相关的东西放在一起，这种令人好奇的方式使两者都变得更受欢迎。

公司还通过同时实施不同类型的交换体系来吸引消费者，购物满额可以免费提供赠品，或者现金加优惠券购买，或者只用现金购买。现金和部分现金的兑换方式对收集优惠券的人们特别有吸引力，他们缺乏时间和耐心"起个大早"去兑换他们想要的东西。这些买家为了达到兑换目的开始积攒优惠券，已经对赠品进行了精神投资（用情感价值投资）。更重要也是更矛盾的点在于，因为赠品是购物后免费赠送的，所以它们看起来很划算（货币价值较低）。因此，许多公司为消费者提供了直接购买赠品的机会，或者支付他们声称的市场价值（总是虚高的）与买家已经积攒的优惠券或积分券之间的差额。即使人们要花钱买赠品，也还是觉得赠品十分诱人。

随着时间的推移，越来越多的零售商采用了积分券和优惠券赠品体系，跟上那些已经因此获得顾客光顾的竞争对手。竞争压力意味着，免费对零售商来说实际上也是昂贵的，因为消费者不再对特定的商店保持忠诚，而是可以货比三家。例如，1914年国会调查烟草公司基于优惠券的赠品系统是否构成垄断，一名证人作证说，免费的东西，而不是现金折扣，"让顾客回来购买更多商品，以便获得更多优惠券"。看得见、摸得着的好处，胜过货币价值，将平凡的赠品变成引人注目的零售钩子。正如亨利·邦廷所观察到的，赠品吸收了现金折扣的"无形蒸汽"，并通过"浓缩和凝结"将其转化为"一个装着实际财物的、具体实际的包裹，消费者可以用手指触摸到"。这确实是一种炼金术。

赠品有助于鼓励客户忠于某家零售商，与此同时，它们也迫使零售商忠于特定的赠品外包公司。因为消费者已经开始期待免费的东西了，而零售商却通常没法兑现他们自己的赠品体系，许多企业迫于压力，向专门提供免费东西的公司购买服务——并且经常在这个过程中赔钱。这些外包公司在专业出版物中描述他们独家提供的赠品体系，旨在让零售商们相信，如不提供免费赠品，他们的生意就做不下去，并重点宣传自家赠品体系的好处。零售商本身并没有从赠品体系中获利，而是希望赠品能够通过"固定购买地点"为购物者"建立习惯"。例如，位于布法罗（水中城）的潘菲尔德商贸公司解释，他们的体系旨在"诱导"人们"在这家商店完成所有交易"。

换言之，赠品体系创造了由市场定义并管理的消费者忠诚度。而消费者得到的，用鲁宾诺的话说，就是"廉价而无用的物品，不值钱的小玩意儿，其产量如此庞大这件事本身就是个谜"。免费的精神清晰地表明，顾客光顾是可以廉价购买的一种商品，其基础在于物质主义，在商业交易中得以锻造与强化。在资本主义内部，这就是忠诚的面目。

此外，免费有其物质成本。赠品公司坚称，而且往往还精心详细地说明，他们的免费商品很有用，质量上乘，而且漂亮。许多最好的赠品确实如此。那些钢琴、钻石首饰套装、银制茶具、皮草大衣和胜利牌留声机，至少在理论上是可以获得的，但需要多年购买才能累积到——假设兑换公司在此期间没有倒闭。1911 年，A. J. 布朗在《铁路电讯报》(*Railroad Telegrapher*) 上刊登了一则通知，向他的铁路同事们征集两万个中央联合牌的烟标，以期换来两条人造假腿。那年晚些时候，他还缺一万八千个——人们给他寄的许多标签是其他烟草品牌的，"毫无价值"。1912 年，F. E. 波默罗伊也发出了类似的请求，因为他也"急需一条人造假腿"。两年后，他仍然需要一千个才能实现目标。

免费又简单

与高品质赠品不同，大多数赠品都是真正的廉价垃圾货，在市场上自由流动。"顾客被不劳而获的吸引力蒙蔽了双眼"，露西·萨蒙在 20 世纪初观察到。不管赠品是装着廉价彩色印刷品的廉价镀金相框，还是平价商店里卖的那种马口铁平底锅，都没有关系。一些评论家愤世嫉俗地把赠品称为"不劳而获"的想法。还有人争辩说，主要在卖的产品和诱饵产品都是"劣质的"，因为它们都不能仅凭自身价值售出。"对品质、价值或价格一无所知"的，"天真、缺乏经验"的买家，尤其容易收到这种诱惑的影响。然而，尽管消费者权益支持者和经济学家大加指责，消费者还是很热爱赠品兑换。据估算，1917年的一千万户家庭中至少都有一个家庭成员是"积分券收集者"。为什么？因为根据一位观察家的说法，"买东西的大众群体没有清醒地思考，或者有过清醒的思考，但没按照应有的方式去行动"。

关键在于，免费阻碍了理性消费者决策能力的发挥。因为消费者陶醉于嘉年华狂欢风格的免费商品过剩之中，制造商、批发商和零售商把廉价且往往卖不出去的商品伪装成人们想要的礼物，从而以此获利。许多商人受到嘉年华狂欢节本身心理作用的影响，不仅观察到巡回式嘉年华在20世纪上半叶日渐流行，而且认识到嘉年华从低劣游戏的垃圾货奖品中赚取了巨额利润。作为简单的娱乐，在嘉年华上花钱玩游戏也算物有所值。但是玩投篮或用球打倒牛奶瓶的许多参观者肯定会感到失望，因为鲜少有人赢得"引诱"奖品，只能带着廉价的小东西离开摊位。奖品——用嘉年华的朴素说法是"废物"（slum）和"垃圾"（garbage）——的价值远低于玩游戏所花费的那10美分。

尽管如此，它们还是让人们再次光顾、以期获得更多奖品。有些游戏，比如"爬行者"，诱使玩家花更多钱来获得免费奖品。在针对嘉年华文化的揭露文章里，作家哈里·克鲁斯（Harry Crews）解释说，嘉年华的工作人员通常会送出一个垃圾货奖品来"让目标人物冷静下来"，继续玩。他回忆起一个典型的场景："我看着目标人物终于扔到了一个毛绒玩具，这次是一只小小的、稍微有点脏的长颈鹿布娃娃。这个可怜的混蛋花了12美元买到了在城里花2.25美分就能买到的东西。"其他游戏，比如幸运大转盘，总能有所斩获，但奖品的价值远低于每转一次转盘要花的钱；经营者认为这些游戏"非常适合废物产品"。乡村商店转盘的格子里"装满了钟表、热水瓶、丘比娃娃（kewpie dolls）和其他令人向往的东西"，都是无法赢得的奖品。更重要的是，正是转盘本身的动态吸引了更多人来试试运气："转动轮盘的景象创造了游戏玩家所谓的'闪光',吸引了更多的顾客。"甚至深谙游戏骗局的游客们也仍然无法抗拒获奖的机会。就像神秘礼盒一样,游戏激发了一种"诱人的魅力",让玩家"再次光顾,想要更多"(图 5.4)。

图 5.4 在露天游乐场玩低劣游戏的人们,往往会额外花很多钱来赢取实际价值没这么高的奖品。参加嘉年华的女孩拿着丘比娃娃奖品,约 20 世纪 20 年代。

免费的力量促使人们花更多的钱,不管是购买一百磅茶叶还是在露天游乐场玩游戏。零售商和嘉年华的叫卖人一样,都向大众输送廉价商品,并在此过程中为垃圾货的许多生产商和分销商创造了可行的机会(图 5.5)。有些商人,例如塞缪尔·波卡(Samuel Pockar),只做废品货的生意——在他这儿是垃圾货珠宝,"最便宜的那种华而不实的小玩意儿",在 20 世纪三四十年代花 2 到 3 美元可以买 144 个。(看起来可能很便宜,但就在几年前这些东西每 144 个只要 60 到 70 美分。)

波卡的廉价商品库存包括：戒圈上虚假标记为"10K"的黄铜戒指，"看起来像 25 美元的纯金款式"的价值 1 美元的怀表，破产清算物品，"破损商品"和其他没有市场的东西。

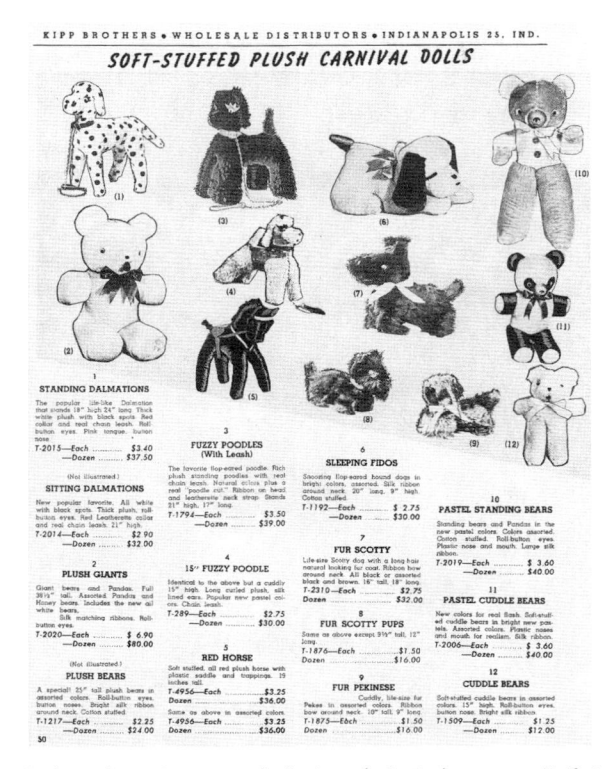

图 5.5　像基普兄弟这样的公司有廉价的嘉年华商品——贸易行话是"废物"——供货给露天游乐场运营商。基普兄弟，《嘉年华商品目录，第 166 期》（Carnival Catalog, no. 166）（约 1940 年）。

广告商和嘉年华的叫卖人凭空创造价值，一眼就能看出谁是目标客户，乐于向他们卖免费的东西，榨干他们的钱包。李氏制造公司的促销产品目录无意中暴露了他家赠品的本质。目录用全彩插图展示了该公司廉价商店级别的产品线：化妆散粉、护发素和美容霜，以及一系列免费商品——成套瓷器、玻璃器皿等。企业内部的照片强调了该公司的业务规模和体量，展示了大批辛勤工作的员工分拣邮件、回复订单、在包装车间工作。在占满一整层楼的订单处理部门，可以看到工作人员正在勤劳地完成赠品订单，从大箱子里拉出瓷碟、杯子、盘子和其他商品；产品目录浓墨重彩展示的、看似独特而优质的商品，实际上恰恰相反，是工业化生产的、籍籍无名的产品（图 5.6，彩图 4）。它们一个摞一个地堆放起来，是典型的那种每家廉价杂货店都有的东西，甚至不值得特别小心地使用和养护。

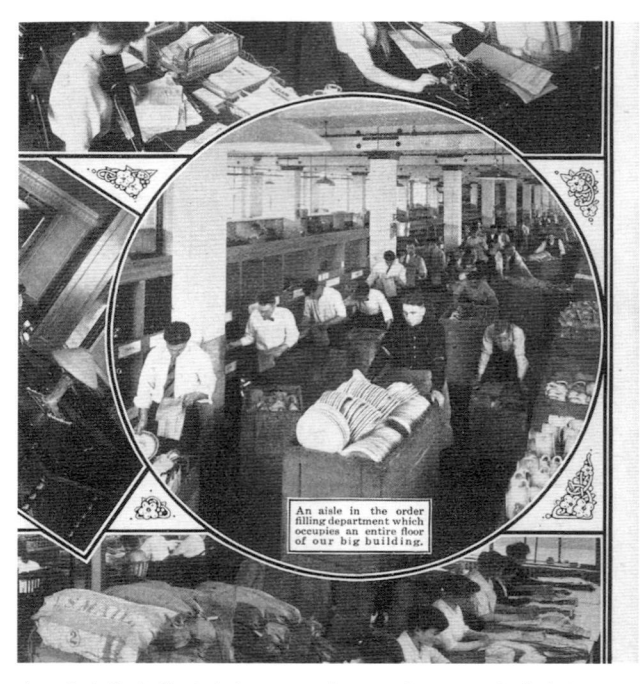

图 5.6　赠品被吹捧为特别的东西，但李氏制造公司这类商家提供的赠品真的只是廉价的、大批量生产的东西，一车一车拉过来的。《李氏畅销商品赠品的奇妙目录》（*Lee's Wonderful Catalogue of Easy Selling Goods and Premiums*），1924 年。

商人通过感性可以超越理性决定的方式来赚钱，即使消费者已经意识到，他们所感觉自己得到的东西不等于他们所知道的自己得到的东西。在谴责零售赠品的诸多危险时，即使经济学家 I. M. 鲁宾诺（他大概知道得更多）也承认，他自己"至少在一段时间内是这种狂热潮流的受害者，还有一块相当可观的切割玻璃可以证明"。那块"相当可观的切割玻璃"很可能来自另一大堆廉价商品。令人困惑，又同样令人着迷，这就是免费的本质。

小朋友，大梦想

孩子们很容易受到激励，可能比他们的父母更容易被免费的前景所迷惑。在 19 世纪初，他们因在学校取得好成绩，正确背诵课文，或者只是完成要求他们做的事情，而获得按照成绩来决定的奖励——印有动物图片的小证书。到 20 世纪后几十年，他们不必继续满足于薄薄的几张纸，而是像他们的父母一样，可以从市场上免费获得实实在在的东西。老师、父母甚至上帝的权威都被商业所取代。孩子们不一定要会表现或者会学习。他们只需要会花钱。

1912 年"好家伙"品牌开始把微缩小奖品放入焦糖爆米花的包装盒，在此之前，零售商就意识到他们可以用一些零碎小玩意儿来吸引孩子。早在 19 世纪 70 年代，糖果店店主就开始免费送玩具，即使买最便宜的几分钱的糖果也送，就是为了与年轻顾客培养"友谊"。例如，费城的糖果公司约翰·M. 米勒（John M. Miller）利用从烟花到圣诞商品的各种诱饵来销售糖果。此外，该公司还生产了 20 多种奖品礼盒。"邦顿"礼盒的批发价每打只要 2 美元，零售价每个卖 25 美分，里面除了糖果还附有现金和珠宝。"百年"礼盒零售价只要 5 美分，和糖果一起附赠珠宝和彩色印刷品。"美国造币厂"礼盒装着硬币，价值从 5 美分到 1 美元不等。"国际大奖和好运"礼盒，"是最近推出的新品之一"，里面是免费的好运。一些奖品礼盒承诺每 100 个盒子中会有一件珠宝、一块镀金怀表或一张 100 美元的钞票。"我们预计这些东西的销量无可匹敌，"该公司夸下海口（图 5.7）。

新的产业出现了，专门为小孩提供这类不起眼的小礼物，这些孩子们现在会通过跑腿、卖报纸、捡废品、去工厂打工来积攒零花钱。

图 5.7　孩子们会被附带奖品的糖果所吸引。比如，每盒"小甜心"都含有"让女孩或男孩开心的玩具"。N. 舒尔公司，《舒尔赢家目录第 121 期》（*Shure Winner Catalog No. 121*），约 1933 年。

制造商 W. C. 史密斯生产了多种作为"便士商品"的产品线——可以与其他廉价东西一起赠送的廉价东西。这些无比垃圾的物品大批量出售给零售商，其中包括益智口哨、法式拼图、玩具气枪、锡制盘子、印花勺子，以及无数其他商品，迎合男孩女孩的喜好，也符合他们并不算强的购买力。儿童会把这些特别的奖品拿在手里把玩或交易，塞进口袋当作隐藏的"护身符"，会产生占有的渴望，也许还会把它们算作他们为数不多的财产之一。芝加哥的道斯特兄弟公司（Dowst Brothers，后来是模型玩具 Tootsietoys 的制造商）生产的"金属新玩意儿"和"便士奖品货"，是小型的金属护身符和代币，以微缩的形式仿造成人世界，让拿着儿童版皮夹子的小朋友们有了大人的欲望。道斯特的微缩水果盘，"在每个细节上都是正确的"，令人心生向往：它被打造成"理想的娃屋物品"，不管女孩家里真的有娃屋这样的东西还是只能在梦里拥有。玩具小灯笼，配有透明的仿制玻璃球，"看起来就像被点亮了一样""可能是市面上有史以来最好的新奇商品"。玩具女鞋，"一个可爱的复制品，展示了每一个细节"，呈现出"完美的比例"，配有"最新潮的法式鞋跟"，并且"里外两面都经过了修饰"。

由此，免费刺激了人们在当时当地的消费，并作为通向未来消费的门户，给年轻一代培训，让他们知道大人不仅要有所渴望，而且要知道具体应该渴望什么东西。《新奇商品新闻》(Novelty News)在1909年提到，"商店店主大量投资陀螺、哨子和其他破坏宁静的东西、风筝、小车等类似玩具"，这些店销售额都有所增长。零售商能够获得更多、更年轻的顾客。"玩具、玩偶、游戏和机械设备的开发领域是无限的。"亨利·邦廷如此写道。给小孩的免费赠品可以被利用于出售麦片、汤、盐，甚至咖啡。"良好的效果已经达成，"邦廷指出，"只要将玩具巧妙地用于填补宣传空间。"换句话说，就是把玩具作为传统广告的补充。

与此同时，玩具制造商就和其他赠品供应商一样，得以增加产量用来满足这些年轻消费者对廉价商品日益增长的需求。更重要的是，由于孩子们相对容易被取悦，对新奇程度而非品质更有反应，所以廉价玩具制造商完全没理由把它们做得更好，反正孩子们只关心"有没有可能不花钱就拥有"。有个例子，20世纪初的一位玩具制造商经历了一个失败的圣诞节，发现自己有11000件未售出的玩具，不得不接受"这些东西卖不出去了，只得作罢"的想法。为了避免赔钱，制造商"在脑内苦思冥想"，最终意识到他可以将这些毫无价值的玩具作为肥皂、杂志和茶的赠品来营销。不出所料，在短短两个月内，"产品线清理干净，钞票存进银行，玩具制造商脱手了一笔原本并不划算的交易"。

香烟盒中的交易卡，焦糖爆米花包装里的小饰品和代币，还有后来麦片盒中的秘密解码指环，这是多年来为儿童设计的众多零售赠品中的几个例子。尽管价格低廉，这些代币有助于以极低的成本获得长期顾客：孩子们能以最低的价格被收买。他们不仅能够影响父母的购买习惯，也会影响他们自己的商业忠诚度，这是在年幼时就根植下的，往往会保持到成年，并延续一生。提供免费赠品是营销者提升销量的一种简单方法，不仅立即有效，而且影响会长期持续到未来。1922年的一篇文章指出，"儿童尤其热衷于光顾那些花钱花得物超所值的地方。他们敦促父母带他们去的理发店有最气派的小木马，或者会给他们赛璐珞球或其他纪念品……任何记忆点，无论多么微不足道，都会赢得孩子的好感"。另一家赠品制造商牛顿制造公司在1923年评论道，"孩子是易受影响的——他们会记住善意，忠于朋友。如果你能在你的商业领域建立与一半男孩女孩的友谊，你就会惊讶于他们对'大人们'的影响力"。

20世纪30年代中期，广播这种新媒体使营销者得以进一步深入儿童市场，特别是在推广活动中加入赠品的情况下。孩子们喜欢收集，而且碰巧也喜欢邮寄出去兑换免费东西。毫无疑问，这种冲动部分源于大萧条时期的物质匮乏和对于不劳而获的渴望。但其他心理因素也在起作用，也就是期待时的极度痛苦和快乐，这是同一枚硬币的两面。孩子们日复一日、周复一周地等待邮件，处于一种在沮丧中期待的状态：就像平安夜一样，等待似乎永无止境，但留出更多时间幻想包裹的到来。那种强烈的、期待中的欲望在梦想照进现实的那一刻消失。但很快就会被另一个奖品重新点燃。孩子们对20世纪30年代一系列营销者采访的反应很能说明问题。帕齐寄出她收集的印花积分券之后，"每天"都要和邮递员见面，断定"那些人真调皮，让我等这么久"。唐尼"不喜欢等待"，对妈妈说他"认为办公室那些人太懒了，"并补充道，"我以为（我的钱）已经飘出窗子不见了——就是彻底丢了。但最终奖品还是来了。"尤金等了三个星期才拿到奖品，"对延误一事耿耿于怀——我没想到这东西这么火爆"。

营销者还鼓励孩子们成立俱乐部，以便互相交易他们的免费物品，从而激发出更狂热的兴趣去收集全系列的赠品，当然也要更有兴趣购买主要商品才可能获得赠品。在这个过程中，孩子们学习成为消费者这一社会维度，尤其是一个人的财产如何让他成为一个群体的成员并获得一定地位。在一些城镇，童子军通过收集整套惠特斯麦片（Wheaties）附送的微型车牌来"赚取"功绩徽章，既有合作也有竞争。由此，商业用纯正美国的方式，无缝渗透到孩子们的环境中，就像当年对他们父母那样，并将具有公民意识的努力与物质主义的追求融合在一起。

这种策略被证明特别有效的案例，是知名广播剧角色及其扮演者参与的推广活动，会送出从秘密解码指环到警长徽章、牛仔照片等赠品。听众们加入普瑞纳公司（Ralston Purina）的汤姆·米克斯直射手俱乐部（Tom Mix Straight Shooters Club），这是配合20世纪30年代的广播节目"汤姆·米克斯直射手"同期组织的活动，只要寄送普瑞纳牌的麦片盒盖就能加入；你寄送的盒盖越多，可以向朋友们炫耀的免费赠品也就越多，从漫画书到牛仔服装不一而足。该策略广受欢迎的证据是，普瑞纳公司每周收到数千个盒盖：这可是很多麦片。

盒盖兑换活动在20世纪40到50年代变得更加流行，尤其是当营销人员通过电视周边产品（tie-in）而触及每个家庭之时。1941年，美国各大公司送出了价值超过4.5亿美元的赠品（大约相当于给每位美国居民送3.4美元）；"儿童市场"则是名列前茅的送礼对象。1946年，超过300万儿童用15美分和一个Kix牌谷物早餐的盒盖，换取了通用磨坊（General Mills）推广的、令人梦寐以求的原子弹戒指。这些为了"贿赂"儿童而做出的努力，用一位当代营销专业人士的话来说，促成了"许多对商业有益的事情"。

到20世纪中叶，面向儿童的赠品是比主流的平面、广播和电视广告更有效的促销工具。即使那些没有零花钱的孩子们也可能对父母的购买决定产生重大影响，迫使他们根据免费促销而购买特定品牌和产品。1957年的一项相关研究得出结论，尽管母亲们憎恶这些赠品的"噱头"，但她们通常还是让步了。根据20世纪60年代早期的另一项研究，71%的儿童对麦片有品牌意识，会要求他们的母亲购买特定品牌；90%的母亲会同意。

然而，母亲们的愤世嫉俗是正确的，因为给小孩的免费赠品总是尤为垃圾。一位营销专家表示：

事实是，儿童赠品……很可能在短时间内被视若珍宝，然后就会被破坏或丢弃,这导致一些用户选择粗制滥造这条危险的不归路。没什么用的"动态"戒指,不能正常工作的轮子玩具,声音微弱或根本吹不响的哨子,以及许多制作不精或构思不佳的东西,都会偶尔拿来送给孩子们。

在鼎盛时期,杰克·韦伯(Jack Webb)麦片赠品——一个塑料口哨,当时流行的广播电视剧《天罗地网》(*Dragnet*)的周边产品——以每周四百万件的速度生产。每件的制造成本不到两美分,考虑到设计(包括产品责任方面的研究)、制造、组装四个部件、密封进玻璃纸、运往车间、装进麦片盒、广告以及安排分销至全国的成本,这个数字低得惊人。我们不知道这些口哨是否劣质到足以造成"赠品的反噬",这种情况按一位营销专业人士的说法,"是行业中众所周知的现象"。虽然孩子们几乎会接受任何免费提供的东西,但他们也可能是严厉的批评者,还会将劣质的免费物品等同于品牌本身。

结果就是,公司并没有提供更好的东西,这会减少他们的利润,相反,他们仅仅试图调整人们的期望值。按照一位专家的说法,孩子们"倾向于把赠品的想法浪漫化,并在物品到达之前的预期阶段建立起这种浪漫想法"。尽管商业文献告诫营销者,要向年轻消费者告知"你那神秘小装置的绝对朴实无华、又不过分讨好的真相",然而孩子们仍然会"放大"这种描述。

抛开专业告诫不谈,大多数赠品都被尽可能地炒作得轰动一时,正如 Kix 谷物早餐的原子弹戒指的广告所示(彩图 5)。为了销售主要产品,广告商必须让孩子们相信赠品"值得追求"。他们用动态的方式展示赠品,从而创造一种激动、紧迫和竞争的感觉。因此,广告商鼓励儿童对消费品产生渴望,既作为单独的个体商品,也作为整个消费品集合。他们还教育孩子们有必要关注广告信息,向他们灌输具备营销素养的重要性——超越特定信息本身。广告成为一种新的权威,被视为文化顾问和商业仲裁者。

正如广告商所担心（也是希望）的那样，儿童不仅倾向于相信广告的花言巧语，而且会在此基础上进行"放大"，这就展示出了现代营销的真正力量，以及免费的特殊效力，即便它未能达到预期。对营销调查采访的回应证实了这一点。帕齐很喜欢刻有她名字首字母的戒指，但对她的聚会套装感到"失望"，她期待的是"一个装满剪纸之类东西的大盒子"。结果只是一本书。珍看不清解码器上的数字。她收到的其他一些赠品，花了十美分才换来，但都"太廉价了"也"不值这个钱"。乔治想要诞生石戒指只有一个原因，因为他相信广告商所说的话。然而，当他收到时，发现"这东西不是很好——所有金色的地方都褪色了"。弗朗西斯认为大部分奖品"就是廉价，没有任何价值——不好"。尤金真的很想要标签牌，但对它感到"失望"，因为"他们说标签牌里面会显示数字——但我拿到它时，发现数字只是写在背面"。他解释说，"他们的描述与我的想法不符"。失望并没有抑制欲望，反而激发了欲望，它促使孩子们寻找更新的、但愿也是更好的免费物品，这个过程使他们成为更挑剔的消费者。未实现的期望更像是一个功能而不是一个漏洞，只会带来更多的消费。垃圾货催生出更多垃圾货。

事实上，最有效的赠品是推广系列产品，让孩子们可以长期持续收集，集齐一整套。最终，孩子们会念叨父母去光顾特定的加油站，每次加油都会提供免费玩具，这套玩法正是麦当劳开心乐园餐提供"收藏品"套装的前身。最卓越的案例之一是 ARCO 牌加油站在 20 世纪 70 年代早期推出的诺亚方舟系列，其中包括数十种动物，还有诺亚和他的塑料方舟。每隔几个月，加油站就会收到新的动物伙伴；孩子们必须在送完之前把它们抢走，这意味着大人们需要多次造访加油站（图 5.8）。此时，儿童赠品已经变得如此普遍，以至于政府担心他们操纵年轻消费者容易被左右的思想。1973 年，美国联邦贸易委员会提议禁止针对儿童的赠品广告。根据美国营销协会（American Marketing Association）的说法，该禁令的支持者认为赠品可能会造成"混淆或迷惑""妨碍明智的购买选择"，以及鼓励物质主义。说得非常精准到位。

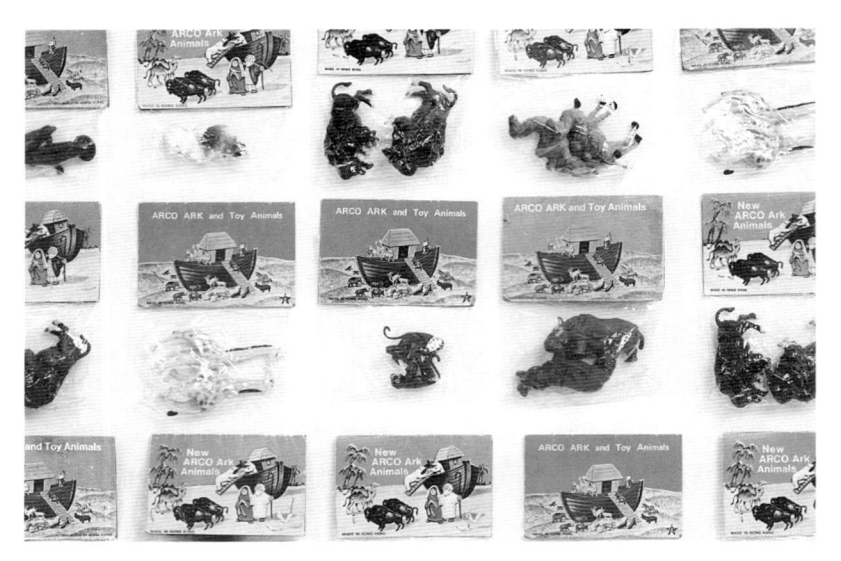

图 5.8 加油站会把许多家庭加的油兑换成廉价的免费赠品，每个系列分批次推出，例如 ARCO 在 20 世纪 70 年代早期的诺亚方舟赠品促销活动。蒂姆·蒂布特拍摄。

战后的赠品

对成年人来说，免费的含义有所不同，尤其是在物质匮乏的时代。在大萧条期间，人们挣扎着勉强度日，很难从免费获得赠品的可能性之中获得安慰，特别是当免费赠品还需要额外费些工夫，比如把印花贴到小册子上。讽刺的是，赠品必须看起来是物有所值的。许多公司认识到消费者态度的这种转变，开始提供更有用、更耐久、也不那么垃圾的赠品。例如，1931 年的一期《新奇商品新闻》宣传了各种赠品，从混纺羊毛毯（"每个女人都想要也需要的东西"）和手电筒（"设计精良，构造坚固"），到"优质的自来水笔"，"坚固耐用"的橡胶公文包，以及"完美抓握、完美平衡和完美手感"的斧头，用实验室测试过的"更好的"钢材制成。《商业周刊》（*Business Week*）当时指出，"为成熟人士准备的赠品相当倚重功能性特征"。

大萧条的艰难岁月仍在继续，许多制造商只能将其产品整合到其他品牌的赠品中才能维持生计。换言之，他们的商品只有送出去才能赢利。由于消费者更偏好免费赠品而非现金折扣，因此比较新的公司只得采取赠品策略，而其他公司则不得不更积极地实施这一策略。许多公司使用赠品作为绕过全国复兴总署（National Recovery Administration）价格管控法规的方法，该法规力图在困难时期抑制哄抬物价，在面临连锁店的竞争时平衡小型零售商的购买力。"无足轻重的小聪明们"之所以能继续生产劣质赠品并存活下来，是因为知名度较高的那些企业意识到激励措施非常必要。讽刺的是，做正当生意的零售商的偿付能力，竟然靠的是赠送劣质垃圾货：廉价的行李箱、厨房用具、瓷器和玻璃器皿，这些东西可能促成生意，也可能搞砸生意。与此同时，或许也更讽刺的是，像里维尔铜器（Revere Copper）、康宁（Corning）、真力时（Zenith）、奥奈达（Oneida）和柯达（Eastman Kodak）这样名声在外的大公司，也试图将他们的产品用作促销赠品。免费从很多方面使得制造和销售部门的很大一部分在大萧条期间得以维持。当时，赠品产品——"在所有人都只关注基本需求的时代不会有人购买"的物品——每年的批发总价可估算为2亿美元。到1938年，美国企业为赠品花费了大约5亿美元，"旨在迎合不劳而获这个人类自古以来的美好愿望"。

在第二次世界大战期间，人们从战时工作中获得了更多可支配收入。但他们可选购的消费品大大减少，用小册子和印花作购买记录这一行为被用于配给，不是购买；人们忙着做更好的事情。不少积分券公司倒闭了，还有一些公司缩减了业务。但到了20世纪40年代后期，美国人充满全新活力开始消费。尽管一位分析师在20世纪50年代晚期曾断言"积分券已经达到其65年历史上最繁荣的顶峰"，但他错了。很快，它们重新流行起来，尤其是在食品杂货店和加油站。20世纪70年代，超过40%的超市都提供积分券，店主们认为积分券对自己店铺的生存至关重要。超过80%的受访家庭——在某些社区中这一比例高达 95%——会收集并兑换这些积分券。

20 世纪中叶，针对成年消费者的赠品中包含居家生活真正有用的中等和优质商品，不再有仿冒品、冗余和滞销产品。虽然一些消费者十分憎恶他们视为"强迫忠诚"的积分规则，但很多其他人表示物质和心理上都有所裨益。有些人很享受"舔一舔、贴一贴"把印花贴到小册子上的过程，当然也喜欢收集的快感，以及完成每一页、每一册的满足感。许多人还拥抱了自己作为节俭购物者的身份，以不劳而获为荣。当然，还有许多人的乐趣在于从图文并茂的产品目录中挑选免费商品，将他们硬邦邦、黏糊糊的印花册——不过是纸张和胶水——转化成美丽而实用的东西（图 5.9）。"超过三分之一的印花收集者，"

图 5.9　纸张和胶水可以转化成美丽而实用的居家用品，如图所示。费城黄色积分券公司，《黄色积分券：53 年品质保证》(*Yellow Trading Stamps: The Seal of Approval for 53 Years*)，1957 年。

根据 20 世纪中叶的一份报告,"提前计划他们的赠品,并且大多数人表示一旦获得第一个赠品,就会有再次开始积攒的紧迫感。"

免费的诱惑提供了机会和矛盾,让人们长期热情地陷入消费主义者的思维之中。即使人在家中坐,市场也从来不曾远离。花钱伪装成省钱。而讽刺的是,人们的购物目标往往是由他们一路上可以免费获得的东西所激发的。

第 6 章
忠诚的代价

几个世纪以来，营销者发现，把免费的想法贩卖给越来越多的美国消费者变得愈发容易，尤其是因为获得免费的东西让人感觉特别好。促销性质的赠品掩藏在嘉年华狂欢风格的花言巧语之下，被吹捧为奖品与回馈。怎么会有人不喜欢那些看起来不劳而获的事情呢？当然，正如我们所看到的，免费这件事存在诸多矛盾：赠品并不完全是免费的；消费者因购买而积累的回馈本身并不算是真正的奖品；划算的买卖通常是附带条件的。然而，在零售赠品这个层面之外，免费还有其他维度及多重迭代。其中更阴险的是免费的广告礼品（advertising specialties），它不只是满足了不劳而获的欲望，更触及了被接受甚至被爱这种人类更深层次的渴望。

为善意付费

1912 年，美国联合广告俱乐部（Associated Advertising Clubs of America）举办了第八届年会，广告人卢埃林·E. 普拉特（Lewellyn E. Pratt）对着全神贯注的商人听众们发表激情演说，介绍一种新式广告的优势，这种广告不像广告牌或报纸广告，"可以为广告推广活动增加个性化、有人情味的气息"。他指出，这种新的吸引点"与买家心脏的脉动一起涨落，就像具有个人风格的问候，让你能从人群中分辨出朋友的握手方式"。普拉特讲的是"广告礼品"——也就是免费垃圾货：数以百万生产出来的金属托盘、赛璐珞纽扣、皮绳捆扎的日记本。这是有头有脸、有名有姓还有感觉的免费。

19世纪末印刷和材料技术方面的创新，扩展了广告商用免费产品触达美国消费者的能力。当然，消费者群体仍在继续通过收集印花、剪切优惠券、参加会员俱乐部以及购买其他产品等方式换取免费赠品，垃圾化自己的生活。但普拉特介绍的广告礼品则完全不同，其作用是奉承讨好的礼物，而不是购物消费的回馈。它们是用来提醒而非引诱的。正如广告专业人士乔治·梅雷迪思（George Meredith）解释的，"赠品（premium）与销售相关——它的定义本身就暗含着重要的附加条款。反观广告礼品，则不能有附加条款——它是免费送出的商品，没有条件，往往带有广告印记。简言之，它是一种广告媒介，而赠品是一种推销设备"。

很快，广告礼品成为重要而强大的一种商业通货形式，通过奉承讨好、强化品牌忠诚度并让消费者感到自己受重视与肯定的方式，帮助公司与顾客之间建立起看似亲密的关系。广告礼品的目的是在商人和他的顾客之间建立人际关系，顾客可能是消费者，比如家庭主妇，也可能是商业合作同行。这类商品的成功在于它们能够无缝衔接金钱和情感，并将其具体化，明确体现在专业广告商给它们起的名字上：礼品广告、商务纪念品、广告亲密小物、个人广告、商誉广告。还有我的最爱之一，更为矫揉造作的说法：心理最佳时机宣传和结案陈词宣传。[如今我们更切中要害，称之为"赃物"（swag）："我们都有的东西"。] 这种半礼物性质的东西，象征特定类型的关系，使人际关系因商业关系而产生变化，反之亦然。尽管广告礼品，如果真要计较的话，只能算是一种小众的垃圾货形式，但它们不仅反映出广告正逐渐渗透到人们生活中更亲密的部分，而且，随着人们越来越紧密地被高级资本主义绑定在一起并受其定义，广告礼品也改变了人们彼此之间的关系。

早在亨利·邦廷于1910年出版专门针对该主题的专著《礼品广告》（Specialty Advertising）之前的几十年，商人就一直在积极地将广告礼品融入他们的促销策略中。在写书的时候，邦廷已经能够列举出五十多个"个性化礼品广告",从赛璐珞游戏筹码、印花猪皮钱包、压纹锡皮寒暑表,到浮雕木尺、黄铜拆信刀、彩印日历、珐琅别针和玻璃镇纸。"这不是真的吗?"邦廷沉思道,"这些意想不到的小礼物……竟然让人对给予者感到暖心,进而乐意去照顾他的生意?当然是真的。"这种免费是为了施展一种不同于赠品的炼金术,燃起心中的暖意,而这份暖意会体现在商业交易之中。

邦廷认识到了免费的力量,但他所描述的东西,相比买肥皂随机附送的手帕、买炉灶抛光剂附带的廉价餐具和隐藏在麦片盒中的解码指环,要复杂精妙得多。这些印着商业实体名称、地址和商标的"商业亲密小物",并没有像赠品那样奖励购买正确商品的消费者,而是更有效地插进人们的生活。他们是礼品还是贿赂?是特别的礼物还是承载广告的垃圾货?他们往往是两者兼而有之,这表明在 20 世纪初,商业世界已经在何种程度上理解了怎样利用个人情绪获取经济利益。赠送广告礼品是公司在更早以前的"道德经济"中唤起商业交易精神的一种方式,当时的人们不是商品导向型市场中的无名消费者,而是某些店主们认识,并常常受其光顾的顾客。

但是,广告礼品的逻辑不只是传达有关人们如何购物的信息。在 18—19 世纪,用于情感的实体物品完全不同于那些用于商业的东西。日记、相册和其他私密物品属于女性化的家宅领域。女性比男性更多地创造、个性化、情感化这些物品,这一过程中她们所用的方式锻造、维持并标记了情感的纽带,定义了关系。礼物是这种情绪和感触的终极寄托,尤其是在维多利亚时代,它们被用作"传递爱慕、建立并维持社交关系的社会系统"的一部分。这些东西十分私密也十分个性化,包括诸如发饰珠宝、手工缝制的女工和手绘情书卡片之类的物品——用拉尔夫·爱默生(Ralph Emerson)❶的话来说,是"汝自身的一部

---

❶ 拉尔夫·爱默生(1803—1882),美国思想家、文学家。——译者注

分"。即便是专为此目的而制作的礼物，比如批量生产的"礼品书"，也用某些方式做了个性化处理，通常用发自内心的铭文作为装饰，使之独一无二。最重要的是该物品能够有效地体现出一个人自己的个人感受，并传达给另一个人。

与之截然不同的是，商业的实体物品，如账本、记事簿和商业报表，则是有意识地去个人化。它们只是工具，帮助维持高效、有序、利润最大化的机器：书页上写的不是华丽的诗句，而是为了纪念盈亏的直线。即便能看到个性化的痕迹，其形式也是简单粗暴且实用的品牌推广；例如，把公司名称印在油桶和板条箱上，以便识别货品、追踪库存。随着时间的推移，文化顾问，下至礼仪手册的作者，上至流行时尚引领者——他们部分受到20世纪初审美变迁的影响，从维多利亚时代的审美走向更为精简的工艺美术运动风格——要求礼物也得更加有用而实际。然而，这种转变不仅仅是关于审美的考量因素发生改变而造成的结果，更是市场继续侵蚀家宅领域的迹象，即使没有完全消除，也模糊了商业与情感之间的界限。礼物成为另一种可行的商品形式，"值得开发扩展的一个可靠市场"。零售商开始提供礼券，宣传各种商品有多么适合庆祝婚礼、生日和圣诞节。

与此同时，商业世界开始以另一种重要的方式影响礼品交换，即在商业语境中，针对专门用于送礼的物品来制造需求。这就致使人们制造并交易一种新的东西。广告礼品的存在，更不用说它名副其实的一夜成名，证明了营销专业人士有能力将公共和私人领域、商业和个人领域无缝地融合起来。这就是为什么在20世纪之初，像卢埃林·普拉特这样的广告人可以吹嘘，自己有能力将人们表达情绪和感触的习俗，挪为商业利益之用。在此过程中，这些人通过他们的垃圾货，改变了公众对礼物的普遍看法。所谓的商务礼品是一切变化的物质证据，因为情感已经被商品化、被利用了。于是，这也即是另一种免费的成本。

邦廷开创性的《礼品广告》只是承认并阐述了一种业内用了几十

年、但尚未充分利用的策略，并没有激发出新的营销技术。早在 19 世纪 60 年代，商人们就用铅和黄铜制成的代币进行交易，印有他们姓名和地址，到 19 世纪 70 年代晚期，这个国家遍地都是彩印交易卡片和日历，上面印着五颜六色的图片和商业信息。到 19 世纪 80 年代晚期，公司开始宣传广告礼品，例如拆信刀、吸墨滚轮、针插和量尺（图 6.1）。这些是贸易展会和销售会议上的男人们互相赠送的礼物，是在商业领域内交换，为的是巩固业务关系这一明确目的。公司也会将这些东西提供给个人消费者，以提醒他们记住公司的名字、地址和服务。例如，在 19 世纪 80 年代晚期，巴尔的摩的 J. H. 威尔逊·马里奥特声称，他的广告卷尺是一种有效又便宜的促销形式，因为"每位女士都想要一个"。"你能送的东西，没有比这更便宜还让人这么宝贝的了"，他声称。更重要的是，即使收到的人把它当成垃圾丢到地上，别人只要注意到它上面鲜红的字样，就会"捡起来自己留着"。如此这般，随便什么数量的零碎小玩意儿，都能用作三维立体的名片。

图 6.1　19 世纪晚期，商家可以提供一系列广告礼品。《近三百种装饰橱窗的方法》(*Nearly Three Hundred Ways to Dress Show Windows*)，1889 年。哈格利博物馆和图书馆（Hagley Museum and Library）。

虽然邦廷为这项技术列出了几个不同的术语，但他更喜欢称之为"个人广告"，将其描述为"影响个人广告或个人魅力的礼品"。他解释道，这种广告形式"旨在培养与个人客户和潜在客户的友好关系"。"几乎所有人，"他继续说，"都更容易通过感觉被打动，相比智力过程而言。个人、礼品或纪念品广告则抓住了情感之门。"解锁这些"情感之门"，意味着向广告商的提案敞开心扉。而这点最好通过垃圾货来实现。

随着时间的推移，广告礼品的种类变得更加广泛。邦廷列举了几个例子：带有伯勒斯机械加法机（Burroughs Adding Machine）照片的玻璃镇纸；印有"门嫩牌含硼滑石粉"字样的赛璐珞纽扣（出现在"你的办公室小伙子"的衣服上）；由钢冲压件制成的带框仿制油画，用"令人耳目一新的图片"作为克里斯密瓶装水（Clysmic Water）的广告；带有国际收割机（International Harvester）印记的州县地图；刻有朗-克里奇菲尔德集团（Long-Critchfield Corporation）标志的青铜烟灰缸等。其中每一个都可以由广告商进行个性化定制，不同礼品也可以作为商品选项提供给消费者。仅1931年这一年，《新奇商品新闻》就展示了大约230家广告礼品制造商的广告，并为寻求"新奇"广告礼品的公司投放了900多个分类广告。

广告礼品为礼物交换创造了新的语境和机会。正如后来的一位营销专家所解释的那样，"这里要的线索不仅是找到人们的渴望与需求然后送上廉价的礼物，更是要满足与你产品需求一致的这些需求"。因此，它们是礼物，也不是礼物。它们慷慨大方，但也制造了义务。它们在社交层面上建立关系，但实际上是经济层面的关系。它们便宜又琐碎，却具有情感力量：即使是像袖珍小镜子这样微不足道的东西，也能通过"强烈地吸引潜在客户愉悦的动机"来"温暖人心"并"把握商机"。简而言之，这种免费的垃圾货完美体现了不断扩大的市场所形成的新型关系。每个都满足了广告商的即时需求，而非接受者所预期的欲望。"承载广告"，一位行业专业人士直言不讳地指出，"是这种媒介的主要目的"。

专业人士说的不无道理。广告礼品成为专业贸易资料和广告营销行业会议上常见的话题。全国广告礼品制造商协会（National Association of Advertising Specialty Manufacturers）于1904年左右成立，旨在增进所有这些"善意、提醒或新奇广告"的制造商和分销商的利益。专业贸易期刊《新奇商品新闻》于1905年成立。1912年，广告业将广告礼品确定为一个独特的促销类别，与广告牌和平面广告一样重要。不同于这些形式的"普通宣传"，礼品广告是"个人性的、社交性的和友好的"，"不是诉诸理性，而是诉诸内心、情绪、感触，基于广告商和潜在顾客之间暗含的熟人关系所产生出的善意"。如果因为这种"暗含的熟人关系"而被特殊对待，顾客就会有积极的回应。广告礼品，利用他人感情的东西，是"一种温和的奉承形式"。正如爱默生在19世纪40年代观察到的，"我们喜欢奉承，尽管我们并没有被它欺骗，因为它表明我们重要到值得被讨好的地步"。这种对联络往来和奉承讨好的需求，是与生俱来的，是正常运转的社会中的人类的一部分。广告商和制造商弄清楚如何利用它赚钱，只是迟早的事。

胡乱发放

20世纪初期"个人"广告的兴起，刚好碰上全国市场的扩张及产品品牌营销的兴起，这种营销旨在帮助距离遥远而又面目不清的生产商与消费者培养出一种亲密的感觉。品牌立刻就认可并试图挽救日益微弱的商业关系。广告礼品毫不意外地在这个更大的商业环境中找到了一席之地。既不是真正的礼物，也不是真正的商品——但很有可能是两者兼而有之——它是一种新颖的东西，不仅体现了这些新的、令人担忧而又复杂的市场动态关系，而且还利用它们获利。

广告礼品的目的，是要在去个性化的市场中，唤起传统的，但也在迅速消退的光临惠顾关系，用奉承和关心让人们感到自己是特别的、受重视的、值得特别关注的。商家选择分发的特定礼品可以用来区分收礼人，其依据即是收礼人作为顾客的价值。例如，在行业展会上，参展商经常手头备有"大量便宜的广告新奇物品""随意提供给任何前来索要的人"。更重要的顾客会收到特别的物品，"这些物品会被藏起来，只会在私下里送给重要的人"。像"高档的"皮夹、金表链和袖扣这样的东西"比较贵重，不能随意分发"。通过兜售各种"档次"的商品，广告礼品的制造商认可并迎合对于顾客的区别对待。例如，提到压花金属饰牌，一份行业期刊评论道，"高级广告礼品每年都用得越来越多"，而"便宜"的皮革钥匙扣，也可能在吸引潜在客户方面"还有点价值"。

广告礼品是别有用心的礼物。讽刺的是，送礼创造了权力动态关系，使得送礼者、赞助人成为"债主"，被别人欠了点什么：所有礼物都会在接受者一方产生义务，没有礼物是纯粹的慈善。当时有人解释道，这些东西如果充分发挥效用，不仅产生了一些抽象的、无法量化的善意，而且除了忠实惠顾之外，还提供了一些更有价值的东西：一份潜在客户清单。"礼品有时是为了获取姓名和地址而提供，有时是为了给营业地点打一通电话或购买样品。"如果礼品没有被"用于增加潜在客户和顾客名单"，那就是浪费。"我们正在做这些，让广告礼品为广告商获得回报"，这是联合广告俱乐部1921年的一次全国大会上的主题演讲，关注"广告礼品制造商将在何种程度上使礼品产生效果"。

广告礼品，就像"常规"礼物一样，制造了债务和义务，但要通过商业机制来进行偿还。销售代理不仅利用它们带来新业务，而且同样重要的是，要利用它们来培养现有顾客的忠诚度。礼品可以巩固并结结实实地标记这些持续的关系，由此制造出一种个人（而不是商业）义务的感觉，这一过程被商界美其名曰"制造善意"。这是对未来的投资。例如，牛顿制造公司在1923年的一则广告宣传中称："您明天的销售业绩取决于您今天创造的善意。"

即便是用朴素而垃圾的商品做出善意姿态，也可能会造成强大的影响。即便是精明的商人，也可能在被授予独家而非"胡乱"选的礼物时，为这份善意那令人困惑的温暖而感到内心膨胀。正如桑德斯制造公司所说，"没有人会因为自己太'大'而无法接受你的礼物，并受其影响。（商业）纪念品的效果在成本被遗忘后仍然持续存在"。垃圾货之王 F. W. 伍尔沃思特别了解商业礼物在心理层面上的力量，即使粗制滥造的东西亦然：他禁止自家经理接受来自供应商或与公司"有业务往来的人"的酬金或任何类型的礼物，以免他们受到不当影响。甚至就算人们已经完全理解商务礼品的虚伪性，也往往会情不自禁地被它们所左右。

广告礼品作为具体事物、想法和企图的奇怪混合体，是促销垃圾的火鸡包鸭鸡（turduckens）❶——以商品形式伪装成礼物的广告载体。广告礼品作为具体事物、想法和企图的奇怪混合体，是促销垃圾的火鸡包鸭鸡——以商品形式伪装成礼物的广告载体。它们作为礼物商品的地位，不仅制造了首当其冲的义务：将来要惠顾，而且产生了对礼物商品本身的忠诚度。营销人员相信：有价值的收礼者会接受礼物、妥善保管，而且最好是放在离自己很近的地方——钱包里、厨房抽屉里、汽车杂物箱里。商务礼品所承载的期望是，与其被丢弃，不如融入日常生活，巩固现有客户的惠顾，并永远培养新客户（图6.2）。

作为本质上的一种促销工具，广告礼品上印的字很明显。但作为变态的礼物，它们并没有被个性化设计、印上收礼者的名字和座右铭，不像印着花押字❷的银器、绣有名字的床单这类比较恰当的礼物。相反，这些东西上面印着公司名称、地址和商标。通过这种方式，广告礼品践行了爱默生的名言"唯一的礼物是汝自身的一部分"，用来实现

---

❶ 在火鸡里包鸭再包鸡的一道菜肴。——译者注
❷ 花押字是一种特殊的签名方式，将两个或两个以上的字母元素通过重叠、结合等方式构成一种装饰图案，作为代号或标识。——编者注

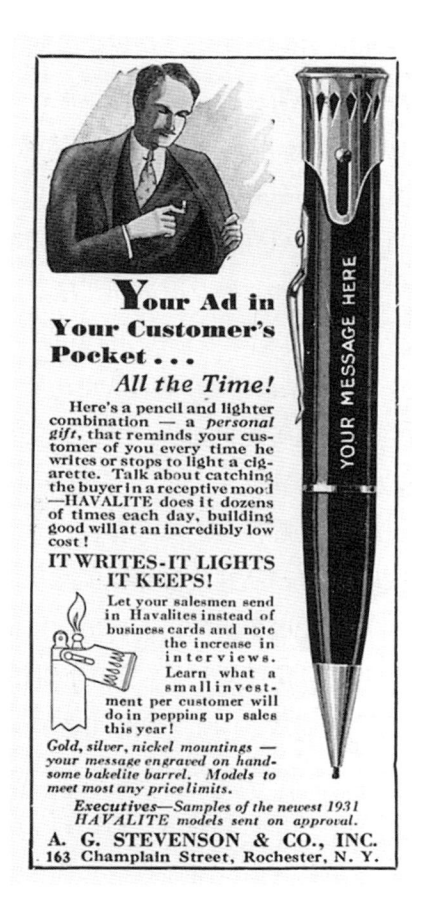

图 6.2 广告礼品要想达到最佳效果,最好是放在顺手的地方,或者,顺心的地方,更好。"您的广告会在您顾客的口袋里……一直在",A.G. 史蒂文森公司的广告,《新奇商品新闻》,1931 年 4 月。

顺理成章的、市场驱动的目的:礼物带有商家身份的标记,而收礼者只是可以被替代的顾客。所以商务礼品只能传达一种假装的、愤世嫉俗的真诚。牛顿制造公司推出了苍蝇拍系列赠品,指出"拍苍蝇"推广活动有助于降低昆虫传播疾病的死亡率:"通过帮助您的顾客消灭这些疾病携带者,以此表明您关心他们的健康。"

最胡闹的广告礼品分发给了家庭主妇。广告商反复强调,最成功的案例,能无缝融入家庭生活,会成为熟悉、可靠的家居用品——不只是苍蝇拍，还有卷尺、针插、手巾、量尺、簸箕等日常必需品。反复接触广告礼品，会让用户将这些物品视为传播善意的公司代理。在理想情况下，通过使用和接触，消费者会将这些愉悦的信息内化。这些礼物中的大多数都是功利的——不起眼但实用的日常家居用品——将过去礼物的概念及其重要性，从情感价值的交流、储存容器，转变为使用和经济价值的交流、储存容器。提及围裙和开罐器这类平淡无奇的东西，一份行业杂志指出，"对于做家务有利用价值的广告礼品，会得到最大的反响……家庭这个环境是指导性广告极为肥沃的土壤"。

此外，正如亨利·邦廷所观察到的，广告礼品的接收者"对物品的内在价值感到不成比例的满意"。事实上，这些通常很便宜的东西，特色是用赛璐珞、纸、木头和便宜金属等材料，并非独一无二，而是大批量生产的。例如，新奇产品制造商怀特黑德与霍格公司长期生产数万个纪念牌匾，数十万个吸墨滚轮，还有更大数量的纽扣。只为一次推广活动，美国烟草公司就每天生产一百万个纽扣，持续了一百天。事实上，大多数礼品供应商从事的是印刷而非制造业务，只是简单地在预制空白件上定制公司名称和商标，用垃圾产生垃圾：木质的玩具、尺子和代币；赛璐珞的纽扣、衬衫袖口、别针和记牌器；皮革的零钱包、钥匙扣和钱包；金属的牌匾、桌面收纳套装和铭牌。例如，圣路易斯纽扣公司生产圆形和椭圆形纽扣，提供各种颜色和字体的搭配组合，甚至还可以印照片。位于纳什维尔的桑德斯制造公司提供的产品线包括铅笔、扇子、口哨和袖珍小镜子。除了列举其产品外，该公司 1931 年的销售目录还从通用插图库中选图提供设计方案，并建议哪种礼物最适合什么情况，使之成为最字面意义上真的不走心的礼物（图 6.3）。

家里的广告

美国公众张开双臂拥抱了这些廉价的、在商业层面上个性化定制

图 6.3　预制空白件会做成定制化产品。桑德斯制造公司,《第 30 期价目表和产品目录展示一些我们的广告赠品》(*Price List and Catalogue No. 30 Illustrating a Few of Our Advertising Specialties*),1931 年。哈格利博物馆和图书馆。

的虚假礼物。事实上,正是广告礼品的极度琐碎,才使之更深入地渗透到人们的家庭和生活中。正如一位营销专业人士解释的,"有些占据了消费者的墙壁(温度计),有些待在办公桌或餐桌上(烟灰缸),有些留在缝纫柜里(量尺),有些则被消费者随身携带(笔)"。它们"持续""强大"而"无声提醒"着公司在过去和未来的慷慨,使得购买者感觉自己更像是赞助者而非消费者——现在可是欠下了人情债。

无论烟灰缸还是书签,其商业需求都是一样的。例如,位于芝加哥的 J. B. 卡罗尔公司提供一种赛璐珞卷尺,承诺可以"维持家庭主妇的好感","卷尺当然是一种非常必要的家用设备,而且抛光的赛璐珞外壳和边缘看起来非常干净,使其别具吸引力"。他们的带镜子的镇纸是一份"非常受欢迎"的礼物,"立刻就能放在桌子上,多年来持续不断重复广告商的信息"。推销文案继续写道,"一支 15 美分的雪茄能招徕一个不错的顾客或潜在顾客，可能很快就会被遗忘，但对于最耐用、最持久的桌面广告物件来说，永远不会发生这种事"。

广告礼品只是渗透进消费者体验的"没完没了的推销链条"之中的一部分；就像催眠一样，信息传达的目的是"调节个人和群体意识的反应"，从而对某些产品和服务留下好印象。人们甚至允许在家庭和办公室最私密的角落投放广告。正如广告礼品制造商卡罗尔公司极为正确地指出的那样，"不管你出多少钱，家庭主妇都不会允许你把广告画在她家墙上，但同样的效果是可以实现的……通过美观的、可清洗的圆盘指针温度计"。印刷的日历起到了"室内广告牌"的作用，接收者会很高兴有"机会"在家中展示。任何带有企业印记和联系方式的小物件——无论是口袋里的钥匙包、钱包里的指甲锉，还是壁橱里的扫帚架——都被视为"袖珍名片"，发挥功效靠的是人们每天看到或者随身携带（图6.4）。

虽然在大萧条期间，商家用的无品牌零售赠品的数量实际上大幅增长（因为消费者对赠品的反应比对现金折扣的反应更积极），但广告礼品的生意却萎靡不振。20世纪30年代，有品牌的这些垃圾货不再是新奇产品，失去了"传达广告信息"的能力。雪上加霜的是，在过去几十年中，礼品制造商超额囤积了预制空白件，手上积压了金属托盘、皮革钥匙包和木尺之类的库存；这限制了他们的能力，在经济不景气时无法提供新品种的免费赠品。结果，在大萧条期间，没多少普遍的善意能得到散播。无论是否合理，消费者都指责广告人的吹嘘是导致过度消费的元凶，还因此加剧了经济衰退。整个广告业在收益、薪水和人员配置等方面，都急剧缩水。这个产业在1929年价值20亿美元，而仅仅4年后，其产值就跌了一半。

大萧条时期的美国人更不会接受这种版本的免费，因为带有义务和附加条件；而他们已经负债累累了。更实际的情况是，无数美国人处于无家可归、颠沛流离的境地；他们最不需要的就是收到更多东西。在那些在困难时期勉强度日的人们看来，广告公司从密室里召唤出亲

图 6.4　理想状况下，广告礼品会潜入家中最私密的地方，参与日常生活使用。标准广告和印刷公司的"趁手"扫帚和杂物架，来自《第 40M 号商品目录：刺激销售的物品》（*Catalog No.40M: Sales Stimulators*），1940 年。

密关系，然后由他们花言巧语的销售代表打包送出，这看起来非常虚情假意。广告专业人士詹姆斯·罗蒂（James Rorty）当时承认，"广告人以务实的方式对待爱情，使用一切手段（从中）获取金钱利益"。1937 年，《美国水星报》（*American Mercury*）的一位作者捕捉到了大众的情绪，写道："虚构的好感既不诚实又无用处，充满真挚好感的时代不可能交给现成的开架货，也不能用随手搞到的劣质玩意儿来即兴达成。"尽管广告商们还是会努力尝试，但他们无法再轻易地收买人们的习惯。

战后，虚情假意卷土重来。美国人再次开始欢迎广告礼品，以及无数其他消费品，因为他们开始积累更多东西，准备放在他们位于郊区的家中。20 世纪中叶的许多生产商都是小型、灵活且通常由家族经营的生意，能够用雕刻、压印、喷涂和蚀刻等方法，将公司名称、地址和商标印在任意数量的物品上，从桌面收纳套装、零钱包到防雨帽、尺子。"布朗和比奇洛纪念广告"是这数百家公司之一，1920 年成立，总部位于圣保罗。在 20 世纪 50 年代，他家的销售力量——大约 1100 名销售代理，配备超过 100 万个样品——每年要推销超过 1000 种不同的产品线，包括啤酒泡沫刮刀、日历、书立、开瓶器、杯垫、口哨和扑克牌；仅 1950 年的销售额就超过 3850 万美元。该公司推出了自有品牌"纪念牌"纪念品——一年之内生产大约 20 万个日历，5 万个钢笔铅笔套装。这并不是孤例。专家估计，美国企业每年送出价值 5 亿至 7 亿美元的广告礼品（按当时美国的数据来算，平均每人 3.34 至 4.65 美元）。

制造商和销售代理甚至建立了自己的贸易团体——全国广告礼品协会（Advertising Specialty National Association）和美国广告礼品行会（Advertising Specialty Guild of America）。新的贸易期刊层出不穷，如《赠品实操》（*Premium Practice*）、《顾问》（*Counselor*）、《礼品推销员》（*Specialty Salesman*）和《赠品促销》（*Premium Merchandising*），所有这些都是为了满足成千上万的制造商、进口商、分销商和批发商的利益，他们的利润来自，商家通过免费赠品享受到"重复曝光"。和各种其他有效的宣传形式一样，销售信息通过每个促销日历、笔和办公桌收纳套装，"每时、每日、每周、每月……全年"都在潜移默化地进入消费者的脑海。免费赠品发挥作用，不一定真的要能用才行：销售人员会重新利用旧款的广告礼品样品，比如过期的日历、过时的模型，拿来作为礼物、产生善意，甚至就算"这些东西已经不再是销售工具时"也行。广告礼品看似是无害的礼物、琐碎的玩意儿，但归根结底，是强大的推广载体。

名片这门生意

并非所有带着目的性的礼物都是纸和塑料做的一次性劣质产品，但它们依然都是垃圾货。质量通常较好的"行政礼品"（executive gifts）和"商务礼品"（business gifts），也在服务贸易往来的过程中调动了感性因素；他们即便不在物质层面上也在情感层面上低人一等。精美的钢笔和铅笔，刻有图案的黄铜办公桌收纳套装，贴有装饰面板的盒子，还有其他类似的东西，会被赠送给上级，在位高权重的商业合伙人之间交换，而不是"胡乱"分发给普通顾客。这些物品认可了高层管理人员之间的关系，他们的晋升很大程度上取决于是否有能力培养这种不完全私人的亲密关系。下属和老板之间、供应商和客户之间、同事之间的关系之所以存在且只会继续存在，是因为他们在生意上互为依托；这些关系要从地位、竞争和成功这几个维度去理解并衡量。例如，"杜若来"（Dur-O-Lite）公司解释，其产品"为促进商家利益而特别定制"，旨在"提醒顾客要买什么、在哪里买"，并且"通过友好的赠予，建立更好的顾客关系"。在众多商务礼品中，"杜若来"提供"推广和礼赠"钢笔和铅笔系列、"友谊礼品"套装和"忠实"套装（图 6.5）。

与广告礼品不同，行政礼品并没有显眼地展示送礼公司的名称、品牌或商标，而是采用了早期的送礼惯例。有指导建议，"如果可能的话，想办法使您的礼物个性化——也许可以在上面印收件人的姓名或首字母；并以不显眼或可去除的方式带上贵公司的名称——永远不要在商务礼品上出现醒目的广告印记"。最有效的是日常用品的个性化版本，常见于行政套房中——办公桌收纳套装、鸡尾酒套装、镇纸。它们非常明确的姿态似乎是在反对粗俗的物质主义，而商业礼品却以同样明确的方式成为物质主义的载体。

要不是因为高管阶层在公司晚宴和打高尔夫时，要表现得弱势、强行维持一团和气，那行政礼品这种东西就不会出现。正如营销专业

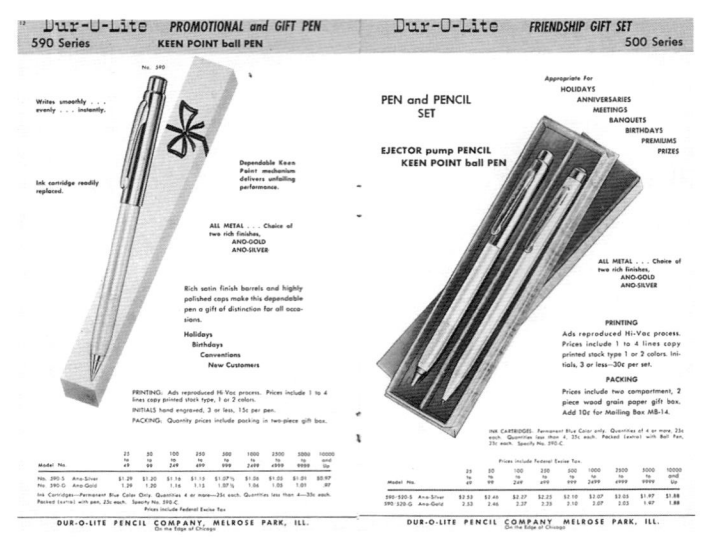

图 6.5 "行政礼品"自成一派,是商品化的虚情假意。《第 54 期"杜若来"商务礼品目录》(*Duro-O-Lite Business Gifts Catalog No.54*),约 1954 年。

人士所解释的,这些"礼物商品的馈赠,是为了感谢过去的惠顾,并期待未来的生意"。它们是"来自卖家的贴心提醒",与收礼人的喜好或愿望无关。尽管每个人都知道商务礼品是虚伪的,但每个人都继续参与交换。据美国管理协会(American Management Association)称,接受调研的销售经理中有一半以上向客户赠送商务礼品,"因为这是惯例,也是人们期待的"。1955 年,波音公司发布了一项指令禁止员工接受商务礼品,声明强调,"公司仅根据功绩选择供应商"。《商业周刊》将其翻译为"请不要行贿"。

准礼物,这些数不胜数的东西,如果不是彻头彻尾的垃圾本身,那也是垃圾的。赠予者和接收者都能意识到这些东西本质上是义务,是表演。它们变得"理所当然",只在缺席时才会引人注意。更重要的是,它们必须是特定种类的物品,既是礼品又绝对不是礼品。顾问们不仅建议商务礼品需"成本适中",而且每个人礼物的价格应大致相同,从而消去每份礼物和接收者的个性,这也默认接收者会基于其他人收到的东西,来试图判断他们自己在商业等级中的位置。

商业礼品的垃圾属性,并不是其材料质量来衡量的——很多商业礼品其实相当不错——而要用其匮乏的感情和虚伪的诚意来衡量。由于它们义务的属性、敷衍的个性化以及交换时的自觉语境,它们从来都不是真正的礼物,只是粗制滥造的拟像(simulacra)。礼仪顾问其实会建议从十分有限的物品中挑选礼物,使之"本质上是去个性化的"。打火机、自来水笔和刀具等"具有明显专属性质"的东西被认为是最合适的。这种表面上个性化的程度,使原本普通的物品成为独特的礼物,因此象征体贴与真诚,虽然这种象征十分空洞。与此同时,个性化使这些物品变得更加一文不值,因为它们无法被送给那些可能会用得上(印有押花字的)锡制酒杯或打火机的人。人们被这些东西束缚了,使礼物不仅是一种赠予的义务,也是一种接受的负担。最后,专业人士被告知:"由于礼物是您作为公司代表赠送的,而不是您作为个人赠送的,**请确保随附的礼品卡清楚地说明这主要是公司礼物,您个人的角色是次要的。**"

当公司聘请"礼品采购代理"来挑选和购买商务礼品并按指定客户名单送出的时候,送礼这件事的个人色彩就变得更为弱化,且更为商业导向。这些代理按价格分类挑选礼物,并与接收者的"阶层"相匹配。他们甚至在卡片上签名。最终,一个个的代理人变成了蓬勃发展的企业,其名称——赠品服务公司、精选礼品机构——说明了他们所做的这种粗俗活计。1962年,《商业周刊》告诉读者,"今年圣诞节,你可能想用比平时更大的礼物来向生意上的联系人和顾客们致以问候。目前国税局对此类物品没有美元限额。新的限额是每人25美元,将于1月1日生效"。因此,人们可以更加慷慨地提供虚情假意的慷慨,只要他们记得获得"证据以证明礼物的'商业目的'"。赠送商务礼品的人终归还是关心底线在哪里的。

20世纪的最后25年间,免费全面彻底地融入了美国人的生活。然而,所有这些预料之中的赠品,从早餐谷物里的奖品到自带品牌的周边商品,都有其代价。它们消除了礼品和商品之间曾经相当明确的界限，既作为物质实体，也作为情感寄托。在消费者往往热切踊跃的同意之下，礼品和礼品交换这一行为被强行加入了商业因素，用大批量生产的垃圾代替了充满真情实感的物件，而这些垃圾是为任何可能购买的人准备的，也是一种鼓励购买的方式。建立"善意"的"礼品"本身就成为一种货币，并在此过程中将消费者定义为市场主体，他们的情感可以像其他任何东西一样被买卖。更重要的是，免费影响了个人在市场领域之外进行礼品交换的方式，因为他们更经常选择购买而不是自己制作，从无数种、无穷多、互相可被替代的商品中选择，这些商品的个性化仅限于公司名称或公司商品：它们的签名，而不是收件人的签名，被拿来标记实体拥有物，甚至是礼物。此外，因为它们是免费的，带有品牌的垃圾货产品甚至可以很容易地进入最私密的个人空间：比如厨房里的开瓶器、汽车里的烟灰缸、卧室壁橱中的衣架和浴室中的肥皂盒。人们为了别人的利益，牺牲了自己私人生活的不可侵犯性。作为交换，他们得到了免费的东西，在物质层面和象征意义上都是贫乏而垃圾的。

亲密关系的丰富性和深刻性，正如礼物交换等行为所标记和表达的那样，已经被商品文化及其带来的廉价东西所削弱。廉价的礼品商品不仅加速、也反映了美国人之间由于发达的资本主义而日益疏远的关系。而这种疏远，反过来又产生了一种全新的（以利润为导向的、且恰如其分地自相矛盾的）物品，即商务礼品。爱默生关于礼品交换的文章，尽管发表于1844年，也仍然具有现实意义："唯一的礼物是汝自身的一部分……因此，诗人带来了他的诗歌；牧羊人带来了他的小羊；农民带来了他的玉米；矿工带来了他的宝石。"现代人得给这份名单加上商人，他带来了他的广告赠品，他的"商业亲密关系"，他的"亲善大使"。如果真按俗话说的，礼轻情意重，那么免费物品背后的情意则更多地来自积少成多、物质主义和唯利是图，而不是人与人之间深厚持久的关系纽带。这种新形式的礼物，由贸易需求孕育而生，似乎特别适合现在深陷于商品资本主义中的消费者。

第四部分
（不）为品位算账

第7章
古董生意

　　文玩、小饰品、小玩意儿、小摆件、中看不中用……随你想怎么称呼这些东西，反正这些东西都是垃圾货。干花花环、仿旧木烛台和阿米什人的无脸娃娃等物品，不只是家居装饰品；它们还承载着些许微妙或不那么微妙的信息，关于自我和他人、野蛮和文明、过去和现在。文玩很好玩。起初似乎只是微不足道的东西，但也可能暗藏玄机。尤其是文物古董，往往赞颂了白人的身份认同，却通过不在场证明伪装成无害的物件。它们常常冒充成它们不是的东西——也低于其真实价格——这使得这些东西看起来无伤大雅，可以令人放下戒备。

　　与其他类型的垃圾货一样，想要了解小饰品的垃圾程度，也就意味着追根溯源、拆解历史。这个故事将我们带回到19世纪的后几十年，当时有一个繁荣的、不像商品的商品市场——大批量生产同质化产品世界中的个性化商品。人们可以在特色礼品店找到这样的商品，而这些礼品店本身就区别于普通商业空间。在这里，顾客可以购买到那些声称在某些意义上独一无二的商品——外国的、不同的、手工制作的。其价值取决于，能在何种程度上体现出制作者的劳动，并展示出购买者的品位。购买和展示这种东西，号称是在认可多元文化之丰富，实际上是一种挪用行为。

用文明的视角回溯

　　一种新型零售空间回应了19世纪后几十年大批量生产的加速发展，以及廉价连锁店的兴起。所有权独立的专卖店开始出现在小城镇和大城市，迎合了在常规、普通、批量生产的产品中寻找独特产品的顾客们。其中之一是茶室（tea room），现代礼品店的前身。茶室位于城市和城郊地带，几乎完全由女性经营，通常就开在自己家里，在古朴的环境中为路过的人提供简单的点心。顾客们发觉，迷人的装饰，不拘一格的小摆设，和食物本身一样诱人，是在机器时代轰鸣声中停下来怀旧的一刻。这种感怀通常都发生在历史悠久的酒馆和磨坊中，它们充分利用了对历史和传统的标榜，就像古董店所做的那样。

茶室访客常常会迷恋于周遭环绕的东西，以至于想买回家：挂在周围墙上的东西，摆在桌子上的小饰品，甚至脚下的地毯。1882 年的一期《装饰与家具设计师》（*Decorator and Furnisher*）杂志解释说，现代茶室光是提供可口的食物还不够；也必须营造合适的氛围。文中，一位开茶室的年轻女子责备她的祖母奥丁森夫人，不理解过去的实用物件现在只因其装饰价值而受到重视。这位年长的女士有些困惑地观察到，"出现在我母亲的桌子或厨房碗柜上的瓷器，都挂在这个房间的墙上，好像是在通知访客们只满足食欲已经过时了，这些东西从实用品变成了装饰品"。米德尔曼夫人是一名专业装饰设计师，她结合文玩柜中几件器物的背景故事，试图向奥丁森夫人解释现在流行的品位，用的是业内公认的鉴赏家话术：

> 周围的画，很精美。人物画在布上，凸起的部分应用了贴花工艺和肯辛顿刺绣工艺。上面的架子上是一套真正的塞夫尔（Sevre）茶具，其他物品是日本的小玩意儿。隔壁架子上那个看起来很奇怪的东西是一个纯正的中国茶叶罐。

奥丁森夫人还是不明白，她看到的是"一组不协调的现代和古董家具"，换言之，一堆垃圾。有人说她不了解"艺术文化"，也没有恰当地"培养对美丽事物的鉴赏品位"。茶室里的物品，就像它们在礼品店的那些后代一样，被去语境化，然后重新语境化，变成了可销售的商品，强调表面而不是实质，要求买卖双方都持有正确的文化姿态。"氛围"有助于赋予物品一种重要的感觉，尽管——其实应该说因为——任何物品都没有出处、没有历史意义，也没有经济价值。正如奥丁森夫人所猜测的那样，这是一场骗局。

相比其他推动力而言，汽车自驾游可能是茶室数量激增最主要的动力之一，促使最初只是平庸零售店的茶室，最终走上了现代礼品店和纪念品商店的道路。在茶室用餐时，拥抱现代潮流的汽车自驾游客，却颇为讽刺地吸收着怀旧的精华，无论是特色菜肴——英式松饼和现做的茅屋干酪等美味佳肴——还是在室内"别具一格的装饰"。例如，瓶子小丘茶店突出其"古雅"的钩编地毯和"令人愉悦"的高背椅。一个转角柜里"摆满了有趣的瓷器和旧锡器"。墙上挂着"古雅"的印刷品、水彩画和镜子，橙色缎面灯罩的边缘是蓝色和白色的丝制小辫子，重复房间的"基调"颜色。业主的意图是复刻旧维多利亚式客厅的博采众长、极为繁复的装饰风格，让游客在空间和时间上都能有宾至如归的感觉。更棒的是，这些旧时代的东西都可以出售；作为自由流动的文化符号和有利可图的商品，它们的力量和重要性在推广活动中被反复强调。"我们的家具，"一本小册子写道，"非但没有让我们花钱，反而为我们赚钱。一件物品一旦售出，就马上有另一件取代"。

纪念品和礼品卖得最好。有的是朴素的明信片之类的，但更多的是"独特"和"异国情调"的物品，迎合了顾客对纪念品的渴望，这些纪念品可以展示出他们的富足。需要说明的是，这些纪念品与购买地点几乎没什么关系，只是偶尔会有一罐当地制作的果酱或手工制作的锅垫。例如，瓶子小丘茶店出售"精选好礼"：

> 爪哇黄铜大象铃铛；古雅的意大利床品；还有旧陶器，这些都是精选好礼之一。我们原创了许多礼品，例如锻铁烛台，是我们自己设计的……经常是顾客吃了麦芬蛋糕然后买了蛋糕盘子；喝了茶然后订了一套茶具。餐巾——精致的日

本绉纱方巾，边缘是韦尔斯利蓝色，手工卷制而成，每个角都有一个小流苏——风靡一时，迄今为止已经预定、销售了一百多张，没有一单是主动推销的。茶室提供的所有东西都可以出售，除了厨师。

茶室通过完全不再提供食物、只提供商品，最终解决了厨师的问题，从而成为彻底的礼品店。

人们在购买爪哇黄铜制品和大象铃铛时到底在购买什么？一种文化认知，不管诠释得有多么含糊。礼品店的物品既像又不像纪念品。纪念品唤起人们对地点和经历的记忆（这就是为什么纪念品即使不是在购买地点制作的，也能成为重要的回忆物件）。然而，礼品店物品所代表的文化既遥远又宽泛。它们没有将顾客的个人体验直接与购买地点联系起来，而是把她引向物品和起源故事所唤起的一系列联想。作为地位物件而非回忆物件，礼品店的物品体现了他人的劳动，而且越异域风情越好。所谓的独特性——在商品化世界中表明高雅品位和鉴赏水平——为这些东西赋予价值。此种声明的似是而非使之无异于废话。

虽然收集装饰性小摆件的做法并不新鲜——自19世纪20年代以来，各个阶层的人都会购买石膏像——20世纪头几十年的"开车"热潮，使得怀旧风潮的商品化和消费转变为偏向于精英阶层的活动。起初，每年制造的几百辆汽车极为昂贵，令人望而却步（更不用说它们的保养了），但到20世纪20年代，越来越多的中产阶级开始进行休闲自驾游。旅行者喜欢小汽车多过轮船或火车出行，因为它提供了更多自由，带来了即兴自发的行程，还许诺有偶然的机会结识新朋友，看到新事物。这也让他们有机会在新开的路边茶室和礼品店购物。埃菲·普赖斯·格拉丁1915年越野自驾游时，一定要在谢南多厄山谷的"绿茶壶标志"停留，"一个迷人的小地方""由一位有品位的女人经营"，还说这里"像家一样"，有"简单、精致的家具"。到达西海岸的蒙特雷后，格拉丁"浏览了古玩店和礼品店"。这种古色古香已经成为精英自驾游中不可或缺、充满期待的一部分。比阿特丽斯·拉尼德·马西在旅行记录中，抱怨她的行程没有"迷人的地点"，还有无数酒店都装饰着"笨重、丑陋的家具"和"无可救药的"壁纸。不过，贝德福德镇还是"迷人"的，因为有维多利亚时代的装饰——正是那种"没有被现代破玩意儿玷污"的过去，被包装在礼品店里出售。

爵士时代倒退的品位

当格雷丝·克努森（Grace Knudson）于1926年出版《礼品和艺术品商店销售》（*Gift and Art Shop Merchandising*）一书时，礼品店已经从乡村路边搬到了主干道上，他们的商品用自命不凡的方式吸引着消费者。正如克努森所解释的："人总是喜欢，并且很可能永远都喜欢，某些选择有种'准入'的感觉，而只有少数人有能力欣赏这种选择。"她还说："我们都喜欢，个体的直觉与群体直觉有点不同这种感觉。我们肯定趋之若鹜的那些商家机构，他们的经理足够敏锐，才能传达……优秀广告的微妙含义：这种选择，只有你，我的顾客，能欣赏它！"她用批量生产的物品举了一个生动的例子：这些东西也能讨好日益壮大的礼品店顾客群体。纽约州考特兰的礼品角落，除了台灯、茶巾、烛台和餐具外，还摆放着"精美的地毯"。康涅狄格州布里奇波特的幸福礼品店，提供"小件组合家具的家居布置"。他们的一切——从"明亮宽敞"的氛围到零售备货——按照传统、保守和古老的家庭生活及礼节的标准，都表明了良好的品位（图7.1）。

在礼物商品时代，仅仅选择一件好的礼物是不够的。光是这个想法并不算数。人们现在期望送礼者选择正确的礼物——最能有效传达送礼者和接收者双方地位和文化倾向的礼物。但仍然存在一个根本问题：这些看似独特的商品还是大批量生产的，很大程度上还是处在市场语境和市场关系之中。因此，它们需要故事来使之看起来更加私人

第 7 章 古董生意　167

In the shop of which views are reproduced here and on pages 16, 23 and 35, note how perfectly the illusion of a distinguished home is achieved, through taste and discretion in the arrangement of the stock

图 7.1　最早的礼品店融入了各种不拘一格的家居商品，唤起了保守的家庭观念。这家店的场景展示了"如何借由商品布局的品位和鉴赏力，来完美地制造精致家居的幻象"。格雷丝·克努森，《走进礼品店之门》（*Through the Gift Shop Door*），1923 年。哈格利博物馆和图书馆。

化、个性化和个体化，因为表现出洞察力比传达真情实感更重要。礼品和礼品店小摆设，更容易成为品位的外在表现，而不是私人爱慕的象征。于是，为这些市场催生的礼品而营造的叙事，试图抹去它们的商品地位，将其变成更多或更为不同的东西——反商品——方法是赋予它们背景故事。

　　讽刺的是，这个过程只是加强了它们作为商品的地位。礼品店出售的许多"独特"商品，像是复古风格的灯具、精致的瓷器杯碟、梭织花边桌垫和自制蜜饯，让人想起故作高雅、沉稳持重的家，完全没有沾染傲慢粗俗的资本主义和摩登激情的爵士时代。这些商店装扮出的家庭氛围，让顾客们想象这些商品在他们自己家里会是什么样子，从而使之去商品化。这种特别的零售环境吸引了女性消费者，她们厌倦了百货商店难以抵抗的浮夸，也厌倦了 50 美分店的低端廉价。顾客们不仅可以在礼品店体验到私人化的亲密感，感觉自己和女售货员及商品的品位一致，而且她们认为在这里买到的东西，是在市场导向、粗俗的购物场所找不到的。礼品店在那个时代非常流行，甚至百货公司自己也开设了类似礼品店的空间，比如旧金山绀氏洋行（Gump's）的达万扎蒂室（Davanzatti Room），"承载着宝藏宫殿的气氛"，而这种气氛，据推测，是绀氏洋行的其他地方所没有的。

这些零售文玩柜努力地激发顾客们的所有感官，尤其是触觉。商品放在里面，既创造了另一层亲密感，也使得礼品店的陈列有别于百货商店里光亮而缺乏想象力的玻璃展柜。礼品店店主更喜欢将商品摆在开放式货架和桌子上（货架和桌子往往也是可出售的），而不是将商品存放在上锁的柜子里。格雷丝·克努森指出："自由触摸、把玩、品尝和嗅闻，在很大程度上提升了礼品店的人气。这一因素无意间将礼品店的理念'推销'给了热爱家居和美丽事物的女性群体。"允许女性翻动钩织羊绒毯和平绒枕套，强化了她们的占有欲，同时也让她们离冷血的商业领域更远。顾客更像是"客人"，商店则是店主的"家"，亲手触碰这些珍稀物品是一种"特权"。克努森认识到，买家在实际购买之前，就在心理上认为自己已经占有了商品；仅仅通过把玩物品、想象它未来的用途，它们就变成了"她们的"。礼品店是一个（商业的）家外之家，将品位和鉴赏力完美无缝地进行了商品化。

礼品店的环境有助于宣传一种理念：其商品即便没有物质价值，也有文化价值。家，尤其是高雅人士的家，是建立真诚关系和情感交流的场所。家，而不是市场，也是家庭成员接受文化教育和价值观输出的空间。克努森和其他零售顾问敦促礼品店店主，排在第一位的是要保持其商品的"真情实感"和"诚信正直"。

古风雅韵的商品化

礼品店试图提供"真情实感"和"诚信正直"，意思就是，像对待其他商品一样对待这些特质的标记物——制造、包装、采购和销售。

只有那些似乎置身于市场之外的产品，才会被灌输这些转瞬即逝的人文品质。讽刺的是，"真情实感"和"诚信正直"之所以存在，只是因为礼品店店主试图通过销售装饰品来赚钱，通过将它们放置在人造家居商业环境中来增加吸引力。店主可以通过几种关键方式实现这一目标，包括销售地域性产品，以及克努森所建议的那样，"利用当地人才"，大概是相对来说没怎么上过学、生活在较为原始地区的人。她写道，"例如，南方的有些地区，整个山里的镇子现在都在制作某种款式的篮子，并把它们发往全国各地"。类似地，新罕布什尔州的一个小镇"乐于钩织地毯"。即便是顶着原始手工艺光环的这些所谓区域性手工传统，也是现代市场的产物。拿钩织地毯来说，一位女性"主脑"设计样式并充当监工。"完工后，还是这同一位女人，会在城中的高级商店为它们找到现成的市场。"这些物品从边远地区采集过来放在"城中的高级商店"里，在时间和地理层面上都被牢牢地定位在远方，将其转变为看似难得一见的产品，让知情人士消费。礼品店的常客们似乎只购买方格布覆盖的罐装果酱或者散发着松树气味的花环。他们真正购买的是他们自己的精英主义。

为此，供货商为礼品店的商品制作了迷人的背景故事，将它们标为手工制品，而不是与自己世界极为不同的人们制作的工业产品。其他人的劳动受到特别关照，被认为是可以而且应该被顾客和店主利用的东西；在此过程中，这些模棱两可的异域商品，也代表、强化并使各种分歧变得明显，这些分歧普遍存在于我们与它们、自我与他人、现在与过去、优等与低等、主体与客体之间。更昂贵的商品，无论是当地人手工制作的还是从偏远地区进货的，都"需要解释"或背景故事才能创造真实性，并使其看起来像是独一无二、个性化的东西。手绘木器礼品（"不同寻常、独一无二、芳香四溢"）在罗得岛州波塔基特的波尔森艺廊出售，具有"一些极为有趣的个性"，会"恭敬而有趣地引起你的注意"。它们有自己的名字，例如麻绳女士南希（理线器）、劳拉（顶针收纳盒），还有服务员比尔（铃铛，手柄被手绘成非裔美国人的样子)。"我们确信,"店主表示,"他们会很高兴有你的陪伴。"类似地,怀特古玩店提供"为有想法而又挑剔的人准备的原创礼物",包括带有手绘图案的物品,"只是有点不同""提高了它们的价值",并使它们"非常适合作为送给朋友的礼物"。

在这里,女性能够买到身份,所用的方式是其他零售场所都无法企及的。礼品店商品的价格高于普通杂货店的货品,这不一定是因为质量更好,而是因为它们带有象征性的装饰和个性化的叙事,从精致的陈列场景到引人入胜的背景故事。更高的价格似乎也证实了一件物品的文化价值。不像廉价商店的杂物箱大杂烩,那是大促销的实体展示,礼品店只出售一小部分商品,并将其陈列在将其美化的准家庭环境中。与此相关的是,礼品店能够容纳更大、更易碎的商品,因为店里销售的商品较少,所以可以更小心地展示。所有这些因素都促成了商品"阶层"的建立,使得礼品店尤其能够打造——并以此赢利——关于其商品"独特性""唯一性"和"声望"的概念。亚瑟·皮尔(Arthur Peel)在他的手册《如何经营礼品店》(*How to Run a Gift Shop*)中,强调了选址在高租金地区的重要性,因为这会是"礼品店理想的潜在顾客阶层会经常光顾的社区",并说明,"那里的生意阶层通常高于普通水平。"他还补充说,"这是礼品店与新奇商品店、百货店和艺术沙龙或展厅之间的区别。"他强调,不同的渠道"不会迎合同一个市场"。

尽管礼品店里的商品有些自命不凡,但它们往往和廉价百货店的货品都来自同样的制造商。而且通常是完全相同的商品,只是因其所处语境而提升了档次。对于这两种商店,皱纹纸制品、陶瓷盘子和小雕像都是从日本进口的,彩绘木制人物和玩具来自瑞士,贺卡和洋娃娃来自德国,金属烟灰缸、随身酒壶和办公桌收纳套装是在美国制造的。例如,不同等级的手绘日本瓷器被一箱一箱地出口,运往美国的珠宝店、药店、百货店和零售礼品店。卖家将这些产品线描述为"物超所值的绝佳装饰",而且"对这样的艺术品来说价格非常便宜"。更棒的是，它们的成本完全不及英国和法国的一些货品。

因为礼品店商品的背景故事对它们的商业吸引力至关重要——背景故事能让它们从普通百货中脱颖而出——礼品店供应商和经营者并不掩盖，反而强调了这些东西的来源，尤其是制作它们所耗费的体力劳动，一种扭曲式的商品拜物教。即便通过手绘、印花押字或其他手工工艺制作出的"独一无二"物品，也是机械化且往往是剥削劳动力的产物。顾客珍视礼品店商品，是因为这些商品显然是密集型手工劳动的结果，由外国低级工人熟练而愉快地完成。手工刺绣的亚麻桌垫来自爱尔兰和捷克斯洛伐克。漂亮的手帕是"波多黎各制造"的，有抽丝花边和手工刺绣。"村名❶手工作品"可以用"适中的价格"买到。各种小摆设小玩意儿都是手工装饰的，包括金属书挡、废纸篓和餐盘；赛璐珞牙刷架和婴儿玩具；以及木制蛋杯、手提包把手和用于桥牌的将牌计数卡。

通常，这些提高商品礼品店声望的手作装饰性物件，恰恰抹杀了自己的实用价值。明显的无用［或浪费，用索尔斯坦·凡勃伦（Thorstein Veblen）❷的话说］是一个方面：手绘垃圾桶和手工刺绣手帕之类的东西，毕竟太漂亮了，不能真正用于扔垃圾和擤鼻涕。礼品店店主们承认这一点，并指出即便他们出售所谓"实用"商品，也并非真正具有"实用价值"。他们出售精美的拖鞋而非普通鞋子，挂在墙上的、脆弱易碎的手绘瓷器，而不是吃饭用的餐盘，不能装水的花瓶（图7.2）。

所以，价值是由地位产生的。引人入胜的起源故事，无论真假，都伴随着斯波德（Spode）瓷器、墨西哥陶器、瑞士小雕像和瑞典绣片而四处流传，突出了它们的独特性，创造了需求，并合理化了它们的高价。商品价格上涨，就愈发明显地表明了他人的劳动。然而，创造

---

❶ 原文 Villiager，应该是"村民"（villager）的拼写错误。——译者注
❷ 索尔斯坦·凡勃伦，挪威裔美国经济学家，制度经济学的创始人。——译者注

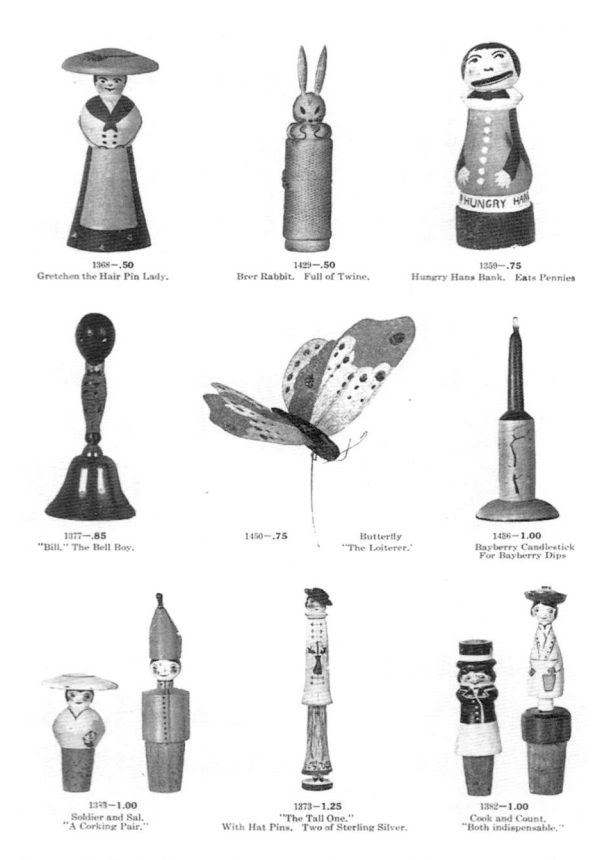

图 7.2　就跟大多数竞争对手一样，罗得岛州波塔基特的波尔森艺廊提供一系列"独特"而"古雅"的手绘物品，"由聪慧的艺术家完成"。来自大约 1925 年的一本商品目录。

叙事并不是一个无伤大雅的过程，而具有深刻的政治性。消费者作为他人劳动的购买者（尤其是当劳动被体现——迷恋——在这些不必要而无用的垃圾身上时），将自己置于权力的位置。"古风雅韵"增加了更多的价值，因为它标志着生产者被进一步削弱的程度——被想象成偏远的、前现代的，因而在种族、经济或文化上处于劣势。理想情况下，以上论断均成立。创造出古风雅韵然后将其商品化的过程，强化了在此过程中出现的种族、文化和经济等级。以为遥远国度的人们辛勤劳作只是为了礼品店顾客的购物乐趣，这是一种浪漫的想法。例如，亚瑟·皮尔给礼品店店主建议，"如果你有一副芬兰窗帘，里面编织着某个芬兰农民的悲剧故事，那么这件商品可能会激发顾客的想象力，达到你要价的那个地步，不管这价格看起来有多高，富有的女人都会心甘情愿地付款"。

为了兜售文化和物质层面的挪用，礼品店首先出售理念，其次才是物品。礼品店的商品通常很垃圾，但高价和浪漫叙事的炼金术使它们去垃圾化，并将它们转变为"品质卓越、气质不凡的艺术品"。皮尔解释了其运作方式：

> 一位年轻人在新罕布什尔州怀特山拜访了一家礼品店，正在漫不经心地审视一些瑞士手工小雕像，发现其中一些非常怪诞。在店里工作的女孩……问他知不知道许多农民手工匠人从哪里得到这些人物雕刻的想法。他坦诚地说不知道，于是她告诉他，这些手工雕刻大多是阿尔卑斯山和汝拉山山坡上的牧羊人，在离家放牛的漫长时间里完成的，而且很多作品都是根据瑞士牧羊人村里的真实村民创造的夸张模仿。年轻人的兴趣明显增加了。这套瑞士小雕像承担了新的价值。瑞士阿尔卑斯山的木雕匠人已经成为一个有趣的人物角色，具有很强的幽默感；这些小雕像是有真人原型的。于是，他买了一整套。

这个故事赋予了这些"怪诞"人物"新的价值"，"明显增加"了顾客的兴趣，因为现在它们可以被理解为"农民手工匠人"的作品，被巧妙地提炼、审美化、商品化为"地域色彩"，由"一个有趣的人物角色"亲手渲染，并可供购买。顾客在阿尔卑斯山村的男人们——双倍劳动，一面要砍削他们的"怪诞"雕像，用来出口到美国礼品店，同时还要从事他们的日常工作，放牛——和他们自己之间，体验到了一种愉快的同步性，而他们的劳作是，在和他们自己同样浪漫的环境中，进行受教育的购买活动。

这些叙事的传播者，也就是礼品店店主，像博物馆策展人一样，成为品位与卓越的重要仲裁者，服务于20世纪初崛起的中产阶级：想要跻身上流社会却没有真金白银，或者有钱却没有文化上的关联。他们试图购买文化资本——转瞬即逝的"优越""品质""独一无二"——除了购买别无他法。"高级礼品"给了他们这个机会。拥有高级文化资本的人，毕竟是"赞助人"，从画廊、拍卖行、珠宝店、古董店和出售真品的店铺购买装饰品。

礼品店出售上流生活的装饰品，即便不是现实中的，也是表面上的。佩戴珊瑚雕刻首饰的家庭主妇可以使用德国三明治夹，将去掉面包皮的三明治夹到手绘瓷盘上，再用彩绘金属托盘送去给熟识的朋友们享用。之后，他们可以用精致的手工刺绣亚麻餐巾，小心翼翼地轻拭嘴角，同时玩几轮桥牌——使用插在红桃、黑桃、方片和梅花形笔架上的笔，在定制花押字桥牌记分牌上记录分。1932年，住在亚特兰大的 F. C. 麦克卢尔夫人，对罗伯特·W. 凯洛格公司"不寻常的礼物"选品感到惊奇。"你们的订单总是像梦想成真一样，"她满怀爱意地写道，"对于喜欢不寻常的精美事物的人们来说，你们的店看起来肯定像是仙境。"尽管住在佐治亚州的乡下，但满意的顾客 M. T. 威尔逊小姐却能用凯洛格公司的礼物给城里的朋友留下深刻印象。"我把你们家的一个印度黄铜蚀刻小碗寄给了纽约的一位朋友，她非常迷恋——给我写信说她甚至在第五大道也从未见过如此可爱的东西。我说，她当然没见过——它来自凯洛格，那儿的人知道如何挑选礼物。"凯洛格公司的高雅品位和文化货币，也被她占为己有。更重要的是，她能够用这个碗及其标志性特征（黄铜，蚀刻，来自印度）的形式，将这种良好的品位和文化传授给她那精致的都市丽人朋友。

出售时间

除了专门销售前卫"艺术"品的高端商店之外（将在下一章中讨论），大多数礼品店都为顾客提供空间和时间上十分遥远的商品。遥远的过去和遥远的地点同样充满吸引力，而且礼品店也会交易一些仿旧商品，这并非巧合，这些商品复刻了容易辨认的老式审美风格，例如哥特复兴风格的门环，巴洛克风格相框中的复制版玛丽·安托瓦内特（Marie Antoinette）[1]肖像。一件历史物品在审美层面上的韵味和意义，通过这种方式被垃圾化了：被提炼、扁平化为一种风格速记——一种"外观"——适合被挪用、被商品化、被大众消费。

礼品店挪用最泛滥的时代，长期以来都是美国殖民地时期。殖民复兴风格在 1876 年的百年纪念博览会期间第一次开始流行起来，迎合了美国人日渐接纳的民族主义、传统观念和反移民情绪。随后的几十年，见证了一系列历史场景重现类型博物馆的建立，例如殖民地威廉斯堡（Colonial Williamsburg）和旧斯特布里奇村（Old Sturbridge Village），以及美国革命之女（Daughters of the American Revolution）和殖民地仕女会（Colonial Dames）等文化遗产相关团体的形成。英裔美国人以各种方式拥抱他们理想化的殖民地历史，不论是阅读玛丽·利弗莫尔（Mary Livermore）[2]和爱丽丝·莫尔斯·厄尔（Alice Morse Earle）[3]等作者所写的"汝等之旧日"中的浪漫生活记述，还是在墙上挂起华莱士·纳丁（Wallace Nutting）[4]的怀旧手绘彩色照片，上面是人造的殖民地风格内饰。

殖民地风格的开放式炉膛厨房体现了旧时代那貌似田园诗般的家

---

[1] 玛丽·安托瓦内特（1755—1793），法国国王路易十六的妻子。——译者注
[2] 玛丽·利弗莫尔（1820—1905），美国记者、废奴主义者、女权主义者。——译者注
[3] 爱丽丝·莫尔斯·厄尔（1851—1911），美国历史学家。——译者注
[4] 华莱士·纳丁（1861—1941），美国摄影师、艺术家、收藏家，以拍摄新英格兰地区的风景照而闻名。——译者注

庭生活，成为殖民复兴风格的典范。最初是为南北战争的"卫生集市"（sanitary fairs）——为支持北方联邦组织的筹款集市——而重建的，后来成为历史建筑和公共博物馆的焦点；精英阶层有时在自己家也会修一个这样的厨房。1893年芝加哥哥伦布纪念博览会期间，殖民地风格厨房既是公共博物馆空间又是餐厅，向参观者宣传过去生活的一个特定景象，这段历史还没有因为种族差异、民怨沸腾或女权运动而变得复杂。他们在象征丰饶多产的背景下提供殖民地时期的食物，以此来实现这一目标。在纺车、铜水壶和印花布的围绕中，吃着黑面包、苹果派、猪肉和豆子，创造了一种"老式"美国体验，看起来十分真实地道，而又有着恰到好处的古风雅韵。

　　殖民复兴风格展现了被当下现状提炼并理想化的旧日美国。这是一种退却的风格，回应了世纪之交天翻地覆的变化：这个国家正在从一系列经济萧条中复苏，正在应对移民浪潮和随之而来的民族主义，正在适应重建时期（Reconstruction）❶之后非裔美国人北迁这一人口变化，正在应对迅速而显著改变生活方式的科学技术创新，正在承受威胁到劳资权力关系的工人运动所制造的痉挛等。因此，权贵人士从殖民地时期那表面上的质朴与高尚中得到了安慰，在变幻莫测、杂乱无章的世界中，这是一个安全的避难所。重视风格多于实质，重视怀旧多于现实，英裔美国人对过去的视角超越了当下的多语种视角，殖民复兴风格的实体装饰正是完美的礼品店商品。例如，厨房——最能全方位体现这场运动的地方——暗示有活计，但从未真正展示有人在干活。钳子、汤勺、水壶和纺纱杆被巧妙地挂在墙上，或恰到好处地摆在博古角柜，它们不再是生产工具，而是消费品——仅仅是一种生活方式留下的遗迹，这种生活方式是人们渴望却无法维持的，是被人们悼念，却从未真正存在过的历史。

---

❶ 特指南北战争后解决遗留问题、维护美国统一的时期，约1863年至1877年。——译者注

在殖民复兴所描绘的过去，人们遵从明确的性别角色，令人满意的女性工作就是当丈夫的助手。现在，这个国家正在见证女性获得选举权、飞来波女郎（flapper）的崛起和对"新女性"的拥护。过去的女性靠纺车、蜡烛模具、水壶等工具，为她们的家庭和市场来生产食物和日用品，不像现代女性，将这些工具简化为纯粹的装饰品：它们之所以具有象征价值，正是因为它们的使用价值已经被耗尽。虽然殖民复兴主义者因为看起来的质朴、正直和手工传统而崇尚某一种特定的过去，但他们怀旧的实体装饰品恰恰得益于生产力的进步，可以生产如此之多的门环、壁炉架、蜡烛模具和铸锡盘子。也是这场扩张，导致消费者群体愿意并且能够购买这些令人担忧的人造物品。

  礼品店通过迎合自驾游的人群，打造精心布置的购物环境（呼应殖民地风格厨房的立体模型场景还原方法），并在店里摆放真古董和现代复制品，以唤起怀旧的、也是虚构的过去，从而得以利用 20 世纪 20 年代和 30 年代弥漫在美国文化中的反现代情绪，以此获利。"礼品屋"和"艺术殖民地工业"等新晋公司生产烛台、壁灯、马灯、咖啡壶、锅垫、壁炉架、木柴架、暖床器（bed warmers）❶、水壶、痰盂、香料盒等其他物品的复制品，取得了巨大成功，这些东西可以"营造气氛感，将这种色彩带到家里，可以说是无可取代的"。"艺术殖民地"不带讽刺目地地指出，许多殖民地美国风格的物品都是从"全球各地"进口的；甚至犹太教灯台（menorah）也可以按照殖民复兴风格进行改造（图 7.3、图 7.4）。更重要的是，这种风格使精明的公司能够将商品的假冒伪劣掩饰为真实还原。例如，铸铁小古董制造专家奥尔巴尼铸造公司解释说，他们的仿制门环、书立和壁炉架是故意做成垃圾货的："刻意省略了锋利的线条和强烈的细节以模仿古董"，宣传手册上是这

---

❶ 外形类似汤婆子，但容器内烧炭取暖。——译者注

图 7.3 礼品店商品在面对现代化时倾向于回溯过去。"艺术殖民地工业"公司的广告,《调查》(Survey),1921 年 6 月 11 日。

图 7.4 文化就像物品本身一样在礼品店待价而沽。比如克罗斯顿商店大约在 1920 年的商品目录,提供"能够吸引最挑剔客户"的商品。

么写的。在全国各地的礼品店,比如波士顿的克罗斯顿商店,顾客们可以从这样那样的殖民复兴风格的产品中随意挑选,从古董橡木酒馆桌(兼具实用和艺术性)到锻铁盆栽架。

与所有复古风格一样,殖民复兴风格反映了人们对现在而非过去的感受。与殖民复兴之家相关联的,是"国家的建立,祖先的家园和稳固的家庭生活——这是许多中产阶级所认为的美国生活、价值观和制度的基础"。殖民复兴风格的物件宣扬并延续这些保守的政治社会态度，被推销给那些坚信英裔美国人的传统至高无上、更要试图积极传播这一观念的人们。这些人也更喜欢住在殖民复兴风格的住房开发项目中。纽约州新罗谢尔的威尔莫特森林是其中之一，其广告带有权威性地宣称："无论是人还是房子，只要拥有完全不同背景的，都无法成为融洽的邻居。"开发商向潜在买家保证，房屋销售将"仅限于""高端美国家庭"，实施一位历史学家所说的"白人至上主义空间策略"。意思是，仅限拥有特权的白人。这种持续的怀旧情绪具有非常具体的政治维度，既解释了殖民复兴主义的物体所具有的吸引力，也解释了为什么它们是垃圾。这些物品的制造者和销售者，通过将保守主义甚至种族主义转变为审美姿态，即"一种外观"，使他们的买家不仅自觉高人一等，还向他人公开展示这种情感。

这种风格化的姿态，也为这些古雅礼品店中公开的种族主义商品提供了合理推诿的借口。这些也让人联想到另一个特定的美国时代和地点，即奴隶制时期和重建时期的南方种植园。无论是草坪赛马骑师雕塑（lawn jockeys）❶，还是以黑脸演员（Minstrel）❷为主题的烟灰缸，这些物品都将非裔美国人固化在"他们的位置上"，成为白人控制下的家庭佣工，而这些白人很可能生活在"精致""不对外开放"的社区。奴隶制已经结束，但在吉姆·克劳（Jim Crow）时代❸，非裔美国人仍在为工作、平等和正义而奋斗。享有特权的白人还在继续召集非裔美国人：在公开市场上买卖实物替代品，即便不是用来从事实际劳动，也做了政治意义上的工作。例如，在马萨诸塞州洛厄尔的"王子礼品店"，有许多"值得考虑"的东西，其中有一把黄铜拆信刀，把手形状像一个戴着破草帽的黑人男孩的脸。炉边礼品店提供许多"艺术之物"（Objets des Arts），包括"三只黑乌鸦沙包游戏"，靶子是桑博、拉斯

---

❶ 放在花园草坪上的小雕塑装饰，过去常常采用夸张的黑人形象，被视为种族歧视的代表性物件。——译者注
❷ 非黑人表演者把脸涂黑、假装黑人的一种舞台表演。——译者注
❸ 即1879年至1965年的种族隔离时代，因吉姆·克劳法而得名。——译者注

特斯和艾萨克："他们有合页连接，会自动飞回来，让沙包穿过去！"还有"来自牙买加的杰迈玛阿姨"烟灰缸，一个"乐呵"又"和蔼"的形象，会"为饭后烟加点调料"，因为吸烟者可以在她头上摁灭香烟。缝纫线轴组成了"颠三倒四线轴架"头顶的发髻，这是个"有趣的巧克力少女"。"米兰达阿姨的衣服袋"，是方格布做的，"用张开的双臂和灿烂的笑容迎接脏衣服"。这些物品都是顺从的东西，时刻准备听从主人的吩咐，还带着"灿烂的笑容"。这就是它们存在的理由。尽管形式各异，但殖民复兴风格的礼品和种族主义的小摆设起到了同样的作用。作为"非同凡响的礼物"，它们规范化、具体化了阶级和种族的划分（图 7.5 至图 7.7）。

这些小摆件是字面意义上的物化，结合了对非裔美国人的种族主义刻板印象，受到了有文化白人家庭的欢迎，并被驯服和规训。类似其他产品，黛娜阿姨的黑脸针线套装是"一件很棒的礼物"。针线套

图 7.5 种族主义的商品，像是桑博拆信刀和这里展示的其他例子，是礼品店不可或缺的。"王子礼品店"产品目录中的一页详情，约 1915 年。

388—Dinah, the Darning Set that's the newest thing out. Consists of needle case, brightly enameled with hand painted thimble for cap. Beautifully enameled darning ball in black, red, white and blue, with handle measuring 5½ inches. 75 yds. of Heminway darning silk, 25 yds. tan, 25 yds. white, 25 yds. gray, on spools arranged on special holder with head of Dinah at top and bottom. A very splendid gift.............$1.75

图 7.6 黛娜针线套装，20 世纪 20 年代由怀特古玩店出售，是"一件很棒的礼物"。

TOPSY SPOOL HOLDER
No. 741 (above)
This amusing chocolate maiden smiles proudly because she wears spools for pigtails. Hgt 5"; shpg wgt 6 oz: list price $1.00.

图 7.7 "颠三倒四线轴架"被形容为一个"有趣的巧克力少女"。"炉边礼品店"，《艺术之物》，约 1931 年。

装、线轴架和碎布袋既是用来做家务的实用物品，也是有趣的小玩意儿，其轻浮感来自无意识的种族主义（casual racism）。这些礼品用小型的、婴儿形态的、静态的方式塑造正在劳作的黑人，为南方种植园失去的劳动力提供物质替代品。购买这些粗糙商品的人们，只是将奴隶制的遗产变成他们"品位"的另一个垃圾的意象。

塑料世界的手工制品

"古雅"为白人至上主义的小玩意儿提供了一个便利的掩饰故事，无论这些东西是由"原始人"手工制作、看起来像殖民时代的遗迹，还是采用种族主义夸张模仿的形式。尽管它们可能看起来无伤大雅，但所有这些放在壁炉架上、挂在墙上、塞满边桌的东西，都强化了它们主人的世界观，并帮助捍卫了英裔美国白人所谓的文明力量。被审美化并变成"谈资"，从而使这些政治声明看起来不会得罪冒犯，这是它们魅力的一部分，也是它们不诚实的一部分。

20世纪中叶，市场有更多的方式来满足世故的消费者，对原始生产者做出的垃圾装饰品的需求。邮购机构使得购物者能够直接从源头购买"正版"商品。例如，意大利泰索里公司（Tesori d'Italia Ltd.）提供从意大利邮寄的"华美"礼品，"用手工吹制的玻璃、贵金属、木雕和烫金皮革制作美丽的东西，这在几个世纪以来一直是一项传统、一门艺术"。买家可以订购"忠实再现韦罗基奥（Verrocchio）❶的绝美喷泉"的坚果盘［由压制玻璃和铸锅金属（铜铅合金）制成］；一串串手工吹制的威尼斯玻璃珠（工厂残次品）；由"优秀意大利匠人"制作的时装首饰（银牌和人造马赛克，1.98 美元/套）；还有代表十个意大利城市、有着手绘面孔的洋娃娃（可能是德国制造的，与其他国家制造的"正品"洋娃娃没什么区别）。收到带有"真正的"意大利邮戳和海关印章的包裹，只是证明这些东西是正品，并增加其价值。还让人们成为邮购观光客（图 7.8）。类似地，"手工艺品爱好者"可以订购体现魁北克"特殊主义"的物品；号称物品"随着时间的推移并考虑到

---

❶ 韦罗基奥，意大利画家、雕塑家，达·芬奇和波提切利的老师。——译者注

技术和品位的演变，能够打造出典型的加拿大法语区风格"。另一家公司"香农国际"，代理"来自十多个国家的工匠手工作品"，出售爱尔兰等其他生产的系列产品。该公司的"礼品-纪念品"包括微缩布拉尼城堡音乐盒和爱尔兰僧侣形状的书档（图 7.9）。该公司还提供"高端"杂志《爱尔兰欢迎你》(*Ireland of the Welcomes*) 的订阅服务，介绍了"爱尔兰历史、文化、民俗和当今日常生活与艺术多姿多彩的方方面面"。

图 7.8　邮购观光客可以购买"外国的"洋娃娃，同时也是手提包。意大利泰索里公司,《1954—1955 年的礼品目录：从意大利直接寄出的华美礼品》(*1954-1955 Gift Catalog: Magnifici Gifts Mailed Direct from Italy*)，1954 年。

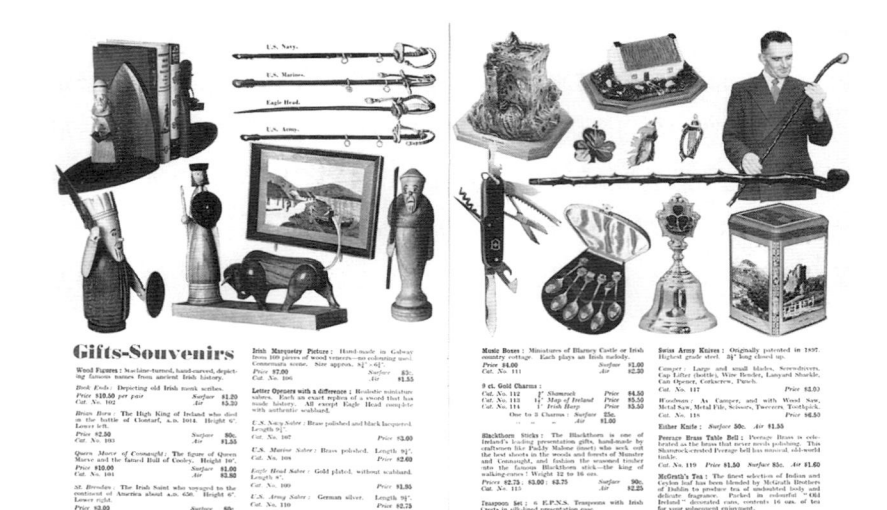

图 7.9　由香农国际等公司售给美国顾客的特色"礼品－纪念品",故意将手工和大批量生产的东西结合到一起。香农国际,《购物和邮购指南》(*Shopping and Mail Order Guide*),1962 年第 3 期。

礼品店经营者在寻找、挑选"独家"商品这方面的工作也变得更加容易,这得益于越来越多的中间商将商品从偏远的产地输送到主干道上的零售店。他们经常在贸易展销会上展示他们的商品,例如纽约礼品展,其参展商包括古今东方进口公司、墨西哥卡纳斯特、丹麦蜡烛之家、欧亚进口公司、萨姆·希卢奥德赛进口公司和约旦之家等。即使在跟其他垃圾供应商交易时,这些机构采用的名称也有助于延续他们所售商品的背景故事,因为许多商品其实并非来自它们号称的原产地。"泛美易货贸易公司"和"非洲木雕公司"这样的名称也有助于掩盖商品化的污点。

提供各种奇特商品,是帮助礼品店供应商的一种实际方式:(理论上应该)很独特的商品避免了购物时的比较。一位店主提到,简言之,"一件物品必须是盲目的,这样就无法被拿去比较"。在零售空间中,这种折中主义还有助于创造超凡脱俗、非商业化的环境,使之组成一个更加有趣的组合,以此增强单一商品的吸引力。举个例子,位于新罕布什尔州汉诺威的"国际购物"。这家店创造的不只是一个独特的零售环境,而是好几个。店内空间被分成九个房间,每个房间都以"某个国家的风格"来装饰。背景音乐播放符合每个地区的民间音乐,因此"强化了'身临其境'的印象"。顾客被"神秘莫测、奇思妙想、浪漫惊喜"的海妖引诱之歌所吸引,其外在表现是"时间与传统打造的无价之宝,因为在其他地方无法复制"。在这里,观光客可以买到来自墨西哥的驴笼头,来自菲律宾的手工编织门垫,来自伊朗的手工锡制宫灯,以及来自日本的雕花柚木烟盒,而这些东西很奇怪地被放在非洲专区,一边是来自摩洛哥的男士钱包("专为美元尺寸制作"),一边是卡萨布兰卡跪垫。

过去即现在 ❶

殖民复兴等相关风格的狂热爱好者所推崇的种种特质,在整个20世纪仍然很受欢迎。怀旧似乎是永恒的主题。"质朴""原始""乡村""小木屋"和"破旧时尚"——怀旧的另一个名字——等风格的商品,在名字诸如"乡村货郎""乡下碗柜""北方佬商人"的礼品店出售。"乡村风格在这里仍然很受欢迎",新罕布什尔州布里斯托尔"车轮之家"的店主在20世纪80年代晚期如是说。华盛顿州的店铺"乡村大鹅"开在一间老式维多利亚风格的房子中,有着不协调的"优雅的朴素感",店里"允许产品在其自然栖息环境中展示",这是一个诡异而又恰当的短语,把握了符号学和语义学技巧,使商品看起来独一无二同时又使"产品"能够待价而沽。风格的刻板印象重视表面而非实质,一如既往。

需要强调的是,这些手工制作的"外观"是工业制造技术的产物,

---

❶ "礼物"(present)一词也有"现在、当下"的意思。——译者注

通过制造瑕疵来模仿手工制品——甚至纹理本身都是假的。例如，一篇宣传 20 世纪 80 年代末民间艺术流行的文章，实事求是地指出，因其独特的怪异感而备受推崇的作品"不一定是手工制作的"。"带有铜绿的产品目前很畅销"，一位礼品店店主在 20 世纪 80 年代后期如是汇报。她指的是具有绿色表面的物体，模拟陈年铜器的柔和铜锈。带有盐釉、泼溅和红土的陶器所散发出的"泥土感"尤为引人注目，使得买家能够"想象陶工在拉坯轮前努力工作的样子！"人们购买或展示这些只有表面功夫的小玩意儿，随后就能通过看似无伤大雅的装饰选择，以微妙或不那么微妙的方式，表达自己的文化政治主张。

讽刺的是，从人造的裂纹釉面陶器、油漆剥落的仿旧木梳妆台，到褪色面粉袋制成的手提袋、装着干薰衣草的古董茶罐，在所有这些表面功夫和挪用的背后，确实有一些东西。新怀旧风格的物品具有一种侵略性的古怪，掩盖了不可避免、有意为之的保守主义。20 世纪 90 年代早期的一份行业杂志指出："这种风格类型给美国人一种传统感。"方格布做的洗碗巾、装着腌菜和泡菜的罐子、手工肥皂、带有励志格言的"手绘"木牌（现代版的绣片❶）、带有旗帜和黑人小孩造型（实在令人难过）的东西（比如木雕、衣夹和饼干模具），象征着一个从未存在过的、理想化的过去，只能通过这些完全虚假的物体来召唤，而它们已经深入家庭、心田和这个国家的神话之中。正如迈克尔·卡门（Michael Kammen）❷所说的那样，尽管"怀旧倾向于是一种没有负罪感的历史……这种被称为遗产的、转瞬即逝的东西是加了两勺骄傲的过去，没有苦涩的回味"。

事实上，乡村风格礼品的趋势强调"舒适"和"感觉良好"，其拥护者"已经重新唤起了他们的兴趣和关怀，对家庭、宗教和许多人们以为早就消逝了的基本价值"。该声明发表在一份商品行业杂志上，

---

❶ sampler，旧时挂在墙上的绣片，上面一般有绣花、文字等。——译者注
❷ 迈克尔·卡门，美国文化历史学家，康奈尔大学教授。——译者注

基于的假设是一部分人其实反对舒适、感觉良好以及对家庭和"基本价值"的兴趣，不管这些词到底是什么意思。新怀旧乡村时尚（neo-nostalgic country chic），是一种本质上就很反动的风格，将"我们"与"他们"区分开来，大声而自豪地宣扬美国例外主义[1]，将过去与现在、保守主义与审美偏好混为一谈。20世纪90年代的一位贸易观察家总结道："现在这个时代不能嘲笑更多、苹果派和美国国旗，对过去美好时光的怀念正在取代真正的现实。就连大萧条时期的装饰也在复兴。"

与传统相关但又不同的是，怀旧可以理解为"对另一段时间的向往""时间层面上的远离和位移所带来的痛苦"。人们渴望与遥远的过去和正当的"家园"——无论是空间上、时间上还是两者兼有——更紧密地联系在一起，这就有助于解释为什么像人造饰面和斑驳表面这样的东西，在20世纪末的礼品店中成为如此重要的美学元素，比如故意做旧的"破旧时尚"，比如用柳条、树枝和动物角制成的物品，通常被称为"小木屋风格"。讽刺的是，触感也不过是一种表面功夫，不仅用于制造人为的瑕疵，同时也让商品更直接地吸引消费者，以此促进销售，就像早期礼品店的钩织地毯和平绒枕套一样。"陈列至关重要，"一位店主指出，"让顾客可以触摸到产品、容易买到！"

遗产的气味

触摸的能力只是专营新怀旧乡村风格礼品店所调动的多感官体验的其中一个方面。另一个是声音，就像"乡村大鹅"店里播放的竖琴音乐一样，作为"安抚购物者心情的音频推荐证明"。然而，最有利可图的是各种气味上的创新，为购物体验增添了嗅觉的芬芳。不讨论香薰蜡烛的礼品店历史是不完整的，这可是礼品店最受欢迎、也最典型

---

[1] 认为美国地位独特、外国无可比拟的一种意识形态。——译者注

的商品。香薰蜡烛被认为是一种显而易见的真实、怀旧物品，但也是现代的产物。自从电力进入城乡家庭以来，美国的蜡烛产量一直在下降。20世纪70年代较低的油价和较高的进口关税，重振了国内蜡烛制造产业。得益于技术革新，可以生产带有装饰图案、质量更好的蜡烛，零售商可以在蜡烛上加价出售，获得巨额利润。到20世纪80年代晚期，蜡烛和蜡烛配件在礼品店商品总市值中占据了至少20%。在20世纪90年代晚期，估计仅蜡烛的总销售额就在9.68亿美元到23亿美元之间。

许多因素促成了香薰蜡烛的日益流行。气味甚至可能比外观或质地更能唤起怀旧之情。根据一份礼品行业杂志的说法，蜡烛"可以散发出浓郁的、还原真实的香味，充满整个房间"。扬基蜡烛（Yankee Candle）的一位公司代表回应了这一点，声称香薰蜡烛"能够将人们带到记忆中引人入胜的时间和空间"。仅仅作为物品，蜡烛长期以来都是重要且可以轻易识别的符号，尤其是用于装饰而非实用目的时。它们的光芒是一种更温暖、更愉悦的光源，似乎在指责更新式、更刺眼的荧光灯。更重要的是，它们回顾了电气化和煤气照明之前的日子，当时烛光是主要依靠太阳周期生活的农村人口唯一的选择：过去的美好时光。它们也可以被看作是现代的，是殖民地风格厨房的一个缩小版，象征着旧时开放式炉膛的温暖，但不必准备烧火棍、铜水壶、铸铁锅架乃至炉膛本身。蜡烛一度满足了（并将继续满足）这些象征性的也是情感上的需求。"这都不是秘密了，"《礼物制品新闻》（*Giftware News*）指出，"顾客们倾心于让他们内心温暖的产品……顾客们正在寻求一种快速的逃离。"伍德维克蜡烛（WoodWick Candles）❶甚至采用了一个听觉部件，因为"他们的天然木质烛芯……发出的舒缓声音让人联想到噼啪作响的火焰"。伍德维克最受欢迎的"独家"香味之一就叫

---

❶ WoodWick的本意就是"木头烛芯"。——译者注

作"夜间篝火"。

香薰蜡烛所唤起的引人入胜的时间和空间，当然不是人们真正记得的时间和空间。相反，它们作为模糊的、浪漫化的、想象的过去而存在：一个没有电和自来水的时代；一个白人男性占主导地位的时代；一个妇女只能照顾家庭的时代；一个国家似乎不那么复杂、也更健康的时代——过去是愉快的、简单的、合口味的。换言之，是根本不存在的过去。这些是散发着松树、蔓越莓和香草气息的幻想。在香薰蜡烛的世界里，"乡村时尚"成为一种"香味的时代思潮"，被描述为"自然潮流在情感层面的对应物。专注于真实而非理想"，按照一位营销专家的说法，"这些味道是基于真实的再次创造，基于蔬菜、泥土和小麦的灵感"。1803 蜡烛公司（1803 Candle Company）最畅销的香味包括"糖浆馅饼""奶奶的厨房""完美的早晨""橙子焦糖司康""完美的夜晚"。

无论是新英格兰制造的洋基蜡烛，还是从摩洛哥进口的皮制钱包，礼品店垃圾货的贸易都是基于消费者对怀旧景观和发扬传统的强力投资。早在 20 世纪晨光熹微之际，购物者就热切而持续地购买并接纳净化了的过去和审美化了的他人劳动。在购买这种垃圾时，买家正在积极挪用和商品化他人的劳动成果，并在此过程中宣称自己是某个经济、社会和种族精英群体的成员。通过在家中展示这些人造物品（并将它们作为礼物送出），他们成为殖民冲动和新怀旧思潮的传播者、拥护者和规范者。这便是垃圾货的文化政治。

第8章
待售的鉴赏力

正如我们所见，礼品店的顾客们能买到净化版的过去。他们认为不少装饰性垃圾都很有吸引力，因为它们提供了模棱两可但易于理解，还便于包装的传统怀旧概念。但访古之人并不是唯一购买礼品的人。其他人选择这些小摆设并不是因为它们浪漫化了这种倒退，而是恰恰相反：他们相信这些小摆设和小饰品投射出精于世故的洞察力。人们也试图在礼品店购买鉴赏力与格调。

时尚血统

商品化的鉴赏力，出现在自我标榜为斯文优雅的精英场所的零售空间，而商业化阶级的文化进程在19世纪的最后几十年已经开始。类似哈特福德的T. 斯蒂尔（T. Steele）父子的这类商店，发布了指导性"手册"，比如1877年的《我应该买什么作为礼物》（*What Shall I Buy for a Present*），专门针对"我们的客户……他们的惠顾和审美品位帮助培养了……对艺术品中所有精致美丽的热爱"。就像后来纷纷效仿的那些公司一样，这家公司不是简单的中间人，而是品位的仲裁者，雇用"经理人"在欧洲大陆搜罗，利用他们"选品的品位"以最低的价格采购"各种欧洲制造商的高级艺术品"。商店内部装潢也迎合了目标客户的那种自命不凡，用"精选的装饰"，用镶嵌法国进口乌木、"表面饰以繁复雕花"的展柜来讨好他们（图8.1）。

图 8.1　T. 斯蒂尔父子在哈特福德的店面，向潜在顾客炫耀着自己的好品位。T. 斯蒂尔父子，《我应该买什么作为礼物：一份手册》。约 1877 年，哈格利博物馆和图书馆。

人们在礼品店中获得了商品，也同样获得了鉴赏力和品位；店主受过调教的双眼有助于指导他们的选择，为他们提供信息。例如，斯蒂尔的办公室有一扇通往店内的大窗户；顾客可以窥见一个藏书丰富的图书馆，里面有关于神话的书，关于宝石的专著，甚至还有古典学词典——将"教育大众品位"的愿望广而告之。斯蒂尔的儿子最终接管了这家公司，他也是位文化人，不仅"为新闻界做出了文学方面的贡献"，还擅长画鳟鱼，"在哈特福德等地享有一定赞誉"。

鳟鱼画、神话参考书和古典艺术课程，似乎与购买礼物的行为关系不大。然而，由于礼品正在成为商品化的东西——作为礼品生产、销售和购买的市场对象——消费者需要证明其作为高雅文化象征的真实性、合法性和有效性，无论它们是像斯蒂尔的货品一样，"质量上乘"，定价1000美元，还是"便宜得多"，只要50美分。

无论商品是精选的还是平凡的，最重要的是血统，是其号称的真实性、稀有性和独特性。1875年的一则吹捧广告，将T.斯蒂尔长达50年的兴盛归功于"通过所有相关事物培养出了最佳品位"。换言之，关键是在大规模工业化和连锁店兴起的世界里，商家可以在何种程度上为顾客提供超凡脱俗的器物——看起来不像商品的东西。高端礼品店的自我定位更接近于博物馆，而不是零售商店，"所有库存货品，在程度和质量方面，都堪称稀有"，反映出店主"卓越的判断力和精致的品位"。顾客们通过在家中陈列这些物品，也可以展示自己的品位。通过将这些物品作为礼物送人，不仅彰显了自己的品位，还可以通过认可朋友和心爱之人的鉴赏力来讨好他们。

古董商与此同时正在寻找具有历史真实性的物品（"真正的"文物），类似地，礼品店顾客也在寻找具有文化真实性的物品，如果这种东西真的存在的话。虽然古董专家可以指出物品的具体特征，比如做工和出处，以标记血统、确认合法性（从而赋予价值），而礼品店顾客只能依靠礼品店店主的陈述和判断。更重要的是，虽然古董商不得不偶尔处理假货，但所有礼品店的商品都是假货，因为它们本质上不是原始淳朴的手工艺品，而是被商业需求调解的——或者说"被玷污的"。无论他们如何声明或暗示，礼品店的物品都牢牢地根植于市场。

因此，就像遗存和古董一样，"更好的"礼品店商品需要起源故事，让它们充满积极的联想和独特的感觉，这样就能提高它们的购买价格，也能增加它们作为鉴赏力传达载体的符号价值。礼品和礼品店的推广文案，强调这些批量产品的独特性和不可替代性，大量使用"独特"等含糊的术语，就像礼品店通过创造"古雅"来销售传统和怀旧一样。

像T.斯蒂尔这样的企业继承者，也会向那些渴望成为精英，但还不完全是精英的人们兜售精美礼品的理念。高端礼品店向顾客提供高级货的亲民版，在高雅和懂行人士之中具有文化通货价值，因此在理论上具有某种含义。例如，在 19、20 世纪之交，许多商店都提供东方风格的商品，从富裕美国女性的收藏热潮中赚取利润，她们在国际博览会迷上了中国和日本的商品。这些东西就像传统商品一样，既有政治意义又有装饰性，并且"代表并颂扬了美国的扩张主义和帝国主义力量"。一家流行报社广泛报道精英女士们"东方"旅行中的功绩，在其追踪下，女士们购买了玉器、瓷器小摆设、精美丝绸刺绣长袍、青铜器、挂毯、印刷版画和餐具。到 20 世纪 20 年代，许多人已经积累了数量客观的重要藏品。尽管只有一部分人可以接触到这些稀有的东西，但志在必得的中产阶级女性反过来对亚洲和亚洲风格的商品产生了兴趣，为此，礼品店、百货公司、"新奇"和"古玩"商店都十分乐意效劳。

中产阶级女性希望累积声望、展示优雅，通过购买与精英人士所爱物品类似的东西来实现。时尚引领者们认为，这种刻意做作的异国情调和表演性质的折中主义，在 20 世纪最初那几十年风靡一时，是一种"大胆的艺术"，对于创造"大都会装饰风格"至关重要。通过拥有和展示这些物品，中产阶级女性似乎正在拥抱离经叛道、也许是颓废的生活方式，效仿流行杂志上的艺术家和女演员。从未离开家乡的女性，也可以通过在本地礼品店购买异国情调的商品，来假装成见过世面的世界级旅行者。更重要的是，借由带着某种风格光泽——某种"外观"——的物品，女性可以模仿有文化的圈内人士那套精致的审美语言。小摆件精品店提供的商品，既依赖于、也创造了女性对那些风格元素的先入之见，这个过程依托的是凝结并提炼成某种特定物质形式上的刻板印象。

然而，这些模糊的异域风格在文化和历史上都不是真实的。它们也不跟某个国家或地区相关联。这似乎也不重要。"东方"手法融合了日本、中国、印度和中东的审美元素。这种"美学东方主义"是帝国主义和殖民主义的，将西方映射成现代和前瞻性的（消费者），而东方则是前现代的、传统的和简单的（生产者）。

礼品店的东方主义，跟殖民复兴风格一样，是垃圾的。尽管仿殖民时期的枝形吊灯一点也不像亚洲风格的商品，但它们同样缺乏意义和真实性：日式花盆仅仅是"具有日式灵感"；中式落地灯基于"中国风"的渲染而来；克什米尔花瓶"并不是进口的"。正如爱德华·赛义德（Edward Said）❶所说，"一个西方的中产阶级白人相信，他的人类特权不仅是管理非白人世界，而且还要占有它，只是因为按定义来说'它'不如'我们'这样像人类"。因此，这些奇特的物品的微型化和伪实用性，从字面上物化了——变成物体——"他们"，交由"我们"来消费：一个哥萨克人造型的烟嘴，体内装着烟，要把头拧下来才能把烟取出；一个中国人造型的窗帘拉绳手柄，要拉着这个人来升降窗帘；还有一个"深色的"吉卜赛人头，兼作装饰性别针架。

更广泛来说，礼品店制造出的印象是，他们所有的商品都是"时髦""别致"而又"独特的"，方式是利用各种异国情调，要么参考遥远的古代，参考遥远的地点，或者将它们混为一谈。"外观"是风格的速写形式，在物品与其所有者之间建立了正向相关的联系。女性看重标为"进口"的商品，因为这些东西与高雅文化之间有着现成的联系。看看"炉边画室"冗长的商品目录，仅仅两页，就展示了以下物品：坎佩尔（Quimper）水壶❷（"进口的""值得收藏家热情相待"）；Del Mare❸壁挂（"进口的"）；La Neige❹花瓶［"由著名的玻璃艺术家和工人创作——萨比诺（Sabino）玻璃❺"］；代尔夫特蓝瓷（Delft Blue）❻

---

❶ 爱德华·赛义德（1935—2003），国际文学理论家、批评家，后殖民理论创始人。——译者注
❷ 坎佩尔是法国布列塔尼大区的一座城市，以瓷器制造闻名。——译者注
❸ 意大利语，意思是"海洋"，在这里指这些商品用外语取名，看起来很洋气，但其实没什么特别含义，下同。——译者注
❹ 法语，意思是"雪"。——译者注
❺ 萨比诺玻璃，马里厄斯-欧内斯特·萨比诺（Marius-Ernest Sabino）于1925年设计发明的一种乳白色玻璃。用萨比诺玻璃制作的工艺品会在微光中散发出冰山的光泽，在强光下则会有微妙的金色。——译者注
❻ 最早出产于荷兰代尔夫特，根据中国青花瓷的颜色与风格仿制而来，自成一派。——译者注

花盆("非进口");鲁昂花瓶("一件真正的鲁昂陶器,忠实再现博物馆古董");Le Dauphin[1]水壶("出自法国陶艺大师德拉库尔特之手");塞维利亚花瓶("从西班牙进口");来自"捷克斯洛伐克"的花瓶("进口的");安达卢西亚花瓶(带有"摩尔人橄榄油瓶的线条")等。外国特色在这种语境下的意思,就是某些具有异国情调、不可多得、独一无二的东西。例如,"进口的"一词仅在这两页上就出现了十三次。甚至进口花瓶也被进一步标注为"进口的"(图 8.2)。标签将物品与其原产地联系起来,同时模糊了生产的真相,从而创造出"时髦"和"魅力"。

图 8.2　强调进口商品的"时髦与魅力",有助于模糊它们其实是大批量生产的货品这一真相。"炉边画室",《炉边礼品》(*Fireside Gifts*),约 1931 年。

---

[1]　法语,原意是"海豚",也是"太子"的专有称谓。——译者注

与其他形式的垃圾一样，"魅力"之类的品质最终是毫无意义的。同样，商品并不会仅仅因为它是手工制作或进口的而更有价值；它只是看起来如此。生产"时髦"和"魅力"，需要像使用机器一样使用人力，并且经常执行"极致的专业化"。海外工人并没有从头到尾做成整件衣服，因为他们不知道怎么做。不同的过程由不同的人执行，不同的生产阶段通常发生在完全不同的厂房里。"炉边画室"卖的那种"外国风格"茶具中的杯子可能在一个地方制作，配套的茶壶在另一个地方制作，而茶碟则是在又一个地方制作的。类似地，瓷器注浆成型可能在一个工厂进行，而上釉则在另一个工厂，添加装饰花纹则要全镇到处跑；一位画师可能被安排画花瓣，另一位负责叶子和茎干。

该领域的进口商品都是制造精良的——这个印象本身往往就是个幻觉。例如，日本为国内市场生产了更好的产品系列。"外国风格"的热门出口商品往往由不太熟练的制造商生产。讽刺的是，一份报告显示，它们"跟大工厂生产的产品相比，一般来说质量还要更差"，因为在这些小工厂中尽可能干活更快的非熟练工，无法匹敌机械化大批量生产的一致性和质量。广告专业人士詹姆斯·罗蒂（James Rorty）观察到 20 世纪 30 年代早期商品的"泛滥"，将外国血汗工厂比作美国自己高度系统化的制造系统，例如，"陶器和纺织品上的新玛雅设计产出的时候，正是墨西哥村庄的原始社会经济模式被打破、当地工匠被资本主义企业家泰勒化之时"。礼品店中的特色商品通过大规模生产成为可能，让人们，主要是女性，能够稳定地获得所谓的稀有、独特而别致的装饰品，但实际上与其他大众商品没什么不同。

就叫它礼物制品吧

这些奇特的商品有了自己的通用名称，既认可、又模糊了它们的商品地位。20 世纪初，广告商一直在努力试图准确描述所有这些商品的特征。例如，1913 年新奥尔良 D. H. 霍姆斯礼品店的广告，将其商品描述为"进口礼品""玻璃制品""瓷器""新奇商品""装饰品"和"礼物制品"(Gift Wares)。在大宗商品的世界里,这种含糊不清是行不通的,很快小玩意儿商家就创造了新词"礼物制品"(giftware)来统一描述所有这些东西。20世纪20年代,这个词作为精致人造垃圾的公认专有名词,频繁见于大众媒体。与此同时,全国礼品和艺术品协会(National Gift and Art Association,NGAA)成立,以支持和促进这方面的贸易。三十三家制造商和供应商参加了1928年春天在纽约市举办的第一届专业展会。成员们的共同目标是利用"对礼品类商品迅速增长的兴趣"来盈利。全国礼品和艺术品协会也发行了一份行业期刊《礼品与艺术品商店》(Gift and Art Shop)。1930年,纽约举办了两个相互竞争的展会——艺术贸易展和全国礼品和艺术品协会展——就隔着一条街;约有九百人参加。报告指出,礼品系列的审美配价(valences)不同,不只是"玻璃和新奇瓷器",还有"山区工业产品、手工锻造的银器、灯具和家居装饰品"。

随着时间的推移,全国礼品和艺术品协会的成员成为礼物制品行业中举足轻重的时尚引领者,决定了哪些商品可能有机会出现在礼品店的货架上,并最终进入女性的家中。最畅销的礼物制品系列必须与众不同,但又不能太与众不同。独特性和新奇感在一定范围内是可以接受的。参加1928年展会的公司兜售的商品系列是"现代主义风格的改良版",远离"这种装饰类型的极端"。特色陈旧老套的小玩意儿继续流行起来。

文化评论家认识到商品化的礼品中所体现的矛盾,并谴责现代美国社会用金钱衡量诚意是否真挚。1931年的一篇文章指出了礼品店和纪念品店中每个价格标签的"肆无忌惮",因为这些东西"卖给像你这样多愁善感的'呆子'都按原价的双倍标价"。但愈演愈烈的是,花钱确实能代表情感。这种情感对于供应商和销售商来说,可能是获得可观经济回报的源泉,隐藏在礼物制品的情感饰面、矫揉造作和包装纸之下。人们找各种借口为花更多钱购买礼物制品垃圾货辩护,像是

"她是我们唯一的甜心……圣诞节一年只有一次……我们只订一次婚，也只结一次婚……所以，**我们怎么就不该**竭尽全力——全力以赴——每周大概三次"。

商品化的礼物不仅是恶劣的便宜货，而且承诺过高，还虚情假意。有人讽刺说最好的礼物应该是这样的：

> 别具一格，令人愉悦的差别，从时尚出发，定价在每个钱包承受范围之内，是明天的传家宝，也在现代模式下极为实用，充满旧世界的匠人精神和招摇的精致……因为它要去的是一个具有社会重要性的家，必须拥有罕见的美丽、旧日圣诞节氛围和长岛人的聪明，同时始终保持良好的品位、令人难以置信的贵族气质，只在高级商店和更具代表性的百货公司有售，由一种现代科技神秘易清洁新物质制成。

完美的礼物是不存在的：同时体现新与旧，价格适中但看起来很昂贵，既是传家之宝又是当下流行的东西，传达了真挚的感情，同时又具有"难以置信的贵族气质"。这两者很难说哪个更糟糕：是垃圾本身，假装体现或忽视这些荒谬的矛盾，还是那些真的相信各种夸大其词、装模作样的人们。1929 年发表在《生活》（*Life*）杂志上的一幅漫画捕捉到了这种运行机制，画中一位傲慢的店员在熙熙攘攘的商店里责怪一个糊涂的人："不，先生，你不能给自己买手表——这是一家礼品店！"

尽管大萧条期间经济不景气，但礼品行业还在不可思议地继续蓬勃发展。《纽约时报》在 1932 年报道称，"珠宝和个人配饰、瓷器、玻璃和陶制的新奇商品、艺术金属制品、布艺、图画和相框、书籍和新奇礼品"持续畅销。成千上万的零售买家参加了 1933 年春天的展会，销量比上一年增长了约 35%。一份报告指出，买家们盼到了节假日特价，都在"自由采购"。在 1933 年年底禁酒令被废除之后，"玻璃、银、铜和其他材料的"鸡尾酒套装卖得相当之好,啤酒杯和马克杯也是如此。礼物制品的销售在 20 世纪中期依然保持活跃,销量最好的是非常高端和非常低端的商品。参展商最强劲的货品是零售价 1.3 美元的进口"新奇商品"。更便宜、更有用的商品也很受欢迎,人们更能负担得起、也更有理由买这样的东西——大萧条时期的礼物制品贸易展上,大约 75% 的特色商品都是这种。根据一篇文章的报道,仅仅几年后的纽约礼品展上,"近年来很少出现的一类奢侈品作为热销产品脱颖而出"。其中很多东西"从之前几季的销售角度来看是不切实际的"。

贸易规模扩大,囊括了更多东西和更多潜在消费者。别具一格的垃圾货来到了乡下。展会上的买家不仅是城里商店的老板,还有来自更多农村地区的零售商,他们买了价格更高的商品,例如售价高达 100 美元的"中国半宝石灯""价格范围好一点的陶瓷人偶",和"更好的莱俪(Lalique)❶玻璃器皿"。大型百货公司也采购了大量的礼物制品,例如俄罗斯古董圣像、英国银器。如果谨慎的话,事情正在好转。

许多礼品来自外国,这一事实将这个市场与全球政治和国际事件联系起来。在第二次世界大战期间,一些市场被关闭,而一些市场得以开放。由于日本只专注于为战时需求而生产,竹篮、手绘瓷偶和金属丝制品等礼物制品在 1940 年开始变得稀缺。类似地,由于波斯(今伊朗)的铁路几乎完全用于运送军队,他们的出口礼物制品也没有出现在展会上。相比之下,中国则努力保持商业渠道畅通"以促进出口"。到 20 世纪 40 年代初,美国生产商的订单量也有所增加,因为"来自国外的激烈竞争有所缓解,这种竞争是以进口商品的形式体现的,例如捷克玻璃器皿、法国瓷器、瑞典家具以及各种比利时和荷兰的产品"。

---

❶ 创始于 1888 年的法国玻璃、水晶、珠宝品牌。——译者注

第二次世界大战的爆发并没有削减礼品贸易，反而创造了新的机会。它为国内的礼物制品企业开辟了新市场，尤其是"美国艺术家和设计师们，（这些人）对他们视为不公平竞争的'浪漫的'外国品牌从来没客气过"。1941年的全国礼品和艺术品协会展会保持礼物制品行业备货充足，大约五百家参展商几乎都在销售美国和英国的商品，价格也比较便宜。许多曾经在欧洲制造的产品，现在跑到了美国制造商的生产线上，例如手袋（以前在法国生产，但现在的成本只是过去的一小部分），人造珠宝（具有"强烈的军事主题趋势"），还有戈德谢德（Goldscheider）陶瓷，该公司已将其生产设施从维也纳搬到了新泽西州的特伦顿。即使是大众媒体，也并没有承认战争期间礼物制品采购的局限性，而是将其转述为品位的变化，体现民族自豪感：据报道称，"展会上的主要趋势反映了爱国主义，美洲印第安人，墨西哥和南美洲灵感的那种节日风格"。1944年，马萨诸塞州斯普林菲尔德的罗伯特·W.凯洛格公司，仍然能够提供来自英国斯塔福德郡、苏格兰，瑞士和墨西哥的商品。例如，"纯苏格兰羊毛"围巾，来自"格拉斯哥北部的湖区，唯一可以买到这种等级围巾的地方"。六件套的芬兰褶皱纹瓷器（fluted china）售价4.95美元，安第斯山脉的羊皮地毯售价9.5美元，"墨西哥制造"的彩绘儿童小椅子售价2.95美元。就算全球局势动荡也无法阻止垃圾货"异国情调"礼物商品的流通。

别具一格的小窝

尽管没有途径完整地获取全球范围内的礼品，但对独特性和真实性的追求一如既往地坚定，或者可能是因为，外国制造商品的贸易已经缩减至涓涓细流。于是，洋气和异国情调必须由国内生产商创造。例如，法国"歌剧歌曲"盘子（每个1美元或8个7.85美元）是"那些多年前法国制造的著名盘子的精确复制品"。"五月花"餐具是手绘的"精致美式半瓷器"，"器型由著名的瑞典陶瓷设计师罗亚尔·希克曼（Royal Hickman）设计"。为了应对不断增长的需求，俄亥俄州和西弗吉尼亚州的陶器制造非常自豪地使用了机械化技术，有机器浇注的模具，自动浸渍上釉的机器，甚至添加装饰的"划线机"。讽刺的是，人们对手工制造的狂热反而淘汰了人工。每天能够加工约 9600 件❶产品的工匠被机器取代，只需 3 个人操作，每小时可生产约 21600 件产品。

　　战后，美国人的可支配收入飙升；礼物制品行业等蓬勃发展。1950 年的国际贸易博览会上提供了大约一万种产品，1951 年芝加哥的一个礼物制品展会上，供应商的销售额比上年翻了一番。美国赞助的战后计划旨在重振"前敌对"国家的经济，从出口商品开始，例如日本的圣诞树灯、德国的玩具和瓷器。在首批计划实施中，政府从捷克斯洛伐克购买了价值 100 万美元的黏土，然后将其运往德国"以提高德国陶瓷的产量。如果这个计划进行得顺利"，根据 1946 年年底的一份报告，"德累斯顿瓷器明年将与其他类型的德国瓷器、工艺品和陶器一起，重返世界市场"。

　　在家庭方面，住在美国郊区的居民们在工作、社交和购物。他们兴致勃勃地接受了愈加定义中产阶级生活方式的实体装饰物。与大萧条时期相比，战后结婚的妇女更多，在更年轻时就找好了配偶，放弃了职业生涯，转而从事家庭主妇的工作，还生下了更多孩子。这不仅加强了家庭在她们生活中的中心地位，而且有更多契机为自己，或者为了在婚礼、周年纪念和婴儿洗礼这类场合送礼，而购买礼物制品。市场在继续出击：礼品店和百货公司提供的新娘登记服务更加常见，这样送礼者就可以了解新娘的"秘密……品位和兴趣"。礼品店的经营者成为"联络员"，确保送礼送得恰到好处。

　　作为妻子和家庭主妇，女性面临着文化压力要让她们的男人

---

❶ 原文为 800 dozen，即 800 打，每打 12 件，合计 9600 件。后面的数字原文是 1800 dozen，合计 21600 件。——译者注

保持幸福和满足，这种文化压力来自电影、规范文学（prescriptive literature）❶、杂志和她们自己的朋友。家庭成为消费者支出的中心，在战后的五年之内，花在家庭家具和电器上的钱成倍增加。威廉·怀特（William Whyte）❷观察到，由于新郊区的同质性，本来不易察觉的房屋风格和家具上的差异，变得极为重要。"人们对室内设施有着敏锐的洞察力，"他观察到，"购买一个自动烘干机，或是异常精致的一套家具，或任何其他偏离常规的东西，总是会引起注意。"也就是说，"额外添置的反而成为关键的东西"。

即使是那些"额外添置"，女性也被期待要明智地消费，因为男人会密切关注他们的妻子是如何花他们的钱的（或者整个家庭的收入——如果双方都工作的话）。因此，装饰性物品也必须看起来是有用的。毫不奇怪，男人也越来越多地被视为礼物制品的潜在消费者。例如，除了女性化的婆罗门围巾（"像孟买的集市一样多彩"）和手工刺绣的蒂罗尔衬衫（"仅供时尚鉴赏家"）之外，波士顿的礼品零售商麦迪逊之家还专门为男性提供了一些产品线。在战后郊区生活的"强制亲密关系"中，妻子们可以通过给丈夫赠送垃圾货来表达对丈夫的"呵护"和"爱"。高尔夫爱好者可能会喜欢推杆训练器，"模拟实际推杆场景"。户外爱好者可能更喜欢电池驱动的三色提灯（"好东西"）。礼品零售商班克罗夫特还提供兄弟会纹章笔、可拼接桌面文件夹组件和袖珍加法机。

到 20 世纪 50 年代初，面向中层管理人员的礼物制品市场进一步扩大。这些商品大多反映并规范了典型的男性对规范的服从和社会行为，包括喝酒、抽烟、旅行以及钓鱼、打高尔夫等休闲活动。因此，这些垃圾帮助男人表明他们属于一个社会团体，或"帮派"。男人的礼物制品作为半实用性的配件，也将工作和休闲是如何交织在一起变得

---

❶ 指导女性居家生活、礼仪修养等方面的书，类似《女德》《女诫》。——译者注
❷ 威廉·怀特（1917—1999），美国社会学家、城市学家、作家。——译者注

典型化，因为娱乐、旅行、甚至打高尔夫都是为了巩固个人和职业关系的活动。

这就是为什么很多为男性准备的礼物制品最终都出现在办公室里——所有这些办公配件、日历、打火机和鸡尾酒套装。就像战后的郊区住宅一样，办公室在很多方面来说都是一个舞台，中产阶级可以在这个舞台上展示一种符合规范的别具一格——用怀特的话说，就是"中庸之道"。这些实体的物品使同事和竞争对手更容易"打量出这里的相对等级"，根据的是看似最微不足道、无足轻重的个人物品之间的细微差别："我们很容易就一个人桌上有没有保温瓶，或者地板是橡胶砖还是地毯来开玩笑，但这种玩笑有点紧张，不少事故是琐碎小事引发的。"怀特补充道："即便是一个保温瓶，如果能作为一个路标，那就也很重要——作为可见的固定物，表明一个人在哪里，其他人在哪里。"虽然垃圾的礼物制品微不足道、随时可被替换，但还是清楚地标志着一个人是追求地位的群体中的一员，还能标明其等级。

男人和女人都敏锐地意识到，家庭娱乐可能会影响一个中层管理者在职场工作中的晋升，以及他在家庭生活中与邻居的相处能力。位于华盛顿特区的游戏室（Game Room）在1956年的目录中，列满了用于社交的商品。二十二套饮酒器皿（厚平底杯、利口酒杯、威士忌杯、白兰地杯、低球杯、钢杯）；八个醒酒器；五套酒吧用品和相同数量的旅行酒箱、酒架、开瓶器和倒酒器；三套酒瓶和饮料标签、酒吧托盘和桌子；以及十六件与饮酒有关的杂项物品（从冰块盘和鸡尾酒餐巾，到冰桶、新奇冰块、杯垫套装和醉酒检测仪）。游戏室还有些商品与更普遍的娱乐形式有关。除了腊肠串和坚果碗，还有罗盘、浮标、高尔夫球袋等形状的烟灰缸，以及从围裙到切肉砧板之类的烧烤用具，都印有明显的图案——锚、鱼饵、帆船旗、野鸡、马蹄铁——标志着一个人在参与某种明确界定的同类休闲活动时，大概处于什么位置。

除了彰显他们是特定群体的成员之外，焦虑的中产阶级所拥有的那些看似偶然的装饰品，也反映出了他们的上级所拥有的垃圾货。中产阶级渴望成为高层行政主管，这些人用着同样的基本款，可能只是质量略好一点。他们可能会选择佩戴纯银袖扣，看起来像微缩版中世纪决斗手枪，而不是在形似左轮手枪的陶瓷烟灰缸里把香烟摁灭。他们的旅行装酒具被包裹在真正的猪皮而不是瑙加海德革（Naugahyde）❶中，他们印着花押字的手帕由真正的埃及棉制成。他们可能会花更多的钱购买更有特色的商品，但他们选择的是相同类型的商品：调酒套装和多功能工具，个人兴趣爱好主题的时钟和啤酒杯，新奇的烟灰缸和带轮子的饮料架。

　　礼品店之所以成功，部分原因在于它们通过贩卖异国情调、外国特色和怀旧风格，为女性提供了浪漫的家庭生活；男性的礼物制品也能以同样的方式发挥作用。虽然男性的商品通常不会参照某个特定的过去时光或者援引其他文化，但它们确实是避难场所的道具。女人们经常光顾百货公司和购物中心等公共零售环境来逃避家庭领域令人窒息的束缚，而与之不同的是，男人们在自己家中的小隔间、工作室和车库里创造逃避的空间——逃避妻子、孩子、工作。1943 年《更好的家和花园》（Better Homes and Gardens）报道了密苏里州堪萨斯城的哈罗德·哈恩的地下室藏身所，他对自己的房间感到骄傲。"在某些特定的晚上，这个地方……专为爸爸的男性朋友准备，他们用兄弟会的说法称之为'游戏室'。"就像办公室一样，男人的小隔间可以展示各种形式的文化货币，与志同道合的邻居、同事和老板分享时，重申了他们正当的地位及其从属的组织团体。无论他们选了何种垃圾货生活配件都是如此：不管这些先生们是用镀金的球钉打高尔夫，还是在航海主题的烟灰缸摁灭烟头的同时用马场之王赛马主题的高球杯喝酒（图 8.3）。

---

❶　创始于 1936 年的美国人造革品牌，在纺织物表面覆盖聚氯乙烯（PVC）以仿造皮革。——译者注

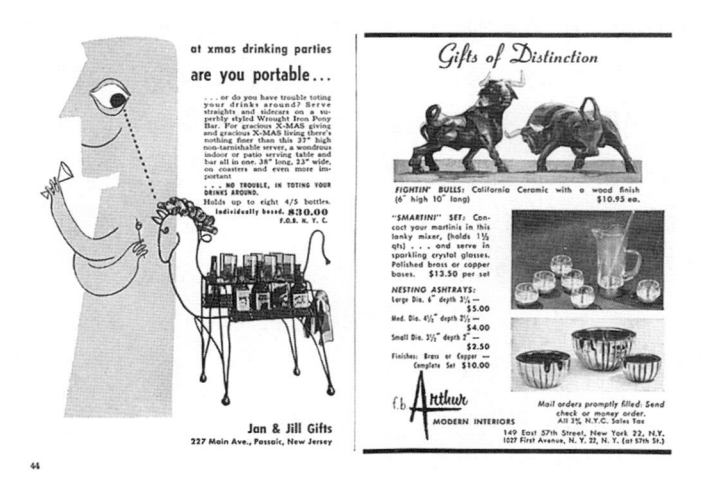

图 8.3　20 世纪中叶，男人的领域也开始充满垃圾货礼物制品，比如《绅士礼品指南》(Gentry Gift Guide)中的"别具一格的礼物"，约 1952 年。

私人定制商品

定制"启发大量关于海洋的谈话"的浮标造型烟灰缸，"给老毕业生和亮眼的校友带来怀旧的回忆"的橄榄球形音乐盒，为它们的主人提供了预先包装好的个性和背景故事——会购买某种特定"外观"东西的"那类"人群。然而，20 世纪中期的美国人还有其他方法可以使自己与众不同——以最合群的方式——就在这个世界中，这里的消费者如出一辙，购买同样的别具一格的东西。每个人都想成为一个个体，就跟其他所有人一样。

礼物制品经营者有一种方式可以满足个性化的合群：私人定制。印花押字的物品过去只为精英阶层服务，因为需要额外加一层手工，需要多余的装饰，这些机器无法实现，生产规模也无法扩大。到了 20 世纪 30 年代，印花押字的产品越来越受欢迎，中产阶级的消费者也能负担得起了。冲压、蚀刻机和可以熨烫固定的刺绣贴等技术创新，使得个体物品的创造不再与手工劳动紧密相关。《商业周刊》指出，20

世纪 30 年代中期"对'私人定制'的兴趣"是"助推"衬衫、毛巾、日用织物乃至口袋书销售的原因。甚至厨房用品和电器也"在刻名字的热潮中大行其道"。《美国家庭》(*American Home*) 在 1933 年指出，"女性喜欢在她们的物品上看到自己的花押字","她们自己独特的三个字母标识，几乎给每个女性的心中带来了一种自豪感"，这也是一种方式让女性可以"悄悄地炫耀一下，但又很有品位"。

到了下一个十年，人们只要额外付费，就可以在几乎所有东西上印花押字。现在即使是私人定制的东西也可以很容易地制造出来，机器生产的物品也变得独特而有个性——用礼物制品的话术来说就是"与众不同"。1944 年，像凯洛格公司这样的礼品公司开始销售印花押字的钱夹、钥匙链、铅笔刀、衣刷、杯垫、项链、餐巾纸、胸针、皮革笔袋、铅笔和铅笔盒。更重要的是，私人定制不再局限于首字母或简短名字的字符串。圣诞贺卡带上全家福，鸡尾酒餐巾上可以饰有个人图片，上面是这个人独一无二的财产("您的房子""您的入户玄关""您的爱犬")。甚至可以为军人定制香皂，印上特定的军徽以及名字和头衔。人们为私人定制的东西而疯狂，从尿布到香烟的所有东西，都要盖上所有权的印记。更为典型的是，像麦迪逊之家这样的公司提供表面有铜丝制作的签名的烟盒，印有自定义古英语字母的杂志架和垃圾桶("纯粹的优雅与实用")，甚至还有袖珍打印机可以让人们自己印字(图 8.4)。

莉莲·弗农 (Lillian Vernon) 是邮购业内的大师，她数百万美元的生意都建立在私人定制大批量生产的消费品上。20 世纪 50 年代初，她已经结婚还有个孩子，但她仍有事业抱负，并对战后妻子们所承担的家庭角色感到不满。当弗农在思考邮购可以卖什么东西的时候，由于年轻时在父亲的皮具公司工作过，她最后决定卖手提包和皮带。"我的手提包将提供一些特别的东西：每个包都会根据主人姓名的首字母进行私人定制。我非常肯定地知道，"她回忆说，"青少年会去买那些让他们感到独一无二的东西——只要他们的同龄人也有这些东西。"相

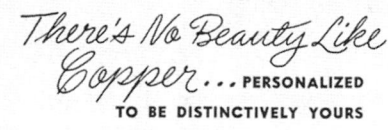

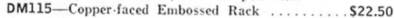

图 8.4　新的生产技术使礼物制品公司得以制造多个私人定制产品。麦迪逊之家，《礼品简报》(*Gift Digest*)，1953 年。

同却又不同的这个方法，对弗农和其他许多大众商品销售商来说是非常成功的。

弗农将她的个人哲学应用于邮购目录选品之中。"我试着更有想象力一点，找些略微不着调的东西——可能有用，但还是不太寻常。"人们拥有的东西越多，礼物制品经销商想要提供新东西就变得更具挑战性。他们如何才能继续向那些似乎"什么都有"的人售卖过剩的商品呢？一个答案是，印花押字。"有一群礼物捐赠者"，一位持反对意见的评论家在 20 世纪 60 年代写道，"他们感觉似乎任何东西只要用花押字母装饰一下，就可以取代一件真正周到的、颇费心思的礼物。但是收礼人不见得会被糊弄——或者说会被取悦"。不过，送礼人的诚意和收礼人的满意，已经完全不是问题的关键了。礼物制品市场只会继续扩大；在这个过程中，它促进并规范了这样的想法：别具一格和个性十足，其实并不是商品化进程所面临的障碍。

化粗俗为高雅

礼品业之所以存在并蓬勃发展，是因为它能够利用顾客看重的精致、品位和独特性这些模糊的概念，用令人信服的方式赢利。部分是因为这些抽象、象征性的联想有助于掩盖这种商品本质上其实是大批量生产的。当然，礼物制品的生产商和经销商在沟通时会更为坦诚，他们的目标就是将品位和文化转化为可销售的商品。例如，参加 1953 年全国礼品和艺术品协会纽约礼品展的手工陶匠（Craft Potters）公司，展出了"我们盈利颇丰的产品线：闺房饰品的新款，以及其他礼物制品"。在 1959 年的展会上，费城制造公司提到，他们家的铸铁野鸭书立是中等价格类别中的"传统销量领军产品"。就像其他的"用于薄利多销的新款低价礼品"系列，该公司保证，"你会发现它们是为了高利润生意而如此定价"。一些公司试图通过采用委婉的赢利方式来提升自己的档次，例如查尔斯·马丁进口公司（Charles Martine Imports），他家提供的精选利摩日（Limoges）❶ 礼物制品无可匹敌，而且价格非常有趣，顾客们会在你刚补完货的时候就清空货架。还有人将自己描述为"创造不寻常——将其变为寻常"，他们提供的是"创意产品"而非大批量销售的产品；他们甚至给自己撇清赢利的动机，声称他们干活儿是"一种荣幸，而不是一份工作"。（图 8.5）

顾客们之所以觉得礼物制品有吸引力，是因为它是一种表达"品位"和"别具一格"的便捷方式。但对于做礼物制品生意的人来说，"品位"和"别具一格"得要能创造利润才是重要的，要将"有趣的"标价变成真金白银。因此，所有这些"正宗的""异域风情的"进口商品都是供应商试图迎合国内市场的口味、满足他们经济需求而造成的结果。必须制造垃圾货，而且还要造得更垃圾。例如，一个美国批发

---

❶ 法国艺术与历史之城，被誉为瓷器之都。——译者注

Room 716
BEVERLY HILLS ACCESSORIES
Box 202, Jenkintown, Penna.
Oldfield 9-0549

★ ★

Beautiful Decorated Items
for the better shops

图 8.5　在类似于贝弗利山庄配饰（Beverly Hills Accessories）这样的公司手里，垃圾桶被装饰成"为更好的店铺准备的美貌物品"。美国礼品和艺术品协会，第 44 届半年度纽约礼品展，1953 年。

商说服一家生产出口陶瓷的英国工厂"将其用于灯座的图案也印在厨具上"，因为他认为这样可以吸引美国女性。他说服一家法国餐具公司用塑料代替木质刀柄，这样在洗碗机中就不会裂开，因为美国家庭主妇们不愿意手洗她们精美的法国餐具。他还"花了一些有利可图的时间"与一家意大利工厂的老板争论生产红铜盖和黄铜盖的胡椒磨的方法，最后说服制造商"如果事先将金属'皮'切好，而不是一个个按照木制底座切割，就能以更低成本生产带有金属盖的胡椒磨"。六个月后，"纽约人可以花 5 美元，也就是以前价格的三分之一，买到同样的设计，而且比以前更耐脏"。想完全放弃国际贸易的礼品店店主可以从国内制造商那里采购异国商品，比如位于俄勒冈州波特兰的陶器公司"北峰"（Norcrest），提供彩绘瓷偶产品线，包括巴厘岛和西班牙舞者、博多娃娃和食人族人偶（图 8.6）。

尽管制造商们必须为礼物制品业提供新鲜的、独一无二的、别具一格的产品，但他们继续推出的东西基本上还是那些已经兜售了几十年的玩意儿。年复一年，纽约礼品展上的供货商提供的都是些老掉牙的东西，只是简单地包装了一下，本质是多此一举的冗余产品：这么

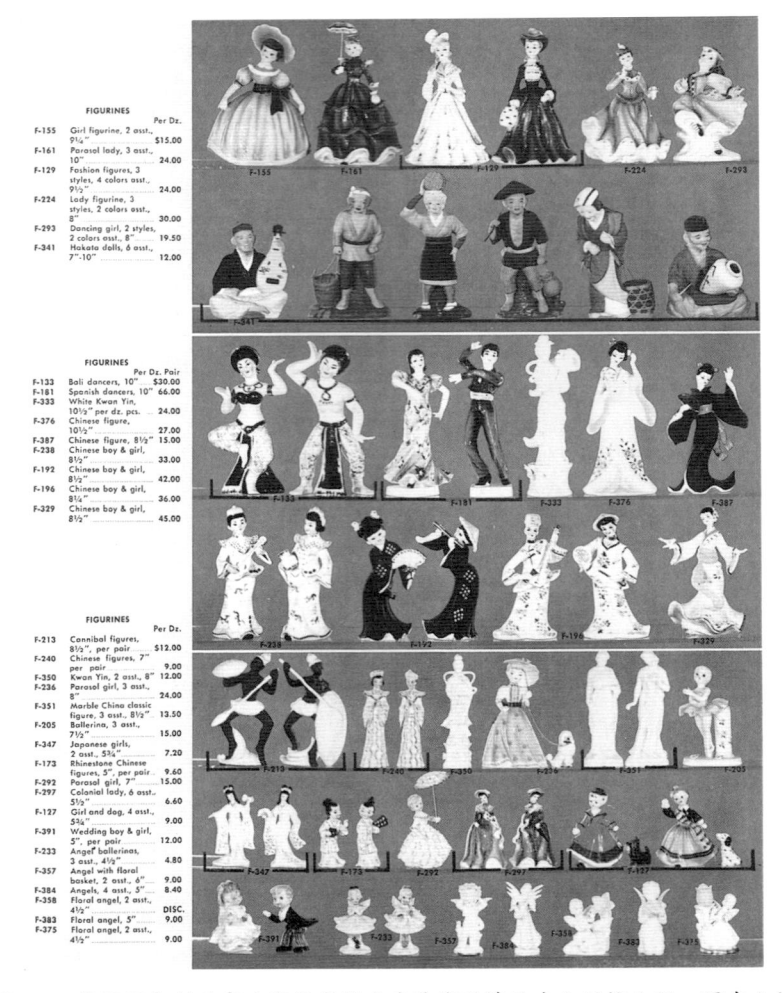

图 8.6　美国国内制造商为家居市场生产异域风情的东方风格人偶，图中人偶均由俄勒冈州波特兰的北峰瓷器公司制造，《1959—1960 年的精致瓷器和礼物》(Fine China and Gifts for 1959-1960)，约 1959 年。

多新奇的、印了花押字的扑克牌和便携式针线包，可爱的瓷器摆件，以及美国早期风格的黄铜印花垃圾桶。一些有进取心的公司创造了真正的新奇产品——有人称之为"更欢乐的怪东西"——试图在某种程度上别具一格还有实用价值，于是真的成了不靠谱的东西：小巧冷盘餐车，"手工装饰的微型小贩大篷车，用奢华的方式提供饮料和开胃菜";约翰尼时钟,一个形状像马桶盖的时钟;驴子哎哎,做成驴子造型的陶瓷胶带切割器、回形针收纳和铅笔刀(彩图6)。

礼物制品的垃圾程度似乎毫无限制。甚至业内人士也这样认为。加利福尼亚州礼品店的店主莉莲·迈尔斯(Lillian Myers)就曾在1966年向《纪念品和新奇物品》(*Souvenirs & Novelties*)杂志的编辑抱怨,礼品店因为销售"垃圾"而变得臭名昭著。供应商"确实制造了廉价的东西,而批发商却把价格抬得很高……我们这些零售商就吃亏了",她写道:"我总是试图购买最好的东西,并且尽可能便宜地出售。它必须是还算过得去的商品,不会在他们到家之前就变质或坏掉。"她恳求说:"做良心产品,卖公道价格。"

更高、更有声望的价格往往会误导购买礼品的人,让他们以为自己买的东西质量更好。"最近,"一位礼品店店主指出,"有一种趋势倾向于卖'高价位'的商品。如果这只是意味着更大、更华丽的'垃圾',那可就错了。要的是新想法、新设计和更好的质量。"在她的专栏对面,印的是"原始工匠"(Primitive Artisan)的广告,提供"来自海地的新款进口商品,价格低",比如用种子做成的项链、草帽和皱纹纸花。

20世纪末,礼物制品贸易仍然是门大生意。尽管这些年来发生了种种变化——从世界大战和深刻的文化变迁,到经济动荡和政治争议——消费者仍然认同那些"古雅""原始""独特"而"精致"的物品,并以此彰显自己的身份,而这些基本"外观"已经流行了几十年。正如其他形式的垃圾一样,礼物商品体现了许多矛盾之处。它声称是精心制作的,其实是大规模生产的。它为主人赋予地位,显示了他们高雅的品位,但看起来跟其他人的东西几乎一样。它承诺表达个人的独特性,但又是大批量生产的结果。最后,礼物制品声称存在于市场之外,但事实上与其他商品无异。许多购买礼物制品的人,被浪漫多彩的叙事所吸引,对其许多自相矛盾之处却视而不见。其他人则根本不在乎,因为礼物制品让他们能够像其他人一样与众不同。

第五部分
价值定位

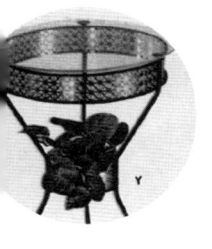

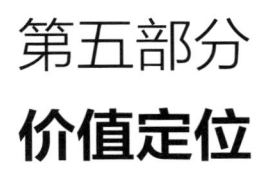

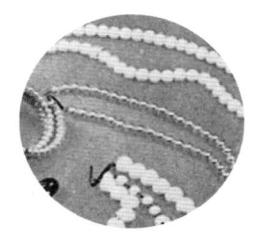

第9章
收藏纪念

收藏界一个不争的事实是，别人愿意付多少钱，东西就值多少钱。一言以蔽之，市场就是这样。收藏家更推崇特定年代、美感、工艺和贵重材质的物品，这是显而易见、不言自明的。有些人可能毕生致力于收藏奇彭代尔（Chippendale）[1]家具、法贝热（Fabergé）彩蛋[2]或现代艺术大师的画作等，这都是合理的。这些东西古老、美丽、稀缺，并且拥有一种无须言传的诚信，自证不误。人们为收藏品投入财务资源、情感能量、社会资本、求知欲和个人空间。一个人如果获得一件特别抢手的藏品，就可以建立作为严肃的鉴赏家的声誉，并巩固其在一个特定的社会小团体中的成员地位。这些美丽的东西可以在当下积累文化资本，也可作为合理的投资，通过未来的升值来保证经济利益。

这样的价值体系在流行文化中得到了加强，像《古董路演》（*Antiques Roadshow*）这样的电视节目迎合并启发了一众新晋藏家。人们喜欢看到专业策展人和古董商介绍物品的历史、出处、制造方式，还有可能最重要的一点：它们大概会卖到什么价钱。财富似乎就在垃圾堆和尘封的壁橱中，等待被发现。即便看起来很普通的东西也可能是珍贵的、甚至无价的，想想就很浪漫。

《古董路演》中明显缺席的一类商品是专门为收藏而生产的物品。我们可以称之为刻意的收藏品、天生的收藏品，或者故意的收藏品。它

---

[1] 奇彭代尔（1718—1779），英国知名细木家具设计师。——译者注
[2] 由俄国珠宝首饰工匠彼得·卡尔·法贝热（Peter Carl Fabergé）为沙皇和贵族制作的蛋型工艺品。——译者注

们的缺席——不仅是在《路演》节目中，还有一流的拍卖行和独家画廊——掩盖了它们的流行程度。它们当然得到了重视，但不是被对的人重视，也不是出于正当的理由。对于精英品位的仲裁者和做出经济决定的评估师来说，它们并无特别之处。它们的来源不是大家族的传承，而是亚洲的工厂。由于它们诞生于自动化装配线而非手工工坊，它们的工艺并不精湛、也不独特，甚至不算很好。由于它们是塑料、树脂、合金、廉价陶瓷和镀金制成的，它们的材质也没有任何值得称赞的地方。由于它们是基于投机奸商的想象力创造出来的，它们并不像老物件那样充满诚意：不仅经受住了时间的考验，而且在许多情况下确实被主人拿来使用。

但是，就像其他类型的垃圾一样，故意的收藏品比它们看起来更复杂，并且针对价值的本性提出了追本溯源而又引人入胜的问题。故意的收藏品提醒人们，价值往往是主观的、难以捉摸的、武断的；人们可以激烈地推崇对那些在某种程度上可能不值得如此投入的东西。从表面上看，这么多人把信仰寄托在大批量生产的收藏品上，似乎是不可理喻的，因为它们并不稀缺，制作也不算精良，甚至往往没有审美价值。然而，出于各种各样的原因，收藏者选择了这些东西作为他们的物品，而不是别的东西。在这个过程中，他们已经具备了鉴赏家的身份，希望像精英一样享受这种地位所带来的物质和社会利益。然而，这些物质和社会利益转瞬即逝，说明了故意收藏品的局限性，说明这些东西在懂行的人看来并无价值，把信仰寄托在它们身上是危险的，也说明经济制度压倒所有其他价值衡量标准，取得了最终胜利。这个故事讲述了制造商、零售商和收藏者如何无中生有地创造价值，而这些价值又总会烟消云散。

制造现代收藏者

仅仅称某物为"收藏品"（collectible）或"藏家之物"（collector's

item）或"收藏的东西"（something collected），就足以和其他实体物品（有用的东西，如工具和电器，以及可被实际消耗的东西，如食物）区分开来。收藏品占据了专属类别和特殊的空间，由此与其他平凡的物品区分开来，并凌驾于它们之上。收藏品也借鉴了精英阶层的收藏实操历史，这与他们富余的时间、金钱和知识有关。例如，在启蒙运动期间，王室贵族设有珍奇屋（Wunderkammern）——博古柜里装着来自遥远地域和民族的奇珍异宝。珍奇屋是地位的象征，表明其主人对物质世界的掌控和占有。

大多数人都会收集东西，尽管原因不明。一些学者认为，这种冲动来自我们归置世界的需求，是一种理解世界的方式——分类这一行为的"物质体现"。收集显示出"人类如何努力适应、调整并扩展他们所继承的分类法和知识体系"。旁人将收集视为一种由神经症和适应不良引起的心理疾病。从这个角度来看，收藏者不仅是"专注的""认真的"，还是"痴迷的"，被一种"全方位消耗的动力"所"困扰"。他们被一种永不满足的"饥饿感"所驱使，想要斩获下一个藏品，他们的"习惯"背后是一种"慢性的不安分"。旁人还是将收集视为一种自我陶醉、制造回忆的亲密行为。对他们来说，收藏品创造了高度个人化的物质世界，人们可以在这里获取安慰、感到舒适。这些收藏品中的个别物品作为记忆的客体，让人们回想起收集的过程，可能也会联系到过去的时光。

在这些因素或其组合的推动下，美国人在19世纪中期开始打造收藏品。"集邮狂热"是最早的收藏热潮之一，最初被中产和上层阶级的女性所追捧，她们有闲暇时间，被邮票的美学特质所吸引，且认为索引和排序这种活动是富有成效和教育意义的追求。不过，这种活动愈发呈现出性别差异。南北战争结束后，培养出这一爱好的男性越来越多，可能是受一些因素的影响：邮票越来越普遍，它们与冒险和发现异域有所关联，还与货币系统有直接联系（因为在许多情况下，邮票可以代替货币）。按照一位历史学家的说法，女性继续收集"数以百万计的垃圾邮票"，"但女性邮票专家确实很少"。集邮这项活动的男性化使之成为一种严肃的理性活动。从某种意义上说，集邮就像珍奇屋一样，是收藏者对外国土地和人民进行殖民，并将秩序强加于其身的一种方式。邮票经纪人这种新兴职业，悬赏收集用过的邮票，让集邮者认为他们的爱好是出于对智识的追求，而非出于对收集的激情。

收集钱币和纪念章也是男性的爱好。集邮和钱币学爱好者们也开始涉足其他男性收藏领域，比如古董和自然历史标本。大众文学只会加强了这种性别差异。像《收藏者月刊》(Collectors' Monthly)这些19世纪末的出版物——刊登邮票商广告、关于动物标本剥制的文章以及文物和标本交易信息——其作者、广告商和通讯作者都是男性。像《西方集邮和收藏者世界》(Philatelic West and Collectors' World)这样的出版物则有一个单独的"女性收藏者部门"，说明这种爱好根据收藏者是男是女，会有完全不同的操作。

女性也收集历史纪念品，但她们倾向于专门收集家庭领域的物品，尤其是与特定历史有关的文物。19世纪末，在殖民复兴运动的推动下，精英们的收藏服务于遗产保护，抢救甚是卑微的美国文物——纺车、铜壶、铁烛台等。只要是美国的、古老的，无论精美还是普通的物品都值得重新发掘利用起来。甚至垃圾的纪念盘也因其装饰性而受到推崇，因为上面描绘了"早期美国的纪念物，它们本身也在延续这一属性"。正如我们所看到的，这些努力是反移民情绪的延伸，通过歧视"杂种"形状的新物品，试图灌输并重申秩序、简单、正直等"传统"价值。大部分来自东北部的白人上层阶级女性带着"热烈的激情"行动起来，按《哈珀斯周刊》(Harper's Weekly)的说法，"（搜刮了）许多乡村家庭的古董钟、椅子、办公桌和瓷器"（图9.1）。

参与这些遗产发掘工作的人们也相信，他们的采石场会提升经济价值——市场从未偏离他们的视线。事实上，如果物品被发现是美国而非外国制造的，就会突然升值，因为它们现在被刷上了爱国主义的光环。欧文·里昂（Irving Lyon）的《新英格兰的殖民地家具》

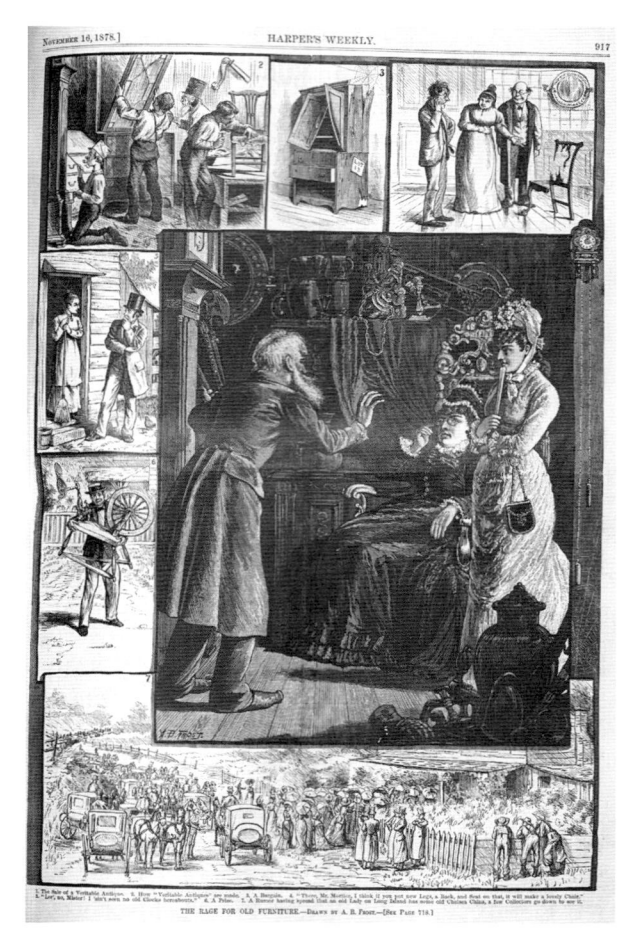

图 9.1 新英格兰人民为了反抗"杂种"的人和物,通常会不遗余力地追捧古董。《旧家具狂热》(*The Rage for Old Furniture*),《哈珀斯周刊》,1878 年。费城图书馆公司。

(*Colonial Furniture of New England*)(1891 年出版)等书,启发人们通过重新唤醒的民族主义视角,再次审视他们的旧物。

到了 19 世纪的最后几十年,持有各种观点的美国人都"饱受收集狂热之苦",都在尽可能收集一切。有些人对奇彭代尔椅这样的工艺品不感兴趣,或者买不起,他们就收集旧的专利药瓶、行李牌、纽扣、雪茄标,甚至电车转乘凭证之类的东西。工业化使人们更容易沉溺于收藏的激情。色彩鲜艳的套色彩印香烟卡、明信片和商家名片卡这类东西，往往是在购物时免费提供的。它们按主题系列发行（节日、著名演员、鸟类、地标），相当漂亮，可以粘贴在特制的剪贴簿上，"每页上有卡槽的厚册子"，通过筛选、分类和布局来定制出个性化的世界。据一位观察者说，人们已经成为物质世界的"奴隶"，缺乏"自我约束的力量"。"不去做收藏者，"他宣称，"就是不拘一格。"

纪念品的政治经济学

19世纪末的企业家们看到了一个商业机会就立刻抓住，借由这股收藏热潮来赢利。19世纪80年代，美国餐具公司开始发行纪念勺，这是最早的故意收藏品之一。不仅可以比较容易地获得，而且价格相当低廉，而且纪念勺是按系列推出的，看上去令人十分愉悦。它们用来纪念具有历史意义的重要人物和事件，以此建立一个宏大的美国叙事：乔治·华盛顿和玛莎·华盛顿的肖像，塞勒姆（Salem）女巫审判❶，底特律的建立，伊利运河的竣工（图9.2）。纪念勺变得十分流行，到19世纪90年代初，国内已经生产了超过两千种不同的纪念勺。正如其他纪念品一样，这些故意收藏品让历史变得不再复杂、容易消化，从而使之商品化。纪念-商品化这一行为本身，也使原本会被遗忘的人和事有了意义。小乔治·B.詹姆斯（George B. James Jr.）在一本专门介绍勺子的当代书籍中写道："许多在起源地都被遗忘的传奇，许多早已失传的美丽故事，都被愉快地唤起，传统被融入纪念勺的设计而得以纪念。"

银器和餐具制造商精明地助长纪念勺狂热，然后以此赢利，按不

---

❶ 1692年，美国马萨诸塞州塞勒姆镇一个牧师的女儿突然得了一种怪病，人们认为是女巫作恶。女巫案情不断扩大，20人因此而死。1697年，马萨诸塞殖民当局宣布塞勒姆案为冤案。1992年马萨诸塞州议会正式宣布为所有受害者恢复名誉。——编者注

图 9.2　各种风云人物和历史事件都成为可供收集的纪念勺设计主题,正如小乔治·B.詹姆斯在《纪念勺》(*Souvenir Spoons*)(1891 年)中展示的。图片承蒙美国古文物学会提供。

同价位向公众提供纪念品的世界。一些作品是非凡工艺的造物,由戈勒姆(Gorham)❶等公司制造发售,特色是纯银的精细设计和镀金及珐琅的装饰。另一些比较普通。由砂铸铜铅合金制成,细节不多,只有最简单的表面装饰,容易变色腐蚀。这些勺子女性都会收集:不仅具有装饰性,而且符合她们作为家庭照顾者、养育者的既定角色。收集纪念品并不是一种"不羁的激情",而是策展的一种形式——照看自己的家庭,还可以上升为照看国家的遗产。

男人们消费其他形式的商品化历史。除了邮票,他们还收集奖章和硬币。庆祝美国进步的重大活动,如 1876 年的费城百年纪念博览会、1893 年的芝加哥哥伦布纪念博览会,有助于激发人们对纪念活动的兴

---

❶　创始于 1831 年的美国银器制造公司,长期为白宫提供银器。——译者注

趣。博览会本身产生的纪念品包括书籍、纪念册、奖章、徽章、丝带、小册子、商家名片、明信片和其他配套物件。其中许多东西是廉价的，本意就是要大量分发的。然而，其他东西，如纪念章，则是铜或纯银的精细雕刻品，数量有限，为更特别的爱好者群体所追捧。

虽然美国自18世纪末就开始生产纪念"勋章"，但第一枚纪念币是在哥伦布纪念博览会上发行的，用来纪念美洲发现四百周年。一款硬币的图案是哥伦布，另一款是伊莎贝拉（Isabella）❶。博览会的组织者打算让这些硬币"带来可观的收入"，因为购买者必须支付双倍的面值，可将其留作纪念品或用作博览会门票。但是，商业与庆祝、利润与纪念的目标，仍然是不一致的——公众对"这种赚钱的权宜之计"感到厌恶。有人认为组织者应该"更进一步，用贱金属制作纪念币"，而不必劳神费心用优质材料打造，因为无论如何它们都不会成为收藏家的藏品。人们对这些设计的评价不高，这也没什么用。特别是哥伦布的形象，不够精细，有些人认为这个效果图看起来更像丹尼尔·韦伯斯特（Daniel Webster）❷、亨利·沃德·比彻（Henry Ward Beecher）❸或者"坐牛"（Sitting Bull）❹。

不管是为了吸引男性还是女性而设计，纪念品的制作者都明白，它们都是简化并提炼了历史的物品。这些物品是某种生命线，以有形的方式将其所有者与过去联系起来。而这件事的另一面是，纪念品的象征性价值很容易受到损人利己、精明世故的制作者的剥削，从而变成美元符号。

不出所料的是，早期最受欢迎的一些美国商业纪念品是纪念乔治·华盛顿的。虽然许多早期的肖像"完全是虚构的"，但这些用"国父"形象装点的半身像、奖章、水壶、啤酒杯、马克杯和盘子，还是

---

❶ 此处应是卡斯蒂利亚的伊莎贝拉一世，哥伦布航海的赞助人。——译者注
❷ 丹尼尔·韦伯斯特（1782—1852），美国政治家，曾两次担任国务卿。——译者注
❸ 亨利·沃德·比彻（1813—1887），美国牧师、作家、演讲家。——译者注
❹ "坐牛"（1831—1890），美国原住民苏族部落领袖。——译者注

满足了公众的愿望。华盛顿于 1799 年逝世，进一步强化了纪念品的市场需求，无论它们是如何廉价制作和不耐用的，只要他的形象被编织、蚀刻、镌刻、剪切或雕琢其中，就会受到追捧。

华盛顿逝世让生产者有机会和经济动力来提供更多的产品。精明的企业家，如 19 世纪初的作家和书商梅森·洛克·威姆斯（Mason Locke Weems），可以大赚一笔。威姆斯认识到他的死亡是一个独特的商业时刻，"子弹上膛，蓄势待发"，要利用华盛顿的传说赚钱。他写信给他的费城出版商马修·凯里（Mathew Carey），说要为这个代表着"上帝、爱国主义、清醒理智、工业、正义，诸如此类"的人制作一本传记。他说："数百万人都想读到关于他的东西。"威姆斯准备写一本颂扬华盛顿作为战争英雄和总统"伟大美德"的书，因为他明白，宣传华盛顿可以赚很多钱，甚至可能有三倍的投资回报。当他对这本书的延迟感到沮丧时，他强调这一点，写信给凯里说："老乔治的骨头里有你的一大笔钱，如果你愿意努把力去取出来的话。"类似的纪念品——不管是多么人为或机会主义的东西——都成为强大的、有利可图的工具，会巩固对过去的、往往是胡言乱语的叙述，而后公众可以自行占有这些叙述。

早期的纪念品市场，包含各种倡导爱国主义和民族主义主题的东西：军官和政府官员等重要人物；海战和大型悲剧等历史事件；新国家繁华的港口等著名地点；以及由鹰、哥伦比亚女神、自由柱和旗帜象征的美国。由于这些早期的爱国主义主题十分受人尊敬，它们被贴在非美国制造的海外产品上也没什么关系。事实上，许多纪念品，如带有转印图案的瓷器，都来自英国的制陶工厂，而这些工厂自身的政治和经济利益与商品传达的信息是背道而驰的。例如，英国生产商通过美国订购的爱国主题瓷器获利颇丰，而瓷器纪念的是 1812 年战争时期的海军英雄和胜仗——美国获胜的这场战争，起因是英国禁运，禁的就是这些东西的进口。

跟现在一样，纪念品虽然是世俗的，却被神圣化了，这个过程变得更为简单,因为主题在时间上被凝固了,没有描绘出缺陷或细微的差别,并直接与重大事件——通常是起源神话——联系在一起,这些事件塑造了美国人对其作为个人和国家的概念。纪念品之所以会开始流行并继续流行下去,是因为它们能够"安置过去的一部分,服务于现在的概念和需求"。制造商并没有忘记这一点,他们了解美国人对于简化的历史需要拥有物质表达。赋予物品纪念意义,将这些神话般的历史转变成有利可图的商品。

收藏品的崛起

然而,直到 20 世纪后半叶,美国才出现了可持续的纪念品市场。在 19 世纪,纪念品的生产数量相对有限,只在短时间内供应。而且早期的纪念品都是在重大事件发生当时或发生后不久制作的——无论是汽船爆炸、外国政要来访、知名人士去世,还是重要建筑奠基——这样才能最大限度地利用其时效性。人们购买这些物品并不是为了按系列收藏,而是向他们出于个人和时代亲历而产生共鸣的事物致敬。

除了丹麦的宾和格朗达尔(Bing & Grøndahl)瓷器公司从 1895 年开始发行年度圣诞盘子,真正意义上的大众市场收藏品直到 20 世纪中期才兴起,当时的公司开始更有意识地利用纪念活动并从中获利。"二战"后,消费者——特别是白人中产阶级——拥有更多闲暇时间,更多可支配收入,以及更多地方来展示他们的财产。企业家首先向这些人推销收藏的理念,然后就可以推销大批量生产的商品,尤其是当这些商品似乎传达了精英阶层在其藏品中所珍视的品质时,比如别具一格、独家专享、稀少罕见、工艺水平和来源。既体现为装饰家居的物品(还是主要由女性购置),也体现为"严肃的"东西,如硬币、邮票和奖章,往往更吸引男性。正如我们将看到的,它们各有各的垃圾之处。

这种"收藏品"是新鲜事物,也自成一派,并不处于古董和复制品之间,而是完全超越它们的存在。最早的故意收藏品之一纪念了对许多人来说最值得纪念的事件。1950 年，位于佛罗里达州的基尔戈古董和礼品公司（Kilgore Antiques and Gifts），向《爱好》（Hobbies）杂志的优雅读者们介绍了"主的最后晚餐盘"。这个十英寸的盘子预示了现代收藏品的决定性特征——声称材料优质、做工精细，有高贵的血统，稀少罕见，有转售价值。根据广告文案，这款"独特的藏家之选"以"世界上最受欢迎的图片"为特色，在瓷器上呈现出九种"光彩夺目"的颜色，并以 23K 金的"蕾丝花边"为边框（图 9.3）。除了将盘子自立为"藏家之选"这一类别，基尔戈公司还用其他策略来人为创造价值。该公司向读者保证，"标有'第一版'的作品仍然可以买到"，暗示它们很快就不容易找到了。盘子的金边和全彩图像证明了其艺术性和品质。最后，由于该盘子是蓝丝带得主（"在 1949 年印第安纳州博览会上获得认可，还有什么好说的？"），它就有了血统：不算是验明正身，只是得到认可。

图 9.3 "主的最后晚餐盘"是最早的故意收藏品之一，其创作者用这个印刷劣质的广告来宣传，刊登在 1950 年的一期《爱好》杂志上，这本杂志的读者都是正经严肃的古董收藏家。

到20世纪60年代，收藏品市场真正开始起飞。除了邮购，礼品店和"艺廊"等零售店主要为女性提供了无穷无尽的人造收藏品，从不拘一格的猫头鹰雕像、叮咚作响铃铛，到锡制顶针、瓷制茶杯。免费送展示架和展柜的承诺，常常会激励收藏者购买整个系列的产品，这项投资可能高达数百甚至数千美元。在这些大批量生产的收藏品中，有装饰成一系列可爱图案的瓷盘——小狗、小猫、天使、田园风光、英式小屋、小丑、美国原住民、猫王（Elvis）、诺曼·洛克威尔（Norman Rockwell）的风景画等。收集这些盘子有几个好处。收藏者通过集齐一系列互不可分的东西而得到了满足，同时也能挂在墙上来美化家居并展示其鉴赏力。而且他们似乎是在投资会升值的东西。

可能很容易将这最后一点视为纯粹的"犯傻"，特别是考虑到现在古董行的货架和亿贝网上有多少廉价古董收藏盘。人们似乎不能把它们免费处置。但是，期货市场就其本质而言，永远是不确定的，在没有事后之明的情况下，收藏者倾向于相信制造商和零售商的说法，就像现在的人们把信心寄托于他们希望、但不确定未来某天会升值的收藏品。

因此，重要的是，得更全面地了解收藏品生产和营销的语境，这样才能领会它们的诱惑所在。赫歇尔·刘易斯（Herschell Lewis）从电影制片人转行为营销顾问，他回顾了20世纪70年代末为"卡尔霍恩收藏家协会"（Calhoun's Collector's Society）担任文案编辑的日子，一步步地解释了生产商人为地制造价值的过程。在那些令人振奋的日子里，每个人都在"为纪念盘热潮而激动"，卡尔霍恩收藏家协会正试图弄清如何在一个已经饱和的市场中获得一席之地。据刘易斯说，"员工们冷嘲热讽地围坐在会议桌前"头脑风暴，想出一个"还没有被玩剩下的"主题。他们定下了"官方伯利恒圣诞盘"，希望将其宣传为"真正在圣地伯利恒烧制，还有一位主要教士的认证"。找人创作艺术品很容易，因为"盘子艺术家像兔子繁殖一样层出不穷"。具有挑战之处在于提供证明其"官方"的证据。这意味着它已经得到一个看似权威来源的批准和验证，而这个来源可以收藏者中引起共鸣。他们在特拉维

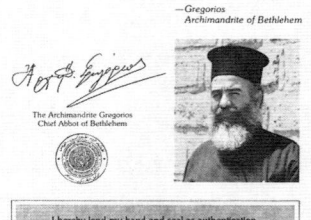

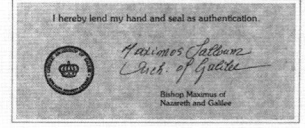

夫雇了一个"中间人",这人在黎巴嫩边境附近找到了一个制造商。他们知道,盘子的收藏者对出现在盘子背面的款识和正面的设计同样在意,甚至更在意,因为前者会影响其经济价值,后者只具有审美价值。"对生产者来说有多可笑,对收藏者来说就有多重要",背面的款识,无论多假,都提供了现成的证明和真实性,可以复制,还可以进一步用鉴定书来验证。卡尔霍恩的中间人找到了他们想要的人:伯利恒教会的修道院长格里高利奥斯(Archimandrite Gregorios),他授权在盘子标识和销售资料中使用他的名字和图像(图9.4)。制造商不知道"修道院长"是什么,也不知道格里高利奥斯并不是一个真正的大人物,但这都不重要;他们喜欢他的头衔听起来具有异国情调和宗教氛围。在前互联网时代,"如果我们搞不清修道院长是什么,那么任何盘子收藏者也都搞不清楚"。格里高利奥斯的原始宣传照片是用来宣传他真正的工作:旅游巴士迎宾员,照片上的他戴着太阳眼镜,后来被公司修图去掉了,甚至他的肖像本身也是一种"幻觉"。

图9.4　1977年,卡尔霍恩收藏家协会为其"官方"盘子创作了一位"赞助人","格里高利奥斯,伯利恒的修道院长",信息详情页介绍了他的"原住地"以及他本人的"肖像""签名"和"印章"。

创造一个令人信服的真实性光环，可谓一项挑战。构建关于稀缺性的理念也是一项挑战。该公司设定了"版本限定"（刘易斯自己的讽刺话术）一万个盘子，"向收藏者保证稀缺性"。他指出，这与其他公司"出色的欺骗行为"相似，他们通过"烧制天数"来定义限量版，这种简易的对冲方式使制造商能够生产数十万个盘子。盒子上盖一个看起来很官方的红色纹章，签上首字母，并标明获批为艺术品出口——在生产过程中印在盒子上，而不是事后真的由一个中立的仲裁者盖章。"原创正品证书"也同样署有"官方"签名，盖有印章，不是个人手写的，而是由机器印刷的，最终只对收藏者有意义。在背面有一个地方可以记录"所有权转让"（Cession de propriété）（彩图 7）。

商家还通过吹捧收藏品所谓的优越材料特性来创造一种价值提升的感觉。例如，卡尔霍恩收藏家协会用"真正的皇家康沃尔（Royal Cornwall）瓷器"制作盘子，这种区别与限量烧制时间一样，没有任何意义。刘易斯解释说，建立皇家康沃尔印记是这个过程中最具挑战性的部分，"因为我们向商标局提交了 32 个名字之后，那些挑剔的官僚才接受第 33 个名字"。然而，这个虚构的名字可以鼓励收藏者将其与君主制和著名英国陶器厂的血统联系起来。由于该公司现在拥有"皇家康沃尔"这个名字，他们可以将其刻在后续其他系列的盘子背面，而这些盘子可以便宜地从日本进口。

尽管在各个层面上都是虚构的，这些盘子"立即成为热门商品"，而且该公司能够利用第一版"神奇的声望"做生意。2003 年，当刘易斯的报告发表时，他指出网上仍然可以找到这个版本的盘子。他还厚着脸皮鼓励人们去搜罗这些盘子（就像我一样）。他说："毕竟，这些是唯一带有修道院长格里高利奥斯罕见而著名的签名的盘子。"这也许是它们的唯一诚实之处。

然而，另一个收藏品盘子和其他大批量纪念品的经销商，布拉德福德交易所（Bradford Exchange，成立于 1973 年），发起了最为大胆冒进的行动，以证明其产品是"得到证实"且"货真价实"的。该公司设计了自己的市场指数，用来跟踪二级市场上大约三千个盘子的动向。"布拉德市场指数"（Market Bradex）由此创造了一个元市场、一个影子市场、一个平行市场和一个虚假市场。它利用主流市场上发生的交易来创建自己的价值指数，一度追踪了虚假货品的交易。收藏者们将布拉德市场指数视为"盘子收藏界的道琼斯"。它在20世纪80年代初的全盛时期被描述为一个"价值50万美元的商品交易大厅"，在玻璃幕墙后安装了最先进的计算机设备。一个团队使用专有的"即时报价交易系统"，"像华尔街一样"在一个"大板子"上监控交易活动（图9.5）。"布拉德快递"（BradEx）为收藏品盘子的买家和卖家牵线搭桥。"来自世界任何地方的出价可以立即匹配上希望出售的收藏家打电话提供的各种要价。"买家被收取4美元或4%的佣金，而卖家被承诺按要价卖出，但要减去30%的"交易佣金"。

"布拉德快递"的存在，通过促进二级市场的交易并使其看起来像真正的股票市场一样合法，提升并证实了收藏品盘子的市场。而且

图9.5　公司鼓励盘子收藏者像投资股市一样追踪他们的交易，布拉德市场指数让这种对比变得更合理了，他们有自己的交易大厅，《收藏品画报》杂志1983年对其进行了报道。

这似乎是有效的。20 世纪 80 年代初，仅在美国就有超过一百万人在收集纪念盘。由于描述这些盘子用的是高级金融家使用的术语，收藏者认为它们的运作方式与其他商品相同。这样一来，它们似乎就成了可靠的投资。当时，"布拉德快递"官方人员指出，最近的销量迅速增加，预测未来的交易会十分稳健，还指出"现在需要 22 名经纪人来处理交易所的交易"。

纪念盘市场价值的特点在于，即使对于——应该说尤其是对于——那些可能永远不会踏入华尔街的人来说，也是有意义的。有些盘子一直是交易所的"主力"，而有些盘子则是"震荡的"，可能"让人兴奋"，可能"表现"得很好或很差。一位"布拉德快递"的代表在提出收藏品盘子"不能保证迅速致富"的必要警告之后，还是将该指数直接与纽约证券交易所进行比较："透过布拉德福德交易大厅的窗户看去，很容易想象到价值数百万美元的美国电话电报公司（AT&T）或格兰蒂埃拉能源公司（GTE）的股票正在易手。仔细观察后会发现，这种兴奋源于比约恩·维因布拉德（Bjorn Wiinblad）于 1971 年发行的'玛丽亚和孩子'上涨了 100 美元，达到 1620 美元的高点。"一位在《珍品》（Rarities）杂志上鼓吹盘子收藏的作者说，随着"布拉德市场指数"的出现，"就很难理解盘子制造商怎么会不愿意将他们的产品描述为投资品"。《收藏品画报》（Collectibles Illustrated）在 1983 年发表了名为"盘子大爆炸"的封面故事，文中一位女士感叹道："1976 年我花 45 美元买了这个盘子。此后它升值了近 600%。"一个 1965 年以 25 美元发行的莱俪盘子，在不到 20 年的时间里，价值高达 1540 美元。据报道，另一个收藏品盘子在短短六年内从 35 美元"飙升"到 1050 美元。鉴于这些成功的故事，如果人们不去投资像盘子这样迅速升值的收藏品，那就太愚蠢了。

开一家铸币厂 ❶

在女性参与盘子收藏热潮的同时,男性也在接纳纪念品的商品化。首当其冲的是富兰克林铸币厂(Franklin Mint),光是这个名字就能让人联想到一个深受喜爱的(而且是出了名的诚实的)历史人物和一个硬币制造商。该公司成立于1964年,最初是一家私人铸造金银币和纪念章的供应商,并为拉斯维加斯的赌场生产博彩代币。后来生产的产品之多,可谓名副其实的故意收藏品万神殿,包括娃娃(玛丽莲·梦露、戴安娜王妃、伊丽莎白·泰勒),历史复制品(柯尔特左轮手枪、武士刀、可口可乐售卖机、阿帕奇直升机),按"精确"比例缩小的铸模老爷车(T形车、埃德塞尔、科尔维特),纪念盘(常见的主题),奇幻主题的小雕像(女巫、术士、龙、城堡),哈雷戴维森周边商品,狼、鹰的雕像,《星际迷航》(Star Trek)宇宙飞船的微缩模型。1979年,这个自称"世界上最大的高级收藏品开发商和营销商"的公司,仅在瓷器类别就获得了6400万美元的收入。

创始人约瑟夫·M.西格尔(Joseph M. Segel)认识到了人们对硬币收藏的广泛兴趣,建立了国家纪念协会(National Commemorative Society),发行了一系列特别奖章。5200名会员每人每月有机会购买一枚硬币。新发行的纪念币在热门的硬币收藏杂志上公布,但大多数读者无法获得,尽管它们在许多方面都是劣质的,却依然受人追捧:材质是较低纯度的银(925纯银而不是999纯银),花纹是浅浮雕而不是极为精细的设计,也不可用于一般流通。西格尔将他的产品描述为"硬币奖章",按一位评论家的说法,这个词"明显是牵强的,但非常必要"。

---

❶ 原文为 Making a Mint,字面意思是"制造铸币厂",引申义指赚了很多钱、好像自己开银行印钱一样,一语双关。由于该章节主要介绍了富兰克林铸币厂,因此保留字面意思。——译者注

应该说，硬币是种特别复杂的东西，因为它们同时保有多重价值。它们的"收藏"价值由几个因素决定：对发行缘由的历史角度的兴趣，稀缺性及其新旧品相。这些因素中的每一点都可能是高度可变的，并将大大影响一枚硬币的价值。例如，品相是由独立的"评级"公司判定的，同一枚硬币在不同的公司可能会有大相径庭的评级，而且有时是因为看似无法察觉的缺陷。然而与此同时，"错版"——铸币过程中的不完美——可以使一枚硬币变得非常珍贵。硬币也有"熔化"价值，基于它所含的金、银或铜的内在价值，简单来说是由当前的贵金属市场决定的。硬币也有作为法定货币的面值。因此，收藏者可能会为1912年发行的印第安人头像10美元金币支付600或700美元以上。对于金属鉴定师来说，同样的硬币可能价值150美元左右，这取决于当天的情况，而在你的口袋里，它就只能买几杯咖啡。

大多数钱币收藏家比较推崇硬币，因为硬币通常会升值，但不太看重奖章，因为奖章通常不会升值。创建混合的"硬币奖章"这一类别，使西格尔能够利用几十年来信誉良好的团体所发行的高品质勋章，如奖章之友协会（Circle of Friends of the Medallion，成立于1908年）和奖章者协会（Society of Medalists，成立于1928年）的奖章。他还密切关注近期一些公司的成功，如纹章艺术公司（Heraldic Art Company），他们发行的"限量版"系列仅供内部会员，以及总统艺术奖章（Presidential Art Medals），生产青铜和纯银材质的约翰·F.肯尼迪总统奖章，以及其他纪念签名者和联邦各州的系列奖章。

西格尔委托美国铸币厂的首席雕刻家吉尔罗伊·罗伯茨（Gilroy Roberts）提供技术，从而在硬币上附属了一个备受瞩目的名字。为了向大众市场销售，他对金属和包装进行了试验，并采用了严肃的收藏家们所认可的标准和价值分类。例如，西格尔将劣质金属展示为更新、更好、专有的东西——仅限富兰克林铸币厂。许多早期的硬币由各种合金制成，被赋予异国情调的名称，如"NICON""纯银加"（Sterling Plus）和"富兰克林合金一代"（Franklinium Ⅰ）。为了进一步提高创始阶段的声誉，富兰克林铸币厂参加行业展会，向收藏家组织捐赠股票，聘请他们的专家作为内部专员、档案员和经纪人，与钱币收藏协会建立了联系。到 20 世纪 70 年代，该公司已经从世界各国获得了铸造纪念章和样币（proof coins）的合同。

不过到了 20 世纪 70 年代末，富兰克林铸币厂把越来越多的非专业人士引到了周围，却疏远了主流钱币收藏家，他们不仅拒绝为铸币厂虚高的发行价买单，还看着铸币厂的硬币在二级市场上贬值。1978 年，电视栏目《60 分钟》（*60 Minutes*）甚至播出了揭秘富兰克林铸币厂的报道。当银价在差不多同一时期创下新高时，聪明的收藏者将他们的藏品送到精炼厂，恢复到熔化价值。

然而，许多收藏者继续持有他们的富兰克林铸币厂硬币，并继续购买新发行的硬币，这证明他们相信该公司精明的营销操作：让低层级的收藏者可以接触到这项爱好，同时将其表现为一种精英做派。作为纪念品，这些硬币体现了简化、增值版的美国历史。宣传文案强调人们可以"拥有过去的一部分"，暗示收藏者的动机不只是出于经济利益，也是出于求知层面的好奇心。这种宣传方式讨好了那些设想自己是博学的思想家，而非粗俗的物质主义者的人，感兴趣的是思想，而不是钱：就像古董收藏家一样，他们可以出于转售价值以外的原因而欣赏、渴求一件物品。例如，富兰克林铸币厂为卡森城（Carson City）❶硬币设计的销售话术，让销售人员鼓励潜在客户"想象一下，你手中拿着的是一段罕见的、珍贵的美国历史——1870 年至 1893 年用纯金铸造的传家宝。听起来不可能吗？不过，你确实可以拥有一枚真正的狂野西部 20 美元'双鹰'（Double Eagle）金币……这是正宗的美国铸币厂金币，就在卡森城铸造，浸染着西部边疆的丰富历史"。类似地，购买成套的摩根美元（Morgan Dollar）有机会"获得这种称霸西部的银

---

❶ 内华达州首府，曾经有一家美国官方铸币厂，也确实铸造过后文提及的几种硬币，因此可以围绕这段历史讲故事。——译者注

圆"。而且浪漫的是，这是"赌徒、拓荒者……和银行抢劫犯的首选硬币"。

市场营销方面的努力，也迎合了收藏者对自己眼力和鉴赏力的感觉。由于硬币是"独家的"，看起来很稀缺，因此更有价值。但独家性也使得收藏者想象自己从属于一个更资深老道的收藏群体，"像你这样的客户"。销售代理经常向买家透露一点关于新收藏项目的"鲜为人知的秘密"，或者强调最近发行的硬币是对收藏者已有套装的"完美补充"。销售代理通过奉承讨好，不仅能够说服收藏者购买与他们已有硬币几乎相同的硬币，还能让他们觉得这是一个明智的、知情的决定。

故意收藏品的卖家还援引模糊的、往往是虚假的特殊类别，给他们大批量生产的商品披上稀有、独特的光环。声称"数量有限"只会加剧购买的紧迫性。由于硬币天然与市场密不可分，其商品地位不像其他一些故意收藏品那样被掩盖，而是被强调。历史性和假定的投资价值是相辅相成的。例如，"非常罕见的华盛顿'错版'美元"，这东西"大多数人没听说过"，但奇怪的是，它们也是"最受追捧的"硬币之一，其销售话术写道："由于数量有限，几乎没有收藏家有机会拥有这种罕见的错版硬币。我们很幸运地获得了这批现象级错版硬币中的极少部分，将它们提供给你。数量有限，一旦售罄，就真的永远售罄了！"

营销人员总是用形容词副词的最高级表达，与其他策略一样，只是给硬币增加了虚幻的价值。印第安人头像金币"被广泛认为是美国铸币厂有史以来设计、铸造的最漂亮的硬币"。美国银鹰一元硬币是"美国铸币厂生产的所有银币中最大、最重和最纯的"。终极镍币套装包含"美国19世纪和20世纪最重要的硬币之一"的不同版本，其设计"也是有史以来最漂亮和最持久的"。诸如此类。

实体物件的吸引力有助于将富兰克林铸币厂收藏品硬币的价值具象化，也是该公司鼓励买家将自己视为高端收藏家小圈子成员的另一种方式。参加"总统美元集齐项目"的人（必须预付费才能参加）会收到"十二枚未经流通、层次丰富的 24K 极品金币和一个免费的博物馆品质樱桃木饰面展示架"。意思是说，人们将得到浸涂了一层黄金的硬币（一个"强化版"特色）和一个可以放置它们的贴皮仿木盒。承诺购买整套硬币的收藏者会额外获得两枚浸涂了一层铂金的硬币作为奖励。

该公司还通过其他方式构建价值。如同收藏品盘子一样，人造的认证挪用了古董和艺术品收藏中的术语和价值尺度。许多硬币被封装在透明的塑料包装中，贴上精致的封口贴，附有"官方"文件和专业评级。虽然有些钱币确实是由有信誉的独立机构评级，但大多数认证是内部进行的，这就形成了一个反馈闭环，事实证明是相当有利可图的。例如，每一枚总统美元（Presidential Dollar）都"用富兰克林铸币厂的激光'铸币厂安全封口贴'封装起来，并由美国铸币厂第 36 任厂长杰伊·W. 约翰逊（Jay W. Johnson）签名"，而他当时已不再担任该职务，只是该公司的一名员工。富兰克林铸币厂也从未澄清具体是什么被认证，也没有指出"认证"全是他们一家包办的，包括印刷自己的认证书，制作自己的"官方"激光包装封口贴（图 9.6）。

图 9.6　富兰克林铸币厂为自家限量版福特两点双门改装轿跑模型而制作的认证书印厂打样。

虽然从法律上讲，富兰克林铸币厂不能声称其收藏品硬币会升值，但其营销物料却鼓励收藏者自己得出这一结论。销售话术经常提到硬币的"内在价值"，这个词组向不解其意的收藏者灌输了信心，他们被"内在"和"价值"听上去的样子所诱惑。同样，华盛顿总统美元错版是"经过认证和评级的",这"只会提高其收藏价值。类似的散装硬币——未经评级——比我们的评级硬币卖得更贵一些"。该公司通过电波、产品目录中光滑的全彩页面、私人定制化的电话销售进行反复推广,强化了这些具有暗示性的有力声明。人们很容易成为真正的信徒(图 9.7)。

其他供应纪念性收藏品市场的公司也使用了类似的修辞策略。他们给自己起了一个听起来很重要的名字,迎合了购买者对货真价实、

图 9.7 内部销售单,例如 2010 年给卡森市金币的这张,不仅为富兰克林铸币厂的销售代表提供了针对特定顾客的推销话术,还使他们可以便捷地了解硬币市场的信息。

别具一格和精致高雅的感觉。那些对纪念品感兴趣的人——从纪念 OK 牧场枪战（Gunfight at the O.K. Corral）❶一百周年的皮带扣到乔治·华盛顿硬币——可能会投资普罗维登斯历史铸币厂、国家收藏家档案馆、美国传统艺术产品有限公司或西港铸币厂这些机构的产品。他们的名称有助于为产品赋予历史意义，交易也往往基于这些受人尊敬的组织的正直诚信。由于全国各地有无数的地方级和州级历史协会，带有类似"美国历史协会"印记的物品似乎就持有了一个庄严机构的验证。人们不禁将历史的真实性与经济价值等同起来。即使对真实机构只是偶有知悉，也足以给那些制造垃圾的假机构带来一点可信度。

审判

指导今天收藏市场的原则，在过去也是如此：任何收藏品的长期成功都依赖于收藏者持续的热情，才能维持市场需求，从而维持价格。这一点尤其适用于大批量生产的收藏品，它们不具备传统意义上可以决定其价值的品质，如稀缺性、艺术性或者与过去的真实联系。热情和价值必须来自其他因素。

当时和现在一样，故意收藏品的收藏者在这种爱好中找到了乐趣。对他们来说，收藏本身就是一种愉悦的追求，收集、整理和筛选的行为也相当令人满意。收藏者还在同好中获得了威望，并在收藏团体中找到了意义和归属感。

但是，当然，收藏从来没有（现在依然没有）完全脱离市场，而是深深地嵌入其中，正如布拉德市场指数，富兰克林铸币厂的硬币，以及其他故意收藏品世界中的现象所证明的那样。大多数收藏者希望（并继续希望）从他们的爱好中得到回报。对于纪念盘、经典老爷

---

❶ 发生于 1881 年美国亚利桑那州墓碑镇的枪战，是西部历史上的著名牛仔决斗事件，被改编成了电影。——译者注

车复制品、限量版奖章和其他故意收藏品的拥有者们来说，做一笔好投资的想法被证明是一种强大的激励力量。专项杂志的内容以《古董》（*Antiques*）和《爱好》等知名出版物为蓝本，经常把关于著名收藏家的文章与大众市场收藏品最新趋势的专栏混在一起。像《珍品》（"收藏品的杂志"）、《收藏品画报》、《盘子收藏者杂志》（*Plate Collector Magazine*）、《盘子世界》（*Plate World*）和《收藏者集市杂志》（*Collector's Mart Magazine*）这样的出版物，不仅进一步验证了收集故意收藏品的有效性——他们是拥有自己杂志的专业人士！——而且继续暗示他们的藏品有一个繁荣的二级市场。按《珍品》的说法，"我们对任何收藏领域的基本标准是：'有趣吗？'同样重要的是：'能作为合法合理的投资吗？'"同样，《收藏品画报》将自己描述成一本为"精通"且"聪明的收藏者"准备的杂志，它的读者们希望"在市场上占据巅峰高位"，提供"争分夺秒的新资讯，弘扬收藏界丰富传统的深入文章，以及一系列广告和分类专栏，让你与其他兴趣相投的收藏者沟通交流"。一本当代行业杂志指出，收藏品"提供了艺术性、情感魅力、家居装饰、怀旧、传统、陪伴和投资价值"。无论收藏者的藏品是如何历史悠久或赏心悦目，他们总是考虑这些东西在经济层面上的前景，信任现有的专业意见，而这些意见来自富兰克林铸币厂的代表，以及收藏品杂志的专栏作家。

因此，当收藏者们在20世纪末开始处理他们的故意收藏品时，了解到这些东西其实并没有什么价值，许多人表现出了合乎情理的意外，甚至震惊。纪念品的收藏者——特别是那些积累了大量硬币和纪念章的收藏者们——面对的清算是最大规模的。富兰克林铸币厂和其他"交易所""铸币厂"的客户们，也许最有理由认为他们的收藏品会具有稳健的转售价值。毕竟，他们没有把钱浪费在轻浮的瓷器、时髦的塑胶娃娃或者以各种狗为主题的盘子上，而是投资于具有历史庄严与意义的严肃作品之中。他们手中的许多样本，作为金融产品，已经变现了。

但是，就像其他量产垃圾的收藏者一样，他们想错了。例子很多，讲一个密歇根州特洛伊名字缩写为 DA 的人的故事。他在 2012 年写信给金融专家马尔科姆·伯科（Malcolm Berko），询问他收藏的富兰克林铸币厂硬币价值几何：

> 在过去 25 年中，我从富兰克林铸币厂购买了超过 47000 美元的收藏品银币和美丽的非银币，作为退休金投资，因为我认为这些硬币的稀缺性和限量版铸造，会推动它们随着时间变迁而升值，而且我相信银币中的银本身也会升值。现在我 64 岁了，决定把这些硬币卖给一个钱币商，他给我开出了 2500 美元的总价。他告诉我大多数硬币都不值钱，唯一有价值的是那些含银的硬币。我很受打击，因为当年我购买所有这些硬币时，富兰克林铸币厂的人告诉我，这些硬币是限量铸造的，将来对收藏家更有价值。我打电话给底特律的两个钱币商……两人都说他们对富兰克林铸币厂的硬币没有兴趣，说他们不觉得会有任何经销商愿意从我这里购买这些硬币。我儿子让我给你写信，因为他说你可能知道有谁会买这些硬币，在这个时候，如果有可能卖到至少是我所支付的一半的价格，我将非常高兴。如果你能的话请帮帮我。如果不能，你认为我是否可以起诉富兰克林铸币厂并收回成本？你能为我推荐一位律师来起诉他们吗？

伯科帮不上什么忙。他解释说，富兰克林铸币厂等公司销售的产品没有货币价值，而且很可能永远不会有。他坦言自己花了 150 美元买了一个富兰克林铸币厂的 1935 年奔驰 500K 跑车模型。他说："虽然它是'等比例缩小的'，但它是中国制造的，工艺简单且廉价；零部件会脱落，后来铸币厂不给我退钱，我就把这个奔驰扔进了垃圾桶。" DA 也可能用同样的方法处理他的硬币。伯科解释说，无数的收藏者为收藏品硬币多付了"好几个数量级"的钱，被"巧妙的潮流热词"所迷惑，使买家更难"做出明智的购买决定"。即便是富兰克林铸币厂也会提供的真正具有收藏价值的银币和金币，销售价格也远高于当时的零售价格。一位钱币收藏家举了一个例子：五枚摩根美元银币"藏品组合"，"被描述成几乎不可能靠自己收集"，而铸币厂以549美元的高价出售。这套钱币实际上由非常普通的钱币组成，可以从钱币商或亿贝上以每枚30~40美元，或者一套150~200美元的价格。即使是"印第安公主"3美元金币这样真正稀有的硬币，也可以在亿贝上买到，而且通常品相较好，价格约为富兰克林铸币厂要价3000美元的四分之一。

伯科甚至没有提到DA的普通金属纪念币的问题，这些纪念币可能根本不值钱。严肃的收藏家对它们没有兴趣，特别是因为它们的贵金属含量很少。如果要被熔化或重新流通，法定货币上附着的"独一无二""限量版""有收藏价值"的表面（电镀、着色并用贴纸装饰）就先得用昂贵的工艺去除；换句话说，它们的价值甚至低于面值。一位钱币专家解释说，"增色系列"是"富兰克林铸币厂商业风格的一个例子，因为许多人可能会被感动而购买这些硬币，认为它们是特别的、有价值的。颜色是富兰克林铸币厂自己添加的"。他解释说，"美国政府和严肃的硬币收藏家都认为这种行为是对硬币的玷污，使其失去了作为法定货币的价值，同时也破坏了大部分的收藏价值。这些东西远不算是特殊的、有价值的硬币"。他指出，"基本上是被毁掉的货币，只有当你想拥有一套彩色的硬币供自己欣赏、并不介意为此付出数倍于其钱币价值的成本时，它们才有价值"。

虽然布拉德福德交易所声称它只会"推荐最好的（盘子）——那些结合了艺术价值和强大升值潜力的盘子"，它自己的布拉德市场指数所报告的市场活动确实很少。例如，在1993年上架的3000个盘子中，只有165个有交易记录；在所有已知的收藏品盘子中，只有5%获得了一些市场兴趣。在那些被交易过的盘子中，22%的盘子已经贬值了。其他大多数盘子的价值保持稳定，但在随后的几年里也会下降。有位经纪人的生意是为经销商寻找理想的收藏品盘子，他把它们描述为"穷人的艺术收藏品"。这些特定的大批量收藏品所制造的泡沫已经破灭。

比起收藏者本身，贩卖天生收藏品的公司更强烈地意识到，价值是极为偶然且人为创造的——这一度对他们非常有利。在这一点上，收藏品市场确实与更为高端的市场有过交集。这些市场也仍然是社会构建的、表演性质的市场，通过稀缺性、材料品质等有形的因素，以及艺术家声誉、真实性、重要机构和其他藏家的验证等无形的因素，来创建价值。可以肯定的是，所有市场领域的价值都是高度偶然、独断、虚幻且基于信仰的：当富兰克林铸币厂在其收藏品的价值上误导顾客之时，他们也在夸大其股票价值，最终被投资者起诉。

然而，与故意收藏品相比，高端物件确实会更加真实、也不那么垃圾，而且是以更突出的方式体现。纯艺术品即便不是独一无二的，也可以说是罕见的，带有艺术家亲力亲为的证据，因此获得了认证，被神圣化。作品也通过广阔的艺术市场、画廊系统和博物馆群体（不管这些地方本身存在多少问题）得到验证和认可。同样，古董本质上与过去有实际的联系；因此古董收藏家很在意赝品，它们拥有的是伪造的血统，因为赝品不能自称有这种传承。真正的古董是在几十年甚至几百年前创造的，是由过去的人制造、拥有并使用过的。经历了时间和品位的考验，它们是罕见的幸存者。更高端的物件，本身也是艺术品；外观美丽，制作精心，它们拥有内在的正当性。通常由最好的材料制成，并显示出大师匠人们毕生修炼出的最佳技艺。

与之相反，天生收藏品过去是（现在仍然是）大批量生产的商品，仅仅是为了作为收藏品而在市场上销售。它们的一切，除了能够引发个人思绪和情感依恋，都必须用吹嘘的修辞、冒牌的材料、镀金的表面和误导性的评价来构建。除了极少数特例，它们永远只能是虚假的东西，只有收集者归咎于它们的那些才是真的。纪念品可能会假装搭上了某段历史、血统和合法性,但它们只是大批量生产的垃圾,生产公司离它们所描绘的主题隔了十万八千里。制造这些纪念品的公司专注于通过创造虚假的价值来赚钱,他们对纪念活动从来都没有诚心的兴趣。他们的产品既不罕见,也不稀缺,而且与过去时代的人们毫无直接关联。

在很长一段时间里,故意收藏品的生产商得以向广大美国人售卖鉴赏力。但是,当这些收藏者试图实现他们投身欣赏艺术和历史的经济价值时,他们面对的是投资大批量产商品所产生的内在矛盾。这些东西的可靠性、真实性和价值,只能存在于带引号的人造世界中:"富兰克林合金"金属硬币、"皇家康沃尔"瓷盘和"正宗"复制品,差不多是(但不是真的)罕见的,差不多是(但不是真的)历史性的,差不多是(但不是真的)艺术品。这些收藏家最终看到了被巧妙伪装的引文,终于可以理解他们垃圾货的真实价值。

第10章
制造稀缺

随着时间的推移，故意收藏品的制造商已经成功地变现了几乎无处不在收藏热潮，这种热潮是由享乐、情感上的满足感、智识上的参与感以及收藏者对优质投资的期望等因素所共同驱动的。但是，制造商们以不同的方式达成了他们的诉求。正如我们已经看到的，纪念币和纪念盘很有吸引力，因为它们与风云人物或重要事件有所关联，进而利用了收藏者对历史的兴趣和他们在历史中的地位。此外，由于许多收藏品是以某种金融工具的形式制造的（邮票、硬币、奖章、"奖牌"），它们似乎直接与市场挂钩，因此是更安全、更自然而然的投资。

但故意收藏品也有其他形式，这些公司不得不采取另一种策略让人们购买他们的垃圾。当生产商和经销商渲染纪念品的商品地位，以期人为地创造并提高其价值时，他们对可收藏的小玩意儿和小人偶采用相反的策略以达到同样的目的，它们与市场、重大事件和有意义的进口商品毫无关系。通过消除而不是提高这些货物的商品地位，故意收藏品的经营者得以更成功地在不存在价值的地方创造价值，并将这种虚假的价值卖给无数的收藏者。就像纪念币和纪念盘一样，解释小人偶和豆袋娃娃这些东西对大众的吸引力，对于理解收藏品垃圾——以及价值是如何被创造（并摧毁）——是至关重要的。这些东西有所不同，但也难分伯仲。

最早的收藏品

装饰性收藏品和其他类型的垃圾一样，并不是凭空出现的，而是存在于一个较长的历史存续期。从 19 世纪初开始，美国中产阶级妇女就热衷于装饰性的斯塔福郡瓷像，算是准故意的收藏品，是大规模生产的产品，一般是仿照精品的劣质仿品，产自德国迈森、意大利卡波迪蒙特、法国塞夫勒以及英国明顿、斯波德和韦奇伍德。正如一位观察家所写的那样，"我们只能对富人和艺术家的损失表示遗憾，同时祝贺更多的普通公民拥有了花哨的盥洗用具或廉价的瓷器茶具"。

烟囱装饰品是设计成放在壁炉架顶上的，通常只在正面有装饰；平坦的背面缺乏细节，也没有上色。大多数小雕像的彩绘装饰，委婉点说，具有"某种朴实无华的魅力"，只是有点颜色和图案的意思，但没有精确、有技巧地处理。制造过程中几乎没有品质控制，有时出现明显生产错误的产品也会流入市场——例如，本杰明·富兰克林的小雕像被错误地标为"乔治·华盛顿"（彩图 8）。据一位观察家说，有些雕像"与它们的主题没有任何看得出来的相似性"。这对买家来说似乎没有什么区别，他们只想用一些至少能体现中产阶级尊贵体面的物品来装饰自己的家。消费者的需求是如此这般不走心，以至于到了内战时期，仅斯塔福郡就雇用了约 2.3 万人生产普通转印餐具和茶具以供出口。

为了实现盈利，供应商在满足消费者对装饰性小玩意儿日益增长的需求时，牺牲了材料的品质和审美的精致。与其他垃圾生产商一样，英国的陶器厂也剥削劳动力，无论是雇用数千人的庞大企业，还是几个家庭成员经营的后院小作坊（potbanks）。男孩们是主要劳动力，制造出如此之多的产品，卖得如此之便宜。19 世纪 40 年代，每个在斯塔福郡大型工厂里工作的男孩，每周只得到两先令的报酬，每周生产大约 2640 个小雕像。20 年后，北斯塔福郡的 180 家陶器厂雇用了约 3 万人，其中 4500 人不到 13 岁。每天，他们都要接触浸有铅和砷的黏土和釉料。小型陶器厂与后来取而代之的日本家庭制造商一样，通常雇用家庭成员，不支付任何报酬——为了满足美国"砍价狂热"所必要的牺牲。

斯塔福郡的陶器工匠不仅执行了他们可接受的最低生产标准，而且知道这些产品是为了展示而不是投资，因此他们选择了容易理解的主题，如狗和牛，女士和男士，王室成员。即使在一个世纪之后，斯塔福郡的陶瓷也少有升值，许多幸存的作品也不算是经受住了时间的考验。尽管这些东西被认为"只有装饰价值"，一本20世纪的古董维修手册还是提供了如何修复破损和断裂的说明。值得注意的是，它告诫人们不要修复得过于有技巧。"在早期斯塔福郡陶瓷中，"书中如此建议，"这可能意味着造型会显得相当粗糙，不太像样，但往往很令人信服地难达到原版的简洁。"换句话说，令人信服的修复必须看起来像原版那样粗糙不精。

仿照斯塔福郡陶瓷的石膏器皿则更为垃圾，用的是普通材料，由未经训练的双手制作而成。然而，他们也找到了一个现成的市场，由流动的"图片小贩"兜售小玩意儿，这些小贩通常是意大利移民，最简单的小像只要不到50美分，而较大的、更复杂的可能卖到1美元。19世纪20年代末，詹姆斯·费尼莫尔·库珀（James Fenimore Cooper）❶造访意大利时，遇到了一个石膏像出口商（该公司"主要向英国和美国市场发货"），出售的东西拙劣地模仿了他在佛罗伦萨的画廊欣赏到的高级艺术品——"恶心的夸张漫画"，他说，"以前从来没有制造过：瘦弱的宁芙仙女和维纳斯，笨重的海格力斯，蠢笨的阿波罗，还有咧嘴笑的法翁半羊人"。但它们卖得很好，因为即使是普通家庭也渴望拥有中产阶级的体面饰品，而斯塔福郡的石膏制品提供了无数易于理解的主题，以供挑选（图10.1）。

到了19世纪后期，美国人开始往自己的军火库里收集更多的东西。商品成了他们自己的语言，而且由于大规模生产和不断扩大的全球商贸，使得商品不断流入市场，人们对其物质世界复杂而精密的符

---

❶ 詹姆斯·费尼莫尔·库珀，美国作家，代表作《最后的莫希干人》。——译者注

图 10.1　19 世纪中产阶级体面生活的物质标志，包括壁炉架上的烟囱装饰品，如图所示，来自乔治·克鲁克香克（George Cruikshank）系列插画。在父亲酗酒导致破产后，这些东西被强制收回。《酒瓶，在八幅画中》（The Bottle. In Eight Plates），1847 年。费城图书馆公司。

号学变得越来越有研究。物品不仅是简单的装饰或有用的东西，甚至成为更重要的标志，划分了地位、精致和修养层面上更为细致的等级。即使是一包相对不值钱的小玩意儿，也显示出人们能够并且愿意把钱花在琐碎的东西上，以显示他们的经济实力和社会地位。收藏品本身也成为地位的象征；专为显眼的展示而建造的空间——"最好的房间""画室""最好的起居室"——常常被融入房屋的设计之中。虽然一位评论家将这些空间描述为"中产阶级常干的蠢事"之一，但它们使上流社会能够充分参与到"商品生活"中，宣称拥有文化通货和经济价值。摆放在壁炉台和角落里的不拘一格的小玩意儿是关键，讽刺的是，"根据严格的、不变的法则来安排布置"。

到 20 世纪初，收藏已经从一种"狂热"变成了美国人日常生活的一部分。大众媒体经常报道富人和名人的收藏行为，巩固了他们作为文化标杆的地位。对精英阶层来说，收藏仍然是一种地位的竞争，让人想起很久以前的珍奇屋主人。它使人们能够将鉴赏力付诸实践，进行投资，争夺珍贵的战利品。精英的藏品最终往往会进入博物馆，在那里它们可以在主人的名下占据整个展厅。亨利·福特有一个著名的任务，就是要获得"从第一批定居者到现在，在美国使用或制造的每一件物品的完整系列"（考虑到他本人对大规模生产和现代化的贡献，这是一个具有讽刺意味的追求）。其他人，例如摩根家族和亨廷顿家族，只收藏最好的东西。精英们的收藏偏好被广为宣传，甚至影响了那些收藏规模更小、藏品更平庸的业余收藏家。

大萧条标志着这个国家的集体"收藏狂热"在很长一段时间内告一段落。人们几十年来一直往家里搬的东西——纪念勺、瓷器小雕像、短效纸制印刷品（printed ephemera）、瓶子——现在都要搬出去了。它们被卖给古董商，送去当铺当掉，在旧货市场交易，或者等到这场驱逐行动的最后，被丢在路边（图 10.2）。当然，顶级富豪的收藏仍然是个例外。精英们在如此拮据的时代能够继续积累更多的财产——冗余时间、空间、精神能量和金钱的物质证据——只是强化了收藏作为一种精英活动的特质，尽管过去一度具有广泛的吸引力。

图 10.2　大萧条期间，普通美国人不再收集更多，而是要处理这些东西。塞缪尔·戈特朔（Samuel Gottscho），《垃圾市场之四》（*Junk Market IV*），1933 年。美国国会图书馆（Library of Congress）。

收藏品人偶的诞生

在大萧条和第二次世界大战之后，收藏之风再次席卷美国大众。在大城市和小城镇的古董商服务之下，新世代们继续寻找过去的遗物，像《古董》和《爱好》这样的专门杂志则帮他们提建议。然而，精明的商人们认识到，昂贵的古董——以及为获得它们而付出的努力——并不是适用于所有人。也许人们只是对那些老旧的、古怪的、昂贵的或难以得到的东西不感兴趣，即使他们想享受一些与之相关的优越感。但是，无数的战后消费者可能是潜在的收藏家，他们对于收藏点什么东西有些潜在的兴趣，因为他们有可支配收入和郊区宽敞的房子可以装满东西。

故意收藏品，相当便宜，容易获得，而且简单易懂，跟他们一拍即合。纪念品具有一定的吸引力，但它们并不是市场上唯一有销路的故意收藏品。在基尔戈公司推出"主的最后晚餐盘"的同时，喜姆瓷偶也开始流行起来。它们的特色也是极为通俗易懂的主题，依托于一个毫无争议的起源故事，并为收藏和鉴赏提供了广泛的机会。第一个喜姆瓷偶系列是基于伯塔·喜姆（Berta Hummel）绘制的儿童画而制作的三维陶瓷版，她是一位受过正式训练的艺术家，后来成为一名方济各会的修女。20 世纪 30 年代，德国陶瓷制造商弗朗茨·戈贝尔（Franz Goebel）找到喜姆（当时是玛丽亚·因诺森蒂修女），希望将她的素描变成瓷器人偶。喜姆的修道院将批准每幅用于生产的画作，并从销售中获得收益。1935 年，第一批喜姆瓷偶诞生于戈贝尔的生产线，很快就上架了德国各地的商店。事实上，喜姆瓷偶的销售让戈贝尔公司逃过了破产的命运。后来，从第二次世界大战中归来的美国士兵将这些瓷质小朋友作为纪念品带回家，引发了国内的热潮。到 20 世纪 50 年代初，工厂雇用了超过七百名员工，销售给"西方世界的每个国家"。该公司"生产喜姆瓷偶的速度几乎无法跟上需求"。

收藏者们被这些小瓷偶无害、平庸的主题所吸引：儿童唱歌，儿童打伞，儿童躲在伞下，儿童拿着篮子，儿童坐在栅栏上，儿童坐在栅栏上拿着篮子，儿童与狗，儿童与猫，儿童与小羊，儿童与兔子。他们天真、纯洁而怀旧，被工整地提炼成物质实体，保存在瓷器中。他们可以永远年轻，可以纯真地度过每一天，居住在一个永远不复杂、没变化的田园世界中。

喜姆瓷偶在战后美国消费市场上备受青睐，似乎是一种讽刺，因为那个时代的大多数新产品都在拥抱新技术带来的乐观未来。铬合金、普列克斯玻璃（Plexiglas）[1]和特艺七彩（Technicolor）[2]的原子时代，正在将带着复古滤镜的田园时代抛在身后。但事实上，正是喜姆瓷偶令人耳目一新的不合时宜和迷人的老式风格，使之受到了发烧友们的青睐。它们的主题不是变化世界中的成年人，而是无害的、静止状态中的儿童。喜姆瓷偶的孩子甚至不是美国人，而是德国人，也把过去当作外国来表现。他们并不生活在当下，而是生活在德国遥远的过去，瓷偶的"传统"服装标志着这一点——莱德豪森啤酒裤（lederhosen）和紧腰阔摆裙（dirndl），手帕，阿尔卑斯帽，还有编起来的马尾辫。这些孩子"没有受到现在的污染"。他们都是白人，显然也没有受到多种族邻居的"污染"。戈贝尔确实尝试过使用深色的黏土基底，但所有幸存下来的这种瓷偶都被认为是弃儿——收藏者口中的"实验性珍品"。

喜姆瓷偶的宣传文案强化了这些淳朴世界的价值。例如，波士顿零售商施密德兄弟在1955年发行了一本小册子，说明各种型号的"原创"瓷偶。产品目录的开篇是修道院审核认可的"官方"喜姆故事，展示了因诺森蒂修女无懈可击的人生，以及她作为艺术家和上帝的女人所做的工作。"这些迷人而简单的小男孩和小女孩瓷偶，抓住了所有爱孩子的心"，因为"在他们身上，我们也许看到了我们的女孩或男

---

[1] 即聚甲基丙烯酸甲酯、亚克力、有机玻璃，普列奈斯是其中一个制造商的品牌。——译者注

[2] 一种用于拍摄彩色电影的技术，约在20世纪20年代发明，《乱世佳人》《绿野仙踪》等电影均使用这种技术拍摄。——译者注

孩,甚至是在快乐的童年道路上奔跑的自己"。即使是逾矩行为也被包裹在天真和纯洁的玫瑰色薄纱之中。"这些经久不衰的瓷偶会把你带回到……当年那时,也许是你第一次从邻居家花园的树上偷苹果、接着就被他的狗咬伤的时候,正如'苹果小偷'瓷偶所示。"

当代喜姆文学也以另一种方式对瓷偶进行了净化,削弱它们的商品地位,同时强调它们作为收藏品的潜力。瓷偶的主题本身并不指向市场(除了带着篮子的"小购物者"),而是在永恒的田园风光中嬉戏。"三月的风"和任何"暴风雨天气"都会迎上"春天的喜悦"。"敏感的猎人",带着"小狗的爱",成为"农场的英雄"。"去外婆家"是"快乐幸运儿"和"欢乐而疲惫的流浪者"的"安全退路"❶。如果广告真实可信,那喜姆瓷偶不是由一个制造商生产的,而是由一种更高的力量创造的,自成一类。伯塔·喜姆上了艺术学校,成为一名修女,然后将她的创造力用于为上帝服务。与其说修道院利用她的艺术作品赢利是个明智的商业决定,不如说"世界成为她伟大作品的接受者",仿佛它们是来自天堂的恩赐。"这些小小的图画毕竟是她记忆中的童年朋友,他们一个接一个地出现在她眼前,这些使她年轻时代的生活成为'人间天堂'的人,在她笔下获得了永生。"

因此,这些瓷偶并不是将收藏者们对自己过去的想象具象化,而是被赋予了伯塔·喜姆自己童年记忆的情感和精神力量。她的经历被挪用为他们的经历。更重要的是,这些起源故事强调了喜姆不愿将她的艺术用于商业目的;她这样做只是为了"给她心爱的修道院提供一种有效的财政援助"。伯塔于1946年去世,之后很久,宣传稿仍在向收藏者保证,"她的版税将继续支持她的教团及其主要的慈善工作",从而将他们的收藏活动从消费商品转变为做善功。这些早期的宣传材料都没有提到,喜姆的"伟大作品"是如何做成物质实体的,从而进一步将它们与制造业的现实以及这些作品是在德国瓷器厂批量生产的

---

❶ 所有引号中的短语都是喜姆瓷偶的款式名称。——译者注

事实拉开距离。当收藏者购买喜姆瓷偶时，他们实际上是在购买并接纳恰到好处、感觉良好的虚构故事。

  故事和图片小册子看似简单，但它实际上是一个复杂的营销工具——部分是创造神话，部分是商品目录。几页泛黄色调的瓷偶图片，后面是小伯塔生活的简短故事。最后几页列出了模型编号和尺寸，以便参考。遣词造句、字里行间都为消费者提供了收藏喜姆的理由，帮助他们了解喜姆宇宙的整体情况，使他们确信这些瓷偶很容易获得，让他们能够轻松地将已购入的瓷偶归入合理的主题和系列，换句话说，将购买转化为收藏。因此，戈贝尔和他的零售商能够尽可能地使收藏变得简单而没那么有挑战性。这是一个化装舞会，将狩猎的快感、对历史的好奇和发现的喜悦、构建连贯而个人化藏品的乐趣、作为收藏家的满足感以及所有这些，都被赋予了一个简单的经济交易。或者换个角度说，简单的经济交易是获得其他一切的方式（图 10.3）。

图 10.3 随着时间的推移，一位喜姆收藏者逐渐勾掉她已经购买的"喜姆交响乐队"中的款式。玛丽·林奇（Marie Lynch）等，《原创喜姆瓷偶图画故事书》（*The Original "Hummel" Figures in Story and Picture*），1955 年。

针对喜姆收藏者的文献，迎合了他们尚处萌芽阶段的鉴赏意识，并帮助他们将自己想象成精英收藏家。到20世纪70年代，与喜姆瓷偶有关的文献资料层出不穷，包括定期出版的戈贝尔制造公司历史，对"真品""正宗"和"原版"的喜姆瓷偶的介绍，以及收藏者的目录和指南。一本这种手册指出，"喜姆瓷偶是一个自成一体的种族，有自己的术语、符号和标记"。除了图片和最新的喜姆产品描述，指南中还包括购买建议、如何辨别商标变化的细节（从大蜜蜂、小蜜蜂到宝宝蜜蜂和抽象设计的蜜蜂），以及如何识别假货的小技巧。

假货的存在对收藏家来说既是一种祸害，也是对收藏行为的一种验证，因为喜姆瓷偶"值得伪造"。有一种彻底的假货，不要沾边。还有一种仿制品，收藏家们认为这是对他们的恭维而不是欺骗，因为这是证明人们想要喜姆瓷偶的证据。买不起真品的"喜姆爱好者"只能用这些劣质但"近似"的版本来凑合。仿制品有助于建立起品质和价格的等级，喜姆瓷偶在这个等级里处于顶端，也构建了一个更接近于高端收藏的平行世界。对"伪喜姆瓷偶"市场的认识，为"低预算的喜姆爱好者"提供了保障，也凸显了购买"真品"和"正宗"版本的收藏者所拥有的文化资本。

1977年成立的M.I.喜姆俱乐部加强了收藏者对自己鉴赏力和地位的感觉。会员可以收到季度简报，一块瓷质会员牌，一个"帅气的"文件夹——里面有收藏记录表和价格表。会员还能收到"关于喜姆历史和生产的详情"和资讯，这是一个重要的方法来弥补产品对真实历史的缺乏。由于瓷偶本身是刚从组装线上生产出来的，公司故事和玛丽亚·因诺森蒂修女传记有助于充实收藏者与过去的联系。会员资格还让人们有机会每年购买一个独家瓷偶，并有机会进入喜姆的"研究部门"，以及类似于布拉德市场指数的"为买卖双方匹配的收藏者市场"。

与故意收藏品的其他方面一样，喜姆俱乐部既是营销的利器，也是社区的建设者。本地俱乐部在志同道合的收藏者之间建立联系，并将他们的业务输送给那些除标准版喜姆系列之外还销售俱乐部独家瓷偶的零售商。1990 年接受调查的零售商指出,服务收藏品市场和收藏者俱乐部可以增加收入,靠的是促进新增客流和回头客,使他们的商店富有"该类别专属的独家性"。确实,会员的消费通常是非会员的两倍,而且每年通常高达 1000 美元。

喜姆俱乐部通过聚集爱好者,不仅引入竞争的元素来激发收藏热情,而且还使收藏者能够讨论和比较瓷偶的小差别。特别狂热的喜姆收藏者开始迷恋上这些差异。每件手造、手绘的小雕像都是一个轻度变化的分身。虽然这些差异几乎是难以辨认的,但生产上的不一致却成为值得收藏的特点。此外,该公司还经常刻意推出一些有不同版本的瓷偶,如"春之预兆"中的女孩,有的光着一只脚,有的穿着两只鞋。无论这些差异是故意的还是生产上的不一致,对收藏家来说都不重要,他们只知道同一款瓷偶必须得多买几个。一篇文章指出:"许多收藏者对于购买一打同款喜姆瓷偶感到习以为常。"喜姆俱乐部成员"最喜欢的消遣"是"每人都带来同一个指定的喜姆瓷偶,像警察排队列一样把它们一字排开,然后坐下来研究这些微不足道的差异"。虽然许多喜姆收藏者确实是因为喜欢这些无趣的瓷偶而进行收藏,但还有许多人是以更严肃的鉴赏家眼光来开始收藏的。人们会购买同一个小雕像的十二个变体,这证明了他们只是参加了一项休闲爱好,或者把这些瓷偶当作唤起个人联系的回忆物件。大多数人认为喜姆瓷偶也是一项正经的投资。

制造宝贝时光

继喜姆瓷偶之后,宝贝时光水滴娃娃成为斯塔福郡小雕像的下一代私生子。它们诞生于 1979 年,比喜姆瓷偶还要流行,售价较低,造型是可爱甜美、粉嫩配色的小宝宝,有超大的脑袋,还有大大的、水滴状的眼睛(彩图 9)。每个娃娃都带着明显的精神信息,传达平平无奇的喜讯:"上帝的速度""清心的人有福了""耶稣爱我""祝福这所房子""宽恕就是遗忘"等。"这些东西别具力量",一位专栏作家在1986年写道:"它们有足够的情感能量来融化全国数十万人的心。"心灵鸡汤和《圣经》格言帮助人们忘记,或否认,这些小人偶其实是市场上流通的物品,就跟喜姆瓷偶一样。

还有一点跟喜姆瓷偶一样,宝贝时光娃娃也引起了共鸣、具有灵性的传记。它们的起源也是上天赐予的素描,通过在教会任职的教友、业余艺术家萨姆·布彻(Sam Butcher)作为媒介传达,他原创的贺卡系列画的是长着虫子一样眼睛的儿童,传递"上帝就是爱""祈祷改变一切"和"耶稣爱我"等信息。布彻的官方故事记录在了图文并茂的桌边书《宝贝时光的故事:收藏者版本》[*The Precious Moments Story: Collectors: Edition (1986)*]中,同时辅以"神迹"和"信仰"活动,共同说明他的使命是"受主引导的"。与喜姆瓷偶一样,宝贝时光娃娃也具有准神圣的地位。

买家通过购买、收集、礼赠宝贝时光娃娃,既可以向布彻表达敬意,也可以用来传播善言。它们是在豆豆娃(Beanie Babies)之前有史以来最受欢迎、最成功的故意收藏品系列,主要是因为它们强烈的"情感能量"抹去了它们作为大规模产品的事实。这确实是一种微妙的平衡,行业分析师们担心过分的成功——以授权产品和衍生产品的形式——其实会损害公司的利益。"风险在于,"一位专家指出,"人们开始在其中看到商业性,而不是灵感。"

宝贝时光娃娃的营销策略沿袭了喜姆瓷偶的模式,并且得到了其他故意收藏品制造商的密切关注。专题刊物《宝贝时光洞见》(*Precious Moments Insights*)覆盖了约1万名收藏者。宝贝时光俱乐部的会员在20世纪90年代初已超过50万,他们可以获得欢迎礼包、独家款式购买机会、简报以及包含所有商品系列清单的"登记手册"。该俱乐部不太注重鉴赏力,而且和喜姆俱乐部不太一样,会员们聚在一起"主要是讨论他们与自己宝贝时光娃娃的宝贝时光"。俱乐部会员也有一些特别的活动，例如由布彻和歌手帕特·布恩（Pat Boone）主办的独家限定巴哈马游轮，还有机会在宝贝时光大会上与这些名人再次见面。

就像喜姆瓷偶让人们想起他们的（无瑕版的）孩子一样，宝贝时光娃娃也使收藏者得以构建他们过去的理想化版本，并追溯性地创造回忆的物件，尽管他们与小人偶所体现的那种过去并没有实际联系。新款式之所以会被纳入收藏，部分是因为它身上虚构的背景故事，部分是因为它超级可爱。通过这种方式，人们甚至可以期待用他们还没有拥有的小人偶来构建过去。一位收藏者解释说："我们会聊某件作品对我们意味着什么。我丈夫的母亲前段时间去世了，而一件新款即将问世——'不要把眼泪带过天堂大门'，一件美丽的作品——对我们来说，它象征现在他母亲在天堂，她此刻只会有快乐和幸福。"收藏者们与藏品之间的联系不管多么脆弱，都是非常真实的。正如另一位收藏者所说："我的一些藏品让我想起了我的孩子……（有一件）是一个小男孩剪掉了一个小女孩的辫子，我的女儿也遇到过这种情况。另一件的造型是一位修女。名字是'通过祷告养成习惯'，所以我买了这个，把它放在我的浴室里，提醒我记得祷告。"

这是一种耐人寻味的思想体操，特别是考虑到这种强烈的个人回忆物件与其他宝贝时光娃娃收藏者的藏品长得一模一样。但是，由于这些小人偶鼓励人们进行这样的想象，所以收藏者很容易将它们视为超越市场的存在，因此是独一无二的。购买者认为他们手里的组合不是一系列花钱买的东西，而是由"孩子们"组成的小社区，这些孩子都有情感思绪和精神心智。像喜姆瓷偶一样，它们也捕捉到了同质化的纯洁世界，这里居住着无辜的孩子（几乎全是白人），还有天使，以及偶尔出现的狗。这地方没有被市场的物质主义或变幻莫测的差异所玷污。

收藏品在想象中与市场之间的距离，正是使它们得以为制造商、分销商和零售商带来高额利润的原因，这说起来有些讽刺，却是有意为之。正如一份报纸所说，在宝贝时光娃娃最受欢迎的时候，制造商埃内斯科（Enesco）"卖这东西赚了一大笔钱"。该公司定期"退役"某些款式，以便在二级市场上"支持价格增值"。通过这种方式，该公司在一级市场上激发了新的购买热情，并在二级市场上创造了一种稀缺感。它们是"廉价制造的"，这一点对收藏者来说要么被隐瞒了，要么无关紧要。对他们来说，这些小人偶超凡脱俗的神性信息，给他们带来了某种不可动摇性。由于人们在这些东西上如此这般投入情感和宗教性，如果说它们是廉价制造的，就等于对它们输出的信息提出疑问，因为这样一来它们一定是有瑕疵的，是廉价的。由于无法将物质与情感和精神层面分开，严肃的收藏者不会也无法接受这种批评。

最后，埃内斯科公司将这些人物的可疑出处变成了另一个宣传契机。该公司的官方出版物《宝贝时光故事》（*Precious Moments Story*）有一个章节详尽介绍生产过程，描述了日本技术人员、工匠和手工艺人团队在布彻本人"密切"关注下辛勤工作的情况，并附有插图。随后一章介绍了布彻在菲律宾的传教工作，他在那里建立了一家宝贝时光娃娃工厂，为当地圣经学校的学生提供工作岗位。"我相信，上帝利用宝贝时光的主题打开了基督教服务的大门，使我们能够深入并触及许多人的生活。"布彻亲自做证。在这里，该书通过利用老生常谈的种族等级来证明收藏者本人攫取劳动成果的使命是正当的，这种等级制度将"第一"世界（白人，文明人，消费者）置于"第三"世界（非白人，非基督教徒，劳工）之上。

到20世纪末，喜姆瓷偶和宝贝时光娃娃处于一个更大的故意收藏品生态之中，这个生态系统既支持个人的收藏兴趣，也支持更广泛地追捧大批量生产的收藏品。兜售收藏品的经销商将自己塑造得精于世故，他们的名字就意味着独家、稀缺和价值：现代大师有限公司，收藏品资源集团，厄恩斯特限量版，美国进口公司，沃辛顿收藏品，传家宝瓷器，凡此种种。其中许多公司通过邮购的方式销售商品，但独立零售商店也都报告说大批量产收藏品的交易十分活跃，例如马萨诸塞州韦克菲尔德的蜂巢礼品店，俄亥俄州巴斯的卡伦有限公司艺廊和限量版收藏品，以及加利福尼亚州圣马特奥的莱娜限量版礼品艺廊。

收藏者们还参加了越来越多的有组织的聚会，从针对类似喜姆瓷偶专家的全国性收藏品博览会，到比较普通的地区性聚会，如南本德盘子大会。他们还组织了一些俱乐部，例如塞巴斯蒂安微缩人偶（Sebastian Miniature）收藏者协会、南加州盘子收藏者俱乐部协会、安娜丽玩偶（Annalee Doll）协会、美国天使收藏者俱乐部、贺曼纪念款圣诞树装饰（Hallmark Keepsake Ornament）收藏者俱乐部、埃尔芬·格伦（Elfin Glen）小人偶收藏者行会和美国洛克威尔（Rockwell）协会。这些团体聚集在一起分享信息并购买新产品。也许最重要的是，俱乐部有助于使人们对其藏品在二级市场上的活力保持兴趣和信心，因为转售交易的承诺推动了初级零售市场的销售。1990 年的一份行业分析报告称，"收藏者俱乐部的激增——目前远超 50 个——是收藏品行业蓬勃发展的晴雨表"。到 1992 年，估计有 100 多个不同的俱乐部，集结了 150 万名收藏家，对零售商来说是可靠的"利润贡献者"，他们希望这些俱乐部能帮助吸引新会员，发展为新顾客。仅宝贝时光俱乐部就曾一度拥有 50 多万会员。

熊市

各种各样为了自我强化而付出的努力——收藏者俱乐部，价格指南和杂志，不间断的广告，华而不实的营销——创造了一种以故意收藏品为中心的收藏文化，以及 20 世纪 70 年代到 90 年代膨胀起来的收藏泡沫。因此，故意收藏品市场为 1993 年泰氏公司（Ty Inc.）推出的豆豆娃做好了准备。他们出色地利用了，或者说损人利己地收割了，二十多年来驱动收藏品市场的力量。一位观察家指出，这些迷人的豆袋生物"比椰菜娃娃更便宜，比巨魔娃娃（trolls）更可爱……而且比宠物石头（pet rock）'水准更高'"。它们作为收藏品，难得地跨越了固有年龄和性别鸿沟。孩子们喜欢把它们当成玩具。售价约为 5 美元（或购买麦当劳开心乐园餐免费附赠），价格可负担，容易收集。成年人喜欢它们是因为可以当作不错的礼物，可以"让人会心一笑"。

到 1995 年，泰氏公司开始将这些没填满的豆袋毛绒玩具——有人称之为"马路杀手"——变成严肃的收藏品。该公司通过限制每个新设计的产量来制造虚假的稀缺性，却没有像"限定烧制日期"的收藏品盘子那样告诉收藏者"限定产量"是多少，可能仍然意味着数以万计的产品从中国和韩国空运过来，字面意义上的运—飞机过来。尽管泰氏公司没有公布其生产数字——因为不确定性是营销的惯用伎俩——专家估计每个款式的产量在 10 万到 500 万件之间，不存在任何意义上的"限量"。泰氏公司宣布的集团决定是定期推出或停售某些款式，而战略发布会说的却是大规模进口。关于稀缺性的传言只会推动需求增长，而款式不继续发售也成为良好的宣传契机。

例如，为纪念新的官方豆豆娃收藏者俱乐部而推出的小熊胖胖（Clubby），于 1998 年在电视上的《今日》（Today）节目中介绍给全国观众。豆豆娃发言人帕特·布雷迪（Pat Brady）向满腹狐疑的主持人凯蒂·库里克（Katie Couric）解释说，每年 10 美元会费的俱乐部会员资格使收藏者能够获得小熊胖胖的购买"资格"，这意味着有机会购买一只"稀有"的小熊——小熊本身需要额外付费。库里克想知道会员资格有什么其他好处。"呃，充满了乐趣……你会得到官方的会员俱乐部礼包。里面有一张金卡、136 张豆豆娃贴纸、一份产品列表、一张巨大的海报。"库里克仍然感到困惑，请布雷迪说明这些东西受欢迎的原因，"这——这太奇怪了，不是吗，在某种程度上？"泰氏公司营销炒作的愿望是显而易见的，但这种显而易见只是对那些像库里克一样还没有成为真正的信徒的人来说：

> 布雷迪：呃，泰（泰·华纳，公司创始人）已经实现了一个飞跃。有更高的价值。他提供了一个 5 美元的玩具，绝

对超可爱的。

库里克：这我知道。但它真的过头了，你不觉得吗，帕特，这些人在互联网、二级市场上转卖的价格，我提到过，是好几百美元。还有那些稀有的和更热门的。

布雷迪：呃，它们是——它们是收藏品。这对每个人来说都很有乐趣。这也是寻宝的一部分……

搭档主持人安·柯里：我不得不说，我喜欢它们。这是毫无疑问的。但我无法想象花400美元买一个这样的东西。有点骇人听闻……

布雷迪：呃，还有，你知道，泰希望它对孩子们来说是有趣的。他非常关注孩子们的乐趣。二级市场很好是因为这使它们具有收藏价值。孩子们可以买一个，他们知道它会升值。但这……

库里克：但你并不鼓励这么做。

布雷迪：对。

库里克：但是，与此同时，你不觉得，比如，推出这个豆豆娃官方俱乐部的玩法，然后又发售限量版，算是在鼓励二级市场？

布雷迪：不，其实是为了确保所有孩子都能有机会获得一个稀有的小熊。

库里克：是的，但之后你可以把这只小熊卖很多钱，对吗？

布雷迪：不，不，你留着，你留着。在未来的日子里享受它的乐趣。如果你需要钱，就在上大学的时候卖掉它。

库里克：我明白你的意思了。这是为大学教育的一项很好的投资。

布雷迪：对的。

这位发言人将娱乐价值（一种有趣的爱好）和货币价值（为了上大学的投资）混为一谈是别有用心的。它使公司不至于因为宣称豆豆娃会升值而违反法律，同时也鼓励收藏者相信这一点。通过将娱乐和货币价值紧密联系在一起，该公司使收藏者难以将两者区分开来（还能更容易地使他们的爱好正当化）。这套方法为其他故意收藏品的经营者所熟知，相当成功。1998年，该公司的净利润约为7亿美元，比它的两个主要玩具竞争对手孩之宝（Hasbro）和美泰（Mattel）的总和还要多。豆豆娃的销售一度占到亿贝（eBay）全站交易额的10%。

这样一来，泰氏公司成功地为一种数量惊人的垃圾商品，创造了巨大的收藏热潮。除了制造稀缺性之外，该公司还让收藏者相信他们是在从事收藏鉴赏活动。收藏家们经常把他们的宝贝装在特别设计的透明塑料盒里，上面还挂着原始的心形标签（外面封着塑料保护套）。他们会仔细识别玩具上最细微的差异。与邮票和硬币一样，"错版"——有缺陷的个体——往往能拍出最高的价格。特别发行的玩具尤其受到重视，如戴安娜王妃熊："把豆豆娃的热潮与戴安娜王妃纪念品的热潮混在一起，肯定会搅得天下大乱。"《今日美国》（*USA Today*）如是说。给报纸专栏"提问豆豆娃博士"写信的人们就各种问题寻求建议，从原始标签的重要性（非常重要）、小猪斯奎拉（Squealer）"在绝版后会不会值很多钱"（不会）到下一批豆豆娃将以何种方式、在什么时候绝版，以及新产品上市时间（没人知道）。

即使面对古董和收藏品专家的批评，以及公司本身发布的软性警告，收藏者也被这样的想法所诱惑：他们可以参与严肃正经的实体竞赛，以精明的方式应用他们在故意收藏品方面的专业知识，就像高端收藏家那样。全情投入的收藏者们没有把泰·华纳看作一家百万美元级玩具公司的领导者，而把他看作像伯塔·喜姆和萨姆·布彻那样的一种仁慈的力量。"我认为，我们有一大群婴儿潮时期的人喜欢豆豆娃。"一位信徒乐观地说道。她相信泰·华纳说的话："其他人是为了赚快钱；我是为了长久的生意。"一位持怀疑态度的古董专家回应说：

"你想证明自己只是想要一个豆豆娃来玩吗？拿剪刀把标签剪掉，抱着它们，把它们带到床上，和它们一起玩。这对我来说挺好的。我对此没有任何问题。当你把它们供在置物架上，对它们顶礼膜拜时，你对现实的认知就有问题了。"

和其他泡沫一样，人们对这些东西的热情，至少在一段时间内，得到了变现。20世纪90年代末，这种软绵绵豆袋玩具的黑市蓬勃发展：在纽约州雪城的五起盗窃案中，超过30000美元的豆豆娃被盗；在芝加哥郊区的商店中，超过5000美元的豆豆娃被盗；在堪萨斯城的一家商店中，价值12000美元的豆豆娃被盗。一位监督离婚案件的法官遇上了拒绝放弃他们珍贵财产的夫妇，强迫他们在公开法庭上分割豆豆娃收藏品。"这很荒唐，也很尴尬。"妻子承认，但片刻之后她就"和前夫一起蹲在法庭的地上，从几十个毛绒玩具堆里先选一个"。

也许泰·华纳最机智的举动，就是发布最终的豆豆娃退休声明，宣布公司将在1999年年底完全停止生产这种玩具。仅此一举就引发了销售量激增，在一些商店中涨幅高达300%，因为人们不顾一切地试图填补收藏的空白，并进行最后的投资。时机把握得很对，因为销售已经迟滞一年多了，这是由于玩具市场的饱和，二手市场上难以为继的高价，以及来自中国的以假乱真的仿冒品——基本上就是相同的产品，而且很可能是在相同的工厂生产的。然而，许多款式仍然没有售出，危及初级零售市场和二级市场的销售。

对于豆豆娃的收藏者来说，这是个"紧张时期"。价格指南《豆豆娃狂热》(*Beanie Mania*)的编辑贝姬·菲利普斯（Becky Phillips）对泰·华纳的"隐秘"消息保持乐观，认为他只会淘汰现有产品并推出新产品取而代之。她说，就像解读神谕的含义一样，"这完全取决于你如何解释他在网上发布的信息。对我来说，我认为这个信息是非常积极的。我认为泰·华纳为我们在新千年里做好了准备"。然而，收藏品专家哈里·林克（Harry Rinker）的看法比较狭隘："我们已经知道豆豆娃目前市场低迷，销量下降了，"他补充说，"泰有一仓库的东西。谁是这里的赢家？空荡荡的仓库，你口袋里的钱。这个人不能输。"确实，泰·华纳在处理现有的豆豆娃之后，还创造了一个新的收入来源：他宣布，出于豆豆娃爱好者们的迫切请求，他会让收藏者们在网上投票（每次 50 美分），决定是否让所有的款式都绝版。"你们来做决定。你们的挚爱让豆豆娃系列充满活力。"他对他的追捧者们如此恭维。

尽管泰·华纳付出了巴纳姆式营销和宣传的努力，但泡沫的破灭在所难免。虽然发行了一只黑熊，名字不算委婉，就叫"剧终"，理论上标志着该系列正式停产，但该公司仍在继续生产豆豆娃，从而不可逆转地动摇了收藏者们对泰·华纳和泰氏公司的信心（图 10.4）。2003年，一篇文章宣称，尽管一度囤积居奇，但豆豆娃现在已经"过了它们的黄金时期"。它们的价格已经"暴跌"了。好多小熊、钱❶、鸭子、螃蟹、小狗、瓢虫、小猪和其他可怜的毛绒玩具们"在全美国各地的商店货架上苦苦等待"。店主们以前无法确保豆豆娃长期有现货，现在很乐意按任意价格摆脱这些东西。越来越多的报纸刊登了关于豆豆娃的暖心故事，它们上了慈善拍卖会，或者被捐给有价值的事业。有些被装在美国士兵的口袋里，送给他们在巡逻中遇到的阿富汗和伊拉克儿童，"于是让孩子们脸上重新绽放笑容，在危险的地方保护我们的部队"。比较讥诮的说法是，想要处理这些令人尴尬的过剩物资，唯一的办法是把它们流放到遥远的战区，保证它们永远不会回来。2016 年，有人试图在亿贝上出售一批共 77 个豆豆娃，产品标题是："拜托，求求买下这些烦人的豆豆娃吧！"

其他故意收藏品也遭遇了同样的命运。20 世纪 90 年代，整个行业"在困境中航行"，收藏品公司的股票处于历史最低点，行业专家认为"根本没有增长的预期"。几十年来，狂热的买家在故意收藏品的浪潮中，投资喜姆瓷偶、富兰克林铸币厂纪念品、豆豆娃和其他各种垃

---

❶ 原文是 moneys，但根据上下文应该是"monkeys"（猴子）。——译者注

图 10.4　特别版豆豆娃小熊"剧终"显然并不是真正的剧终。蒂姆·蒂布特拍摄。

圾收藏品。在 20 世纪 80 年代末,喜姆瓷偶要花"大价钱"——单价可高达 2 万美元。认真的收藏者会花高价给寻觅稀有款的"挑选者"。十多年间,一位女士花了近 5 万美元购买宝贝时光小雕像,以及娃娃、装饰品、盘子、纽扣、包装纸和贺卡等配套辅助产品。另一位女士的丈夫特意在他们家里扩建了一间房——更新版的维多利亚式"最佳房间",形状像一个小教堂,光线通过哥特式彩色玻璃花窗照进来——用来放置她收藏的一千多个小雕像。还有一位女士为宝贝时光花了很多钱,以至于倾家荡产(在丈夫得知后,她涉嫌谋杀丈夫)。

　　泡沫最终破灭的原因有很多。亿贝等其他在线网站的日益普及,消除了关于价格和价值的信息不对称,不仅使收藏者能够看到任何时刻的市场行情,还帮助他们更好地了解本地社区以外的整个收藏品世界。他们可以看出现在是否供过于求,可以重新调整二级市场上一度泛滥的虚高价格。此外,由于生产过剩,故意收藏品的市场已经饱和(其价值被"稀释")。"收藏品"这个本来就很可疑的术语"使用过于宽泛",已经流失了真正实在的含义。人口结构的变化也影响了市场。

热衷于故意收藏品的那些收藏者们往往超过三十岁，很多人都快到退休年龄了。在他们的房子里装满了东西之后，已经没有空间来增加更多的东西了。还有一些人，着眼于缩小规模，开始出售转卖。随着父母和祖父母的去世，更多收藏品重新流入市场，特别是因为年轻一代对这种东西不感兴趣。

人们在纪念盘、收藏品小雕像和其他大多数天生收藏品这里，也遭遇了同样的坏消息。推动初级市场发展的二级市场正在枯竭。到21世纪初，各公司都在进行重组和裁员。2001年，埃内斯科公司裁员14%，尽管生产了新的哈利·波特收藏品，但还是净亏损数百万美元。4年后，该公司由于过度依赖"疲软的收藏品市场"，停止为其母公司，即宝贝时光公司分销小雕像，理由是销量下降了35%，而且整个小雕像市场从2000年的24亿美元下降到2003年的12亿美元。

当收藏者及其后代清算所有这些让人花了生命中数十年搜罗的小雕像、盘子、娃娃和其他什么小零碎、小玩意儿、接灰的东西时，直面的是故意收藏品与生俱来的矛盾和混淆。在那里，冷静的经济价值压倒了这些东西曾经拥有的情感、娱乐和展示价值。个人的叙述往往近乎悲剧，说明了企业营销工作所创造的、具有说服力的幻想，与市场的严酷现实之间存在差距。正如他们收集纪念品的同好之人一样，这些收藏者也了解到，稀缺性是无法制造的，除非你是泰·华纳这样的人，否则市场不会将所有这些大规模生产的收藏品变成金子。

第六部分

等一下，还有更多

第11章
逗你玩

人们喜欢垃圾的原因有很多，希望前文已经说明了这一点。廉价商店里的商品很便宜，可以用后即弃，也是负担得起的、容易获得的，而且种类丰富。礼品无论多么不真诚也都还凑合，因为是免费的。小装置虽然效率往往不怎么高，或者制造了更多的工作，但如果它们真的起作用，至少可以减轻劳动的负担。随着时间的推移，小饰品、小摆件和小玩意儿形成了丰富的物质词汇，帮助人们表达身份、地位和与众不同之处，即便他们的行为和其他人别无二致。故意收藏品，虽然是大规模生产的，用劣质材料制成，终究是糟糕的投资，但展示出来令人愉悦，作为爱好也让人满意。

对于新奇物品来说，没有这样显而易见的解释。讽刺的是，为假狗屎、爆炸雪茄、放屁坐垫和欢乐蜂鸣器——垃圾中的垃圾——寻找意义，可能需要复杂的解释框架体系。像其他类型的垃圾一样，新奇物品是复杂的，体现了无数的欺骗和矛盾。正是它们的琐碎、短暂、可有可无，确切地表明它们深刻地揭示了人类的状况。

最新款的新奇物品

新奇物品在美国人面前出现得比较晚，而且带着一丝惶恐。在18世纪到19世纪初，新思想和新体验让人兴奋，也让人焦虑。一些人认为，对新事物的追求"使人们的思想不断变化"。特别是年轻人，沉浸在"对新鲜玩物的热切渴望"之中，而一旦某些东西"变得熟悉"，就会被"厌恶并丢弃"。新奇物品也可以是颠覆性的，使人们接触到非凡的、伟大的、具有煽动性的事物："阿三❶"的婚姻，南卡罗来纳州的暴风雪，在马萨诸塞州海岸看到的神秘海蛇。

新奇的娱乐和观察可以打开通往想象世界的门户。早期巡回演出的木偶表演者、驱魔师、魔术师、表演转盘子的人、表演跳绳的人，还有西洋灯（magic lantern）放映员，通过美国人对新事物的不断追求而获利，他们在乡下表演魔术，展示奇怪的装置，经常将其作为"合理的娱乐"出售。特洛伊柱❷、子母钟（Sympathetic Clocks）❸等各种奇特的东西，让人惊叹不已，"引得观众们目瞪口呆"（图11.1）。

美国人对新事物的追求，有助于在南北战争之前开创一个大众消费的时代。广告商将新颖等同于值得拥有，鼓励消费者重新思考他们与物质世界的传统关系，鼓励他们抛弃旧物而选择最新的东西。正如一位作家所观察到的："新奇——我们的意识难以抵抗其魅力。最有价值的东西，如果已经在我们身边存在了很长时间，就不会因为它们是好东西而留下印象，但会因为它们是旧的而让我们感到厌恶。"拥抱新奇物品，标志着普罗大众对于消费文化的态度有了根本性的转变。

到了南北战争的最后几年，美国人不仅能购买风格新潮的体验和商品，还能买到全新的东西，这些东西超出了既定概念范畴："新奇"现在既指具体物品本身，也指其作为新事物的存在状态。极为诡异的"闪电香肠""手指陷阱""复活植物"和"神秘盒子"在19世纪后期找到了现成的市场，出于以下几个原因。第二次工业革命为更多人提供了工作，增加了可支配收入，让市场上充满了更多东西，创造出了一个消费者国家。同时，大部分工作的本质——非熟练工，在不知名的制造商打工——逐渐让人们与他们的生计变得疏远。因此，人们通

---

❶ 原文是"Hindoo"，是印度教Hindu过去的拼写，带有一定贬损意味。——译者注
❷ Trojan Pillars 的直译，但并没有搜到这种东西，只有名字与之接近的图拉真（Trajan）柱，疑似是仿照这个名字做出的新奇物品。——译者注
❸ 直译为"交感钟"，由机械座钟和手表组成，手表可连通座钟自动调节时间并上弦，1793年由A.L.宝玑（A.L.Breguet）发明。——译者注

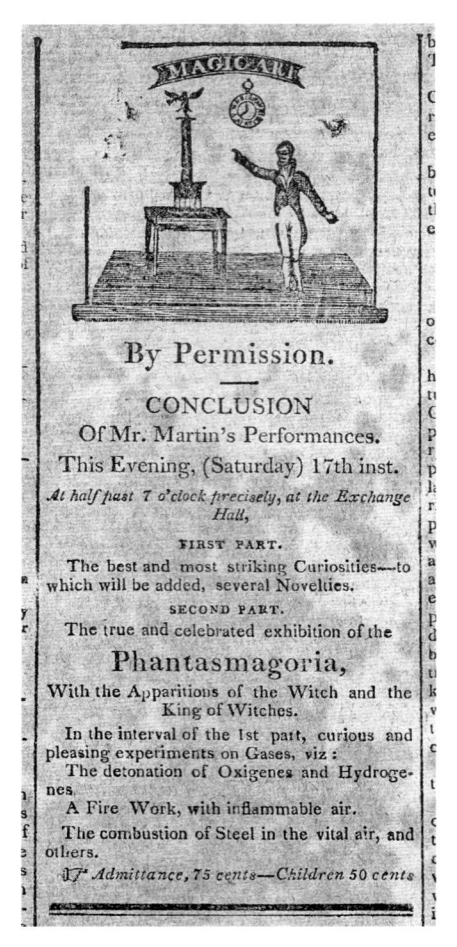

图 11.1　魔术师马丁先生（Mr. Martin）是当年将"新奇物品"和"珍品"展示给早期美国观众的无数巡回表演者之一。《共和党和萨凡纳晚报》(*Republican and Savannah Evening Ledger*) 上的广告，1810 年 3 月 17 日。

过娱乐来逃避，娱乐的场所通常在沙龙、剧院和公共花园。幽默，开始"在国民生活中占据独特的小众市场"，也是娱乐的一个重要部分，通过吟游诗人的表演、搞笑的演讲、笑话书和漫画年鉴等出版物以及不久之后的新奇物品实现了商品化。19 世纪末为杂货经销商工作的一批批销售专员们，将新奇物品、玩笑和恶作剧小道具带入了大众市场。根据一份当代的记录，新奇物品迅速成为一个"竞争激烈的行业"，与家用小装置、小玩意儿之类的廉价杂货一起销售（图11.2）。

图11.2 19世纪末，大众经销商提供像"有蛇的盒子"这类恶作剧小道具，同时一起出售的也有"实用的新奇物品"，例如便携式炉子、机械温度计。A. 库尔特公司，《批发价格表：新奇物品和小玩意儿》（*Wholesale Price List: Novelties and Notions*），1883年。

进来吧，闪电香肠，还有其他怪东西

尽管新奇物品经常是莫名其妙的，但它们很快就流行起来。它们的营销既面向成人也面向儿童，它们能出现在这个世界上仅仅是因为它们可以被制造出来：蛇头形状的手电筒和左轮手枪形状的烟斗，微型望远镜，巨型眼镜，诸如此类。销售目录必须得——向销售专员，也向消费者——解释这些东西是什么、有什么用，还要解释人们为什么需要拥有这些东西。图文并茂的促销材料——"丰饶的美学"——有助于让这些东西合理起来。例如，尤里卡新奇物品公司在1876年推出的"闪电香肠"（可能是"罐头蛇"的早期版本），需要大量的解释，如果没有附带的插图就讲不清楚（图11.3）。

> 36　EUREKA TRICK AND NOVELTY CO'S MANUAL
>
> **No. 84.—THE LIGHTNING SAUSAGE, OR THE MAGIC BOLOGNA.**
>
> If the stories of some people are true, the history of the sausage would form the basis of a genuine dime novel story. Perhaps many thousand dogs have been butchered, and untold millions of cats slaughtered to satisfy the sausage fiend. But we doubt this, and our respect for the bologna is so great that we have prepared an imitation sausage, which is the greatest joke out. Apparently, it is simply a small package, about two inches square. Hand it to a friend to open, saying it is something nice, and on his complying, a huge bologna, ten times the size of the package, springs out like lightning, causing intense astonishment on all sides. This "sausage" will not spoil by keeping, and will create fun for a lifetime. If you want to try the nerves of a friend, and enjoy a good laugh at the same time, send for the "Lightning Sausage." Price 15 cents ; 2 for 25 cents.

图 11.3　早期的许多新奇物品是彻头彻尾的新事物，例如"闪电香肠"，又称"神奇的博洛尼亚香肠"，不仅需要详细的文字解释，还需要插画来展示并说明它们会怎样。尤里卡小把戏和新奇物品公司,《图解小把戏和新奇物品》(Illustrated Manual of Tricks, Novelties…)，1876 年。

尽管，或者也许是因为，有多余的介绍，新奇物品对消费者和经销商来说仍然是无法理解的。"日本之谜"的广告文案坦率地承认："还没有人能够解释它的运作原理，我们在这里也很难跟你说清这个神秘物品的奇怪行为。"法戈新奇物品公司在介绍他家的"约拿和鲸鱼"时说："我们在这里为你展示一个非常有趣的专利物品。我们无法很好地描述它。"对于这种不断出现却总是晦涩难懂的"这是啥？(The 'What-Is-It?')""一个最滑稽的惊喜"，营销人员只能彻底回避，以著名的 P.T. 巴纳姆花招来命名它。

毫无用处的新奇物品、恶作剧和小把戏很快就在行业中被称为"畅销品"。在 20 世纪的头几十年，新奇物品公司和杂货商的数量不断增长，提供更多种类的产品，其中大部分是进口的，他们依靠的是全国各地的专业批发商、分销商和零售商网络，从芝加哥的 A. 库尔特公司（最早成立的几家之一，成立于 1865 年）到新泽西州弗伦奇敦的法戈新奇物品公司，再到康涅狄格州斯坦福的环球分销公司。总部设在印第安纳波利斯的基普兄弟公司于 1893 年开业，到 20 世纪 30 年代已成为狂欢节廉价奖品的主要供应商。越来越多的零售店也只经营新奇物品和魔术小道具。仅 1902 一年，基普兄弟公司就在货品上投资了 487000 美元，另外为销售员工资支付了 66800 美元。

但是，为什么人们会购买这些完全不实用的、奇怪的、莫名其妙的东西？许多消费者只是为了新奇而买新奇物品。18 世纪时备受谴责的"对新鲜玩物的热切渴望"，到了 20 世纪初已成为一个重要的卖点。与老式表演一样，新式的新奇物品唤起了怪异、神秘和异域的感觉。这些公司点出商品异域风情的源头——"伟大的埃及之谜""美丽的美人鱼""锡兰的香水贝壳"和"日本的把戏"——创造出了"奇幻的可能性"，同时也掩盖了这些商品来自海外血汗工厂的真相。诱人的出处往往包括精心设计的背景故事。例如，A. 库尔特公司声称，"斯坦诺普显微镜戒指"的新技术在 1867 年的巴黎世界博览会上获得了荣誉奖，是"以前的稀有物品""十分昂贵"，但该公司能够"直接从巴黎"进口。类似地，新奇物品批发商贝内特公司提到，他们从世界各地采购商品：奥地利（剪贴簿和惊喜盒），德国（派对用品、假胡子、放屁垫、新奇牙齿），波希米亚（毛绒和天鹅绒材质的新奇画框），以及日本（巨型蜘蛛、橡胶老鼠、纸制品）。法戈新奇物品公司为客户"费尽周折"，从"数千英里外"的巴西内陆"当地人"那里购买了"大量的神奇幸运虫虫笔"。消费者可以用低廉的价格买到这种诡异的异域物品。

生命的意义

有些新奇物品不仅仅便宜、新式，似乎通过蔑视死亡来召唤生命的力量，从而在轻浮的伪装中暗藏一丝深刻。例如，"复活植物"（又称《圣经》中的耶利哥玫瑰）是一种茄科植物，可以在休眠状态下生存多年。接触到水时，这种干枯的植物会变得郁郁葱葱，就像它的名字那样"起死回生"（图 11.4）。它是"植物王国中最伟大的奇迹之一"，来自一个遥远的异域——也许是圣地，也许是墨西哥，也许是西部沙漠。它是死的，又是活的，是一种"罕见而美丽的珍奇"，可以种在土壤里，也可以藏在盒子里。人们成为复活者，"站在那儿"就能让东西活过来。类似的冲动引发了后来"魔法石"的流行——发明于 1940 年，最初以"魔法岛海底花园"的名字营销——还有 1960 年推出的"海猴子"，被称为"即时生命"。魔法石"像魔法一样"涌现出来，而"海猴子"是一种卤虫（brine shrimp），"十分积极主动地取悦于人，甚至可以被驯化"。它们也可以在假死状态下生存；隐生状态（cryptobiosis）使之无论死活都是一种完美的商品。

"奇亚宠物"（Chia Pets）是"复活植物"及其表亲"永生玫瑰"的后代，也让消费者能够创造自发的生命，成为他们这个小小世界的神。虽然"奇亚宠物"在 20 世纪 70 年代的"宠物石头"时代大受欢

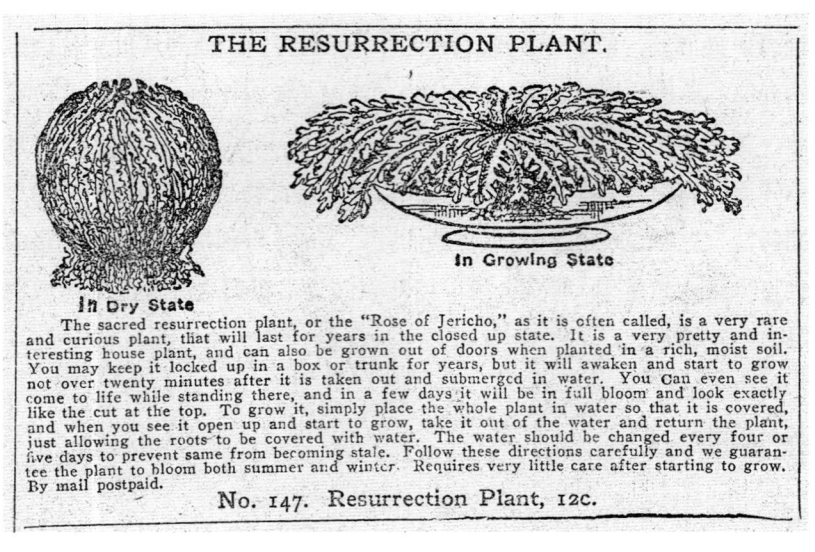

图 11.4　有些新奇物品召唤生命的力量，似乎蔑视了死亡。"复活植物"就是这种可以重生的新奇物品。环球分销公司，《新奇物品图册》（Illustrated Catalogue of Novelties），约 1915 年。

迎,但和其他众多新奇物品一样,有着更悠久的历史。在20世纪的第一个十年中,聪明的新奇物品制造商意识到,他们可以把字面意义上的观察小草生长这种行为,变成一个有利可图的产品线。最早的奇亚宠物可能是德国制造的神奇小猪穆罗(Murro)(图11.5)。最好的新奇物品会承诺自带戏剧性,穆罗也不例外。"在很短时间内,"广告文案指出,"这头猪就会披上青色的皮毛……博得观众的欢心",使观众成为表演的一部分,也让穆罗的看护者成为它的主人。穆罗这样的青绿色物种具有持久的商业吸引力。到20世纪40年代,莫顿陶器这样的美国公司除了为廉价商店市场生产茶壶和搅拌碗之类的产品线,还制造了更多专门的新奇物品,如"生发帕迪"(Paddy O'Hair),其陶瓷制成的头上会长出草。40年代晚期,约翰逊·史密斯公司以59美分的价格出售"阳光吉姆"(Sunny Jim)脑袋。新长出的头发和眉毛是一种"表演",可以在过程中亲眼见证,把自然转化为人类娱乐的文化商品。"这些脑袋,"该公司指出,"多年来在全世界一直广受喜爱。"

民主的超现实主义

新奇物品创造了另一种现实。有些商品,如"复活植物"和"奇亚宠物",确实如此。还有一些,如"长舌头""猛犸象领结""巨型拇指""滑稽钻石戒指"和"掉眼珠眼镜",用不寻常的比例使人迷惑,迫使人们重新调整自己的身体与物理世界互动的方式。新奇物品目录的页面上呈现出美妙的喧嚣和令人晕头转向的图文组合——每一组都比上一组更怪异——是萨尔瓦多·达利(Salvador Dalí)❶和蒙哥马利·沃德公司结合出来的邪恶产物。例如,祖贝克新奇物品公司在20世纪第二个十年发行的商品目录中,横贯两版的跨页上不仅有一面袖

---

❶ 萨尔瓦多·达利(1904—1989),西班牙超现实主义画家。——译者注

图 11.5　一个多世纪以来，各大公司都曾经让人们掏钱来观看小草生长。奇亚宠物的最早版本可能是神奇小猪穆罗，广告见于《飞页周刊》(*Fliegende Blatter*)，1904 年 3 月 11 日。

珍变形镜子，会让人看起来很胖或很瘦，还有仿真苍蝇别针、墨西哥跳豆（Mexican jumping beans）❶、标着"黑孩子"的双关语盒子（里面装的不是精美的手套，而是"一对小小的裸体娃娃"）、恶作剧雪茄，以及用途更实际的，防止窗户起雾的一管"看得清"除雾剂。这个让人摸不着头脑的组合里的东西有的奇怪，有的新奇，有的实用。咕咕牙、黑猫别针、搞笑透镜和布尔鲷鱼，无论是作为个体还是作为整体，都没什么意义。它们的重点就在于此。新奇物品的先驱者 S. S. 亚当斯（S. S. Adams）表示他"只要是制造绝对无用、令人反感、容易让人震惊或尴尬的东西，都会感到自豪"。

新奇物品既奇异怪诞又令人困惑，让人们得到一种解放：它们鼓励购买者"流连"于各种怪异的消费品，用更多的新东西和新体验来回馈善变和冗余。尽管新奇物品的销售商借鉴了主流邮购目录的策略，但并没有努力通过将库存组织成不同的"部门"和"类别"来从混乱中创造秩序，而是有意地制造混乱。由于印刷目录会留下持久的印象，这些公司不遗余力地传达一种令人着迷的物质混乱。1900 年，尤里卡新奇物品公司最大的运营支出之一就是制作自己的目录：花 30 美元购置一台印刷机，花两倍以上（82.50 美元）用于插图印刷制版。法戈新奇物品公司向客户指出，1908 年目录中的插图"都是尽可能根据物体本身的照片来刻画制版的"。

新奇物品卖家约翰逊·史密斯公司利用印刷的力量取得了更大的效果，将额外的材料塞进厚厚的目录中，直接发给顾客而非销售代理，省去了中间人的环节。创始人的儿子保罗·史密斯（Paul Smith）解释说，他父亲的做法受到了西尔斯百货的影响（甚至连公司名都是为了呼应这家著名的邮购公司），他们花了大量的时间、精力和金钱来创作高品质的商品插图——他指出，这些插图的"细节比照片还多"。同

---

❶ 被一种小蛾幼虫寄生的豆子，受热后幼虫会痉挛，导致豆子"跳动"。——译者注

样,顶级新奇物品制造商S. S. 亚当斯为约翰逊·史密斯及其竞争对手提供了无数的新奇物品系列,他聘请了专职漫画家来绘制商品在使用中的画面。这些图像流传范围超出了目录之外,在流行杂志和漫画书的广告部分偶尔露脸。新奇物品卖家们利用图文并茂的视觉冲击,创造了极为疯狂而又沉浸的体验,颠覆了理性,在此过程中还赚到了钱。

美国消费者拥抱而非拒绝了橡胶碱水结、喷射香烟、假鼻子、X光眼镜和恶作剧口香糖等所有这些诡异的新玩意儿,在此过程中,他们也在拥抱超现实主义的信条,这比纽约现代艺术博物馆(Museum of Modern Art)1936年的开创性展览"奇幻艺术、达达、超现实主义"(Fantastic Art, Dada, Surrealism)(图11.6)对这一运动的正式册封要早几十年。评论家们把这个展览称为"幽默的幻想""迷人的消遣""对无稽之谈和迷惑不解的刻意膜拜……不是为了理解客观现实,而是为了逃避"。超现实主义很受欢迎,据一位广告业高管说,因为"它利用恐惧、厌恶、惊奇来变现赢利,并使用了引人注目、扑朔迷离的装置"。他指的可能是一个革命性的艺术运动,也可能是一个新奇物品目录。

在两次世界大战之间,美国已经成为一个异化工人的国家。工厂工作终于超越农业工作。大多数人不再能够成为自己的老板;他们甚至无法怀揣这种可能性。田园牧歌的理想在汽车后视镜中渐行渐远,只是那些自欺欺人或天真无邪的人(包括殖民地复兴风格的追捧者们)所沉溺的幻想。超现实主义者激发人们追求一种更为革命化的思维方式,要求他们重新思考日益主导并定义他们生活的商品文化。事实上,超现实主义者的关注点与新奇物品的驱动力完全一致:"幽默幻想"的严肃目的;"对无稽之谈和迷惑不解的刻意膜拜";展示"奇怪的观点",凸显"异化在社会生活中的严重性";渴望通过"我们想象的力量"获得自由;"通过不服从、破坏、对资本主义社会关系的彻底反抗"实现"集体解放"。

换句话说,就是革命。根据一份市场报告,1940年"持续记录"

图 11.6　约翰逊·史密斯这样的新奇物品经营者，在超现实主义这场美学运动被艺术界接纳的十年之前，就将其售卖给公众了。《流行机械》（*Popular Mechanics*），1923 年 12 月。

美国的生产线，就是颠覆本身：

> H. 菲什洛夫公司经营的圣诞搞笑商品有"失败的鹅"，一种磁性新奇物品，一个女人踢掉了一个男人的帽子；"狂热女孩""神秘眼镜"和"罗波雪茄"，用玻璃纸和银箔包装的绳子，就像最好的雪茄那样。理查德·阿佩尔公司推出了雪片和臭塞子，以及常规的恶作剧玩笑产品。鹰牌魔术厂有

恶作剧礼盒等产品，以及漫画圣诞贺卡。魔法花招新奇物品公司报告了早期的订单，包括漫画文凭、巨型拇指、疯狂字母、假甜甜圈、固体威士忌等。该公司还提供三种颜色的搞笑圣诞贺卡，有文件夹、普通尺寸和男爵尺寸。

人们通过给商品注入新的生命来重新思考商品的世界，就像让复活植物重获新生一样，开启了全新的、充满想象力的梦想世界。超现实主义者认为，在理想情况下，这一过程将鼓励民众质疑现有的等级制度，并考虑其他政治结构。为此，他们在观众身上玩起了感知的把戏。20世纪30年代，勒内·马格里特（René Magritte）❶在著名画作《梦之钥匙》（La clé des songes）中（图11.7），将寻常物体放在不寻常的并列位置上，有时标注它们的正确名字，有时标的不正确。用他的话说，这种表现和感知的非连续性，"把我们投射到一个思想和图像的世界里，将我们引向心灵地平线上的一个神秘点，在那里我们遇到了怪异的奇迹，并带着它们满载而归"。他很容易就谈到了新奇物品——它们模糊的目的、令人不安的联想、奇怪的名字，重塑了人们认为他们自知是真实的东西：这不是胸花，而是爆炸花。这不是一把手枪，而是一把水枪。这不是真牙，甚至也不是像假牙那样的真假牙，而是从根本上说既像又不像的仿品。

新奇物品与商品形态

新奇物品并非简单地鼓励使用者重新考虑他们周围的物质世界，而是迫使他们这样做，体现了革命行动与革命思想的潜力，甚至比超现实主义艺术作品更有效。新奇物品不仅有隐藏的"秘密"，也不是人

---

❶ 勒内·马格里特（1898—1967），比利时超现实主义画家，代表作《人类之子》《形象的叛逆》。——译者注

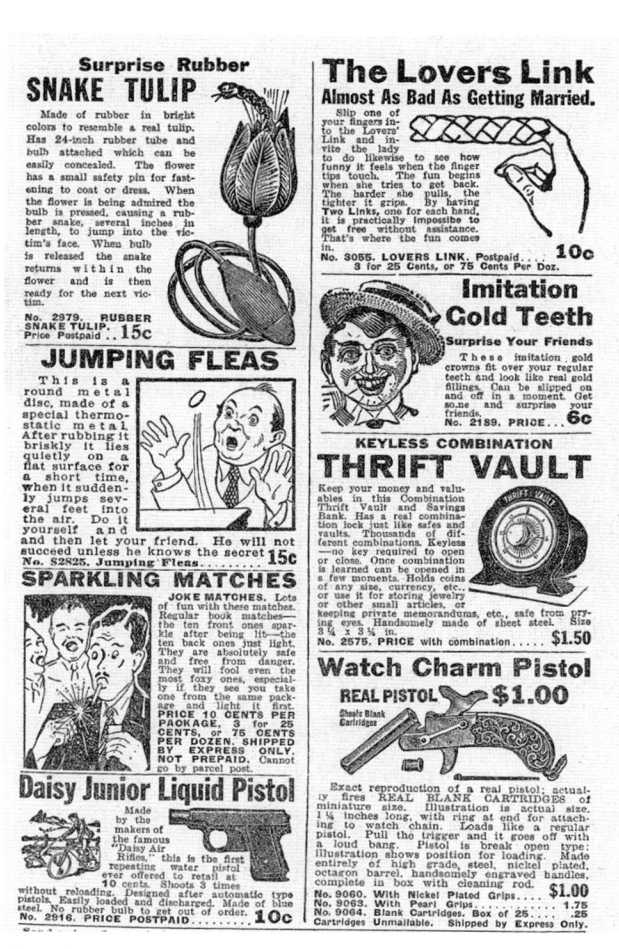

图 11.7　事物并非它们貌似的那样。勒内·马格里特,《梦之钥匙》, 布面油画, 1927—1930 年, © 2019. C. 赫尔斯科维奇 (C. Herscovici) / 纽约艺术家权利协会 [Artists Rights Society (ARS), New York]; 约翰逊·史密斯公司,《补充目录：惊喜的新奇物品、拼图、恶作剧、玩笑、有用的物品等》(Supplementary Catalogue of Surprising Novelties, Puzzles, Tricks, Joke Goods, Useful Articles, Etc)，约 1930 年。

们感觉熟悉的商品，没有稳定的、明显的交换价值。它们意欲何为？它们价值几何？

　　人们喜欢新奇物品，因为它们故意混淆了公认的价值分类。没有办法在不使用新奇物品的情况下将其用于既定目的：一旦被使用，它就不再能令人震惊、引人侧目或博君一笑，因为人们知道会发生什么。笑话不再有趣，惊喜不再意外。通常情况下，耗尽的不仅是新奇物品产生的体验，还有新奇物品本身，比如燃烧殆尽的爆炸雪茄，真的消散在空气中的烟幕弹和痒痒粉。新奇物品同样拥有超现实主义核心的虚无主义。

然而，在新奇物品藐视商品化进程的同时，它们自己也是典型的商品。新奇物品通过比超现实主义艺术更有效的方式，同时囊括了现代的异化并提供了它的解药。用来恶作剧的橡胶碱水结、肥皂做的奶酪、藏着纸扇的雪茄、形似炮弹的鸡尾酒套装以及会喷水的硬币，在同一时间具备多重身份——惊喜，仿真品，有时是有用的东西，有时是会化为乌有的东西。会晃动的"摇摇火柴盒""摇摇香烟盒"和"摇摇奶酪块"都令人惊讶，让人不安。它们的表现方式奇怪而错误，妨碍人们理解最普通、最熟悉物体的基本性质。新奇物品使人们无法将他们认为事实的、真切的、有形的东西视为理所当然——这些现实正是商品资本主义的力量拼命努力建立和强化的。因此，相较于超现实主义作品，比如梅雷特·奥本海姆（Meret Oppenheim）[1]1936 年的《皮毛餐具》（*Lé déjeuner en fourrure*），即著名的毛毛杯碟的意义，新奇物品的意义更为直接，更容易理解。类似地，新奇物品的各种复杂性使加害者能够瞬间制造混乱，促使其受害者质疑他们对现实本身的理解，因此比市场上的其他任何消费品更有效力，而且讽刺的是，也更有意义（图 11.8）。

攻击剧院

不过，新奇物品为用户提供了更多。恶搞玩具和小把戏也被列为合作的伙伴，用来报复、算账、把别人拉下马。新奇物品具有内在的

---

[1] 梅雷特·奥本海姆（1913—1985），瑞士超现实主义艺术家、摄影师。——译者注

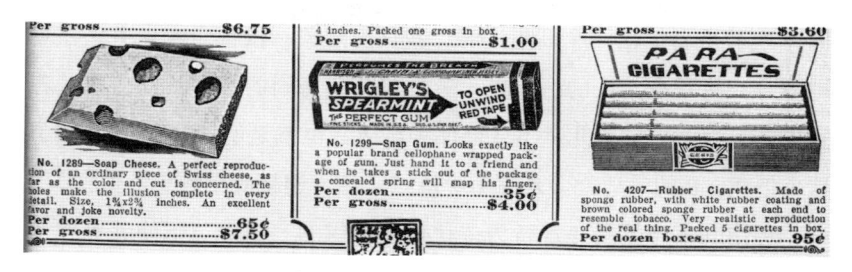

图 11.8 肥皂做的奶酪，橡胶做的香烟，与超现实主义艺术家的毛毛杯碟并没有太大区别。格尔曼兄弟公司，《1937 年度买家指南目录》(Annual Buyer's Guide Catalog for 1937)。

表演性，作为"攻击剧院"的道具占据了中心舞台。演员包括加害者、受害者和观众。中国手指陷阱、巨型蜘蛛和咬人蛇盒，并不只是有趣玩物，也具有隐晦的残忍，是美式幽默悠久传统的一部分，结合了喜剧和悲剧、搞笑和恶意。美国人经常像挥刀子一样施展幽默，通过善意的暴力威胁来展示权力。

新奇物品的这种角色，也可以联系到资本主义和商品文化的兴起。美国人经常用幽默来表达对不断扩大的市场的焦虑，缓和追名逐利与道德之间的关系。19 世纪的流行文化总是把金融上的失败者描绘成无知的新手、易受骗的人，他们的倒霉和错误决定只会招来嘲笑而非同情。世纪末的纽约金融精英们经常玩一些"幼稚的恶作剧"，暴露出"这些容易受骗的乡下人"在经济和文化上的落后。有些人将恶作剧的男孩——总是男孩——描述为"训练中的资本家"。在 1883 年出版的《佩克的坏孩子和他的爸爸》(Peck's Bad Boy and His Pa) 一书中，乔治·佩克 (George Peck) 认为"最好的"男孩就是"诡计多端的"。他解释说，"最喜欢开些无伤大雅的玩笑的人……最容易成为一流的商人"。恶作剧显示了一种高尚的精神，愿意承担风险的意愿，以及最重要的，有动力展示自己领头羊的地位。互相之间用恶作剧整人，是顶级、聪明的那些人以善意玩笑为幌子在小团体中建立等级制度的一种方式。人们还利用恶作剧来公然地识别出那些不属于小团体成员的人，让他们在别人面前出丑。正如新奇物品经营者 S. S. 亚当斯所解释的那样,"当我准备搞出一个新想法时,我试着想象一位普通人先生坐在鸡尾酒廊,或者在某人的房子里,等下要开始每周的打牌活动,我试着问自己,这个新玩意儿适不适合那种群体,也就是说如果 A 对 B 玩了这个把戏,B 的乐趣就会来源于等待 C 中招、迎接此生难忘的惊喜"。

恶作剧本身就是违规行为;让公众难堪的"阴谋"则使其更加违规。在侵略剧院中表演的意义在于,让觉得好笑的人——目击者和合作者——区别于受到羞辱的人,这些人可不觉得好笑。例如,尤里卡新奇物品公司的"啥玩意儿",掉到某人的腿上时会引起受害者的"惊恐表情",并在目击者中"引发笑声"。仅仅用 25 美分就能获得如此巨大的回报。同样,男孩们可以用塔兰图拉毒蛛(又名墨西哥蜘蛛)"吓唬你的母亲、叔叔、阿姨和邻居"。就在"受害者"开始微笑的时候,可以按下皇家新奇物品公司喷水相机上的一个按钮,喷射出"一大股水柱"。该公司承诺:"孩子们,这是最棒的把戏,会带来无穷的欢声笑语"(图 11.9)。格尔曼公司的"新奇蛇"在怼到人脸上时会"真实地扭来扭去",有种特别的幽默感。只有当一个女孩将手指插入"女孩捕手"的一端后,这玩意儿的"乐趣才开始":"无论她怎么拉,都无法挣脱! 拉得越用力,它就夹得越紧。当你准备放弃时,她就可以轻松地把手指拿出来,但在此之前不行。"(图 11.10)

这类恶搞玩具和小把戏创造了"颠覆性"和"挑衅性"的场景,最终强化了现状(status quo)。颠覆社会习俗,引发了建立共识、重建规范的反应,由此提供了一个重新阐述和强化社会习俗的机会。因此,许多恶搞玩具和小把戏都有明显的性别成分。像"女孩捕手"和"喷水相机"这样的恶搞玩具给了男孩支配女孩的许可,就像他们后来支配成年女性一样。更重要的是,这些恶作剧使女孩成为自己受辱的同谋,因为加害者需要有现成的受害者,而受害者出于礼貌和恭敬的习惯,必须"有风度、输得起"。

尽管没有任何因素阻止女孩们购买、使用新奇物品,但她们受到许多形式的告诫:这不是她们的世界。幽默和把戏更多地属于男孩而

SQUIRTING CAMERA

It is exactly the same as the above illustration and looks just like a dandy little camera. Everybody is crazy to have their picture taken and you can work this joke on everyone and any one. Ask your friends if they wouldn't like you to take their picture, and you will find them vrey willing to have it taken. It has a neat little rubber bulb the same as a regular high price camera. This bulb you fill up with water and when you are ready to take the peiture you tell the victim to smile as you are now going to release the shutter; as soon as he or she starts to smile press the bulb and the victim gets a good squirt of water all over him. Boys, this is the very best joke and causes no end of fun and laughter. **No. 489—Squirting Camera post-paid only 28c.**

图 11.9 新奇物品将人们区分为加害者和受害者。皇家新奇物品公司,《插图目录》(Illustrated Catalogue),约 1910 年。

Boys! Lots of Fun!!
GIRL CATCHER

Boys, you can have lots of fun with this article, it catches the girl every time. They can't get away from you if you have one of these articles. Tell your girl to put her finger in the en dof it! Then the fun commences. No matter how hard she pulls she cannot get away! The harder she pulls the tighter it holds. When you are ready to release her she can get her finger out easily, but not before. This is a finely made little article and is nicely got up in colors and can easily be carried in the pocket. **No. 492—Girl Catcher only 12c.**

图 11.10 恶作剧和小把戏常常强化了按性别划分的角色。皇家新奇物品公司,《插图目录》,约 1910 年。

不是女孩。尽管恶搞玩具和小把戏道具承诺是"给所有人的乐趣",但实际上是男孩(和男人)的游戏,恶作剧还强化了性别等级制度。男孩(和男人)做着,而女孩(和女人)看着。此外,男孩(和男人)有权力——在物质和文化层面上——对女孩(和女人)做些什么。恶作剧的实施掩盖在善意的乐趣之下,这剥夺了受害者抗议的权利,让他们没什么可抗议。最后，恶作剧强化了人们普遍抱有的看法，即更公平的性别不具备天生的幽默感；女性甚至本来就没有正当理由参与幽默活动。

新奇物品制造商和销售商按性别划分产品，以此不断地强化这一信息。一方面，经营者向男孩提供各种令人费解的商品，如水枪、男孩打印机、笑脸照相机、电影放映机、博格步手表、战斗公鸡、关于拳击技术和制作木制玩具的书籍。另一方面，女孩会花零花钱购买相对微不足道的廉价珠宝、串珠手袋、微缩厨房、碎布头和将其组合拼接所需的缝纫工具。

这些小小的消费品，与其说是玩具，不如说是儿童尺寸的训练装置，为男孩们打开了广阔世界的无限可能，远远超出了家庭的限制及其令人窒息的氛围。这些商品唤起了男孩们的好奇心、求知欲和获取欲，让他们可以获得有趣的、令人兴奋的、新鲜的、毫无歉意的轻浮体验，这些形容往往都是名副其实的。相反，女孩们可获得的玩具让她们为余生要从事的家务劳动做好准备（图11.11）。女孩杂志上的广告忠实推广的玩具只提供"内向"的体验，如诗集、卷发器、刺绣工具和娃娃屋。与此同时，男孩的文学作品——从漫画书到流行科普杂志——宣传"外向"的玩具和游戏，面向冒险、边疆和各种发挥想象力的东西——像是好运解谜游戏、神奇雪茄盒、挪威老鼠、喷水徽章、磁力陀螺和"无政府主义臭弹"之类的东西。

更复杂的恶搞玩具和小把戏，是以女孩和女性作为内宅顺从的看护者这一既定角色为前提的。更加残酷的是，它们不仅强化了女性的自卑感，而且还利用她们的屈从来博取笑料。女性看护照顾的同情心，使她们容易受到假耳朵绷带和假豁牙这种小把戏的伤害。同样，她们维护家庭清洁的责任，也使她们成为高级床单上假墨水渍的受害者。手写卡片上的信不是情书，而是字面意义上的脏话，是用烟灰墨水写的，会让手指变黑。因为一支仿冒香烟会假装毁掉一个女人精心的工作，破坏她的家装，所以，显然，它会令人捧腹大笑："把它放在一张

图 11.11 男孩们在打牌，而女孩们在旁边看着，同时照看她们的婴儿车。刘易斯·海因（Lewis Hine），"在人行道打牌"（*Sidewalk Card Game*），约 1910 年。纽约公共图书馆照片藏品。

擦得锃亮的桌子上，看屋子的女主人用刀子一样的眼光瞪你。或者把它放在任何一个点着的烟头有可能造成损害的地方，然后静观其变"（图 11.12）。

新奇物品的幽默不仅是"越轨的""颠覆性的"，还是恶意的、具有腐蚀性的，用来贬低和羞辱，以另一个人"为代价"。为了进行"无限的攻击"，加害者不仅需要恶作剧和小把戏，还需要受害者作为开玩笑被踢的"屁股"。在这种幽默中，有一种"隐藏的敌意"，唯一的标志是加害者"理论上至少是现场没有笑的那一个人"。新奇物品发明者 S. S. 亚当斯在用一条爆炸蛇瞄准一位客户的脸时没有笑出来。但他得到了他想要的——受害者退缩了，嘴角露出了客套的、为了保住面子的似笑非笑。这种幽默是相当严肃认真的（图 11.13）。

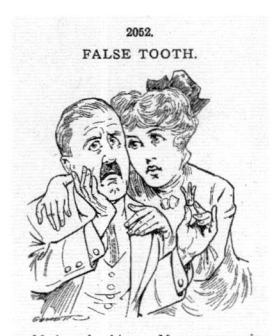

图 11.12　女性很容易成为恶作剧和小把戏的受害者。C. J. 费尔斯曼（C. J. Felsman），《全世界各地的新奇物品、恶作剧、小把戏、解谜游戏、魔术》（*Novelties, Jokes, Tricks, Puzzles, Magic from All Over the World and Every Where Else*），约 1915 年。

图 11.13　1939 年，S. S. 亚当斯向一位潜在客户展示爆炸罐头蛇；他没有笑。图片承蒙作者威廉·V. 劳舍尔（William V. Rauscher）和 1878 出版社（1878 Press）提供，康涅狄格州牛津市。

笑会伤人

　　第一次世界大战前后，早期新奇物品的狡猾发展为暴力，它们的虚无主义暴露无遗。几个世纪前，宾夕法尼亚州的德国人制作了隐藏着弹簧蛇的机关盒子，这些蛇的头部有锋利的钉子，一打开就会刺出去；这种好玩的刺客被称为"咬人盒子"。到19世纪末，各家公司销售的不仅仅是更新版的咬人盒子，还有会突然爆发、弹出和爆炸的新奇物品。其中一些的暴力程度出乎意料（许多产品后来都被禁售了）。一个珠光宝气的恶作剧盒子，里面有雷管和火药，打开后会毫无征兆地发出"一声巨响"。爆炸雪茄是最有代表性的暴力新奇物品之一，最初只掺了微量的化学炸药。发展到后来，雪茄会通过机械方式爆炸，但令人震惊的因素依然存在。1908年，一个改进的弹簧式雪茄专利解释说："雪茄在点燃后不久就会散开，看起来就像一把用旧的油漆刷子，而不会有零件飞溅到吸烟者脸上的危险。"（图11.14）

图 11.14　"你会在你朋友身上获得天大的乐子。"爆炸雪茄，法戈新奇物品公司，约 1900 年。

不可避免的是，暴力引发了暴力。20 世纪 30 年代，新奇物品制造商提供了无数廉价的爆炸物。1936 年，在本格产品公司可以买到的东西包括：汽车恶作剧炸弹、香烟小机关、班戈喷射装置、宾果握手振动器、蜂鸣器信件、手枪吊坠、爆炸火柴、爆炸香烟、爆炸雪茄、欢乐蜂鸣器、喷射火柴盒、掀盘气囊（Plate Lifter）❶、喷射书、喷射扑克牌、喷射珠宝盒、喷射火柴架和口香糖小机关。咬人盒子的精神得以延续在从假郁金香、扑克牌盒、草莓果酱罐、钢笔等各种东西中跳出来的蛇身上。各种看似真实的商品都在以意想不到的、往往是越轨的方式运作，反过来对它们的主人说话——或者说，吓唬它们的主人。商品越多，它们的分身就越有机会出来恶搞（图 11.15、图 11.16）。

残酷和暴力的新奇物品袭击了所有感官，扰乱了人们对听觉、触觉和味觉的理解。滴水杯子（Dribble Glass，发明于 1909 年）上隐蔽的小孔使其液体内容物会"顺着喝水人的下巴和衬衫前部滴下。受害者通常认为是自己的错；他们会擦干脸颊，并且还会一次又一次地尝试"。显然，在 1912 年纽约纸业经销商的年度宴会上，滴水杯子在总裁餐桌大受欢迎，"带来欢声笑语，也制造出许多亟待清洗的衬衫前襟"。"留蓝香"❷口香糖会让人嘴里变红，而胡椒糖会让嘴巴灼热刺痛。痒痒粉带来了"无休止的"瘙痒，越抓挠越严重。汽车恶作剧炸弹会使驾驶者以为车在爆炸，带来一种虽然"无害"却很折磨人的体验："只需连接到火花塞上，'受害者'一踩油门，'焰火'就开始了。它会乱射、吹口哨、尖叫并再次乱射，然后是一大团烟雾。"（S. S. 亚当斯承认："这可能是种微不足道的暴力……对于敏感的灵魂、脆弱的神经来说。"）无政府主义者炸弹是一种"液态化学品，会产生一种最为可怕的气味"。亚当斯 1904 年推出喷嚏粉（Cachoo Powder）时，在全国

---

❶ 由气囊、管子和充气泵组成（原理类似血压计），将平整的气囊偷偷垫在盘子下，按压充气泵可以使气囊充气、变形、掀翻盘子。——译者注
❷ 原文是 speartint，有染色的意思，而且和"spearmint"（留兰香）仅一个字母之差。——译者注

图 11.15　爆炸性新奇物品在第二次世界大战前风靡一时。格尔曼兄弟公司，《1937 年度买家指南目录》。

范围内掀起了一阵"打喷嚏的热潮"。仅在问世第一年就赚了 15000 美元，这位企业家真是能"把煤灰变成金粉"。所有这些东西都难以置信地大为流行。

许多新奇物品都是战时有关死亡和破坏的媒介的家庭版本，无论这些媒介是枪支、炸药，还是毒气。暴力和恶搞幽默之间的关系如此密切，导致许多新奇物品的技术被用于战争，反之亦然。发明于 1907

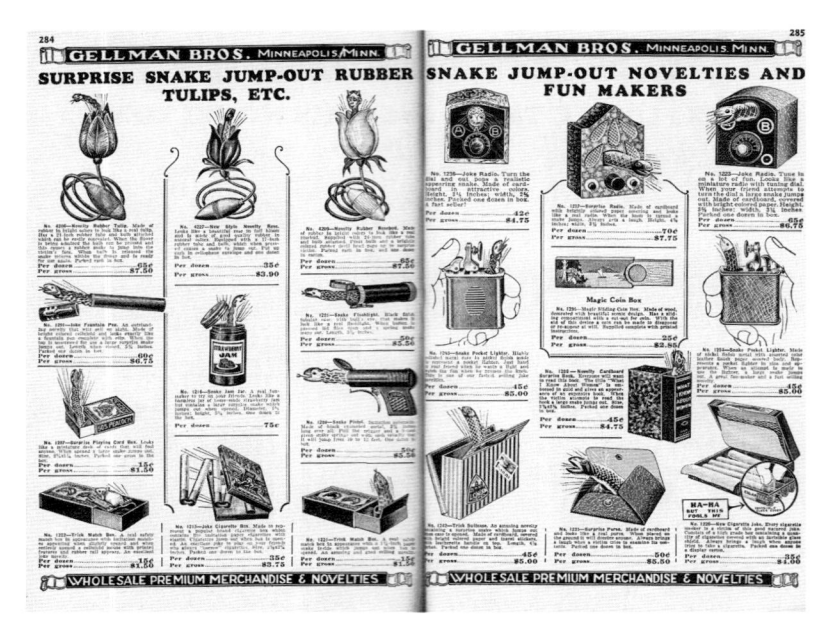

图 11.16　咬人盒子里的蛇的后代们找到了新的栖身之所，惊吓蛇会从各种商品里跳出来。格尔曼兄弟公司，《1937 年度买家指南目录》。

年的宾果爆炸装置是一个类似捕鼠器的机关，设计目的是引爆雷管。它被认为"比更复杂的装置要可靠得多"，在第一次世界大战中被军械部用于道路和杀伤人员地雷。

　　第二次世界大战期间，英国间谍在秘密行动中结合了新奇物品的把戏和诡计。特工们把痒痒粉撒在敌人的内裤、避孕套和除脚臭爽肤粉罐里。他们把手榴弹装在纸浆做的假木头里，把炸药藏在基安蒂（chianti）酒瓶和老鼠尸体里。一块块假牛粪中隐藏着情报和炸弹。（这不是木头，这不是老鼠，这不是大便。）几十年来，五角大楼一直在实验开发臭气弹。作为一种非致命武器，有效的臭气弹还是能够煽动"恐惧、惊慌和无法抗拒的想要逃跑的冲动"，创造出一种"令人厌恶、真正可怕的"气味。事实上，气味与情绪有着强大的联系，这就让无毒无害的臭气弹如此有趣，也如此令人恐惧。根据嗅觉专家的说法，"陌生的气味甚至比（人们）曾经闻过的最恶心的气味更容易引起恐慌"。

新奇物品公司也大量借用了战时的技术。用于飞机和船舰夜光仪表盘的镭，被用于儿童的新奇贴纸和成人的新奇面霜，以及牙膏，这有点令人震惊。新奇物品制造商采用了优化的橡胶加工工艺，本来是用于军用防水服装的，而他们用来制造更耐用的放屁坐垫、更传神的假肢、更巨大的仿制害虫模型。催泪弹钢笔采用了警用官方版的外壳，既是新奇物品又是个人防卫武器："只要戳一下——松开安全触发器——就会喷射出一团刺眼的催泪弹。立刻阻止、击晕对方，即便是最凶恶的人或野兽都会丧失行动力。"新奇物品有助于将所有这些暴力手段民用化。在战场上，宾果触发了地雷，而在家里，它让火柴盒、杯垫、餐盘、书本和香烟盒蹦跳、爆发，"满足了这种似乎没完没了的需求"。

人们需要新奇物品——最无聊、最垃圾的东西——特别是大萧条时期受胁迫的时候尤为明显。当时，主要的新奇物品经销商约翰逊·史密斯对其800页的目录——要付钱买的！——定期进行补充以跟上市场需求。H. 菲什洛夫公司的"大笑新奇物品"，一个微缩马桶型的烟灰缸，"让……眼前一亮"。S. S. 亚当斯在1932年推出了一个诡异且完全没用的产品——欢乐蜂鸣器，利用一个弹簧装置在你握手的时候震动起来。这是一个复杂的产品，组成部件包括大约30个弹簧、齿轮、销子、振动组件、打孔的盒子和盖子，生产起来既不简单也不便宜。它是美国制造的，不是进口的，零售价为50美分，相当于30个鸡蛋、1双丝质长筒袜或5加仑汽油（图11.17）。

欢乐蜂鸣器虽然是最艰难的时期推出的，却被证明是亚当斯最成功的新奇物品，为他赢得了诸如"恶作剧匠人中的爱迪生"和"业界亨利·福特"的美誉（福特本人也很喜欢这个小玩意儿）。美国人在欢乐蜂鸣器上市的第一年估计购买了144000个，随后几年购买的数量更多，使亚当斯不仅能够维持工厂运转，还能在国家就业率接近25%的时候维持他的所有劳动力。在不到10年的时间里，欢乐蜂鸣器的

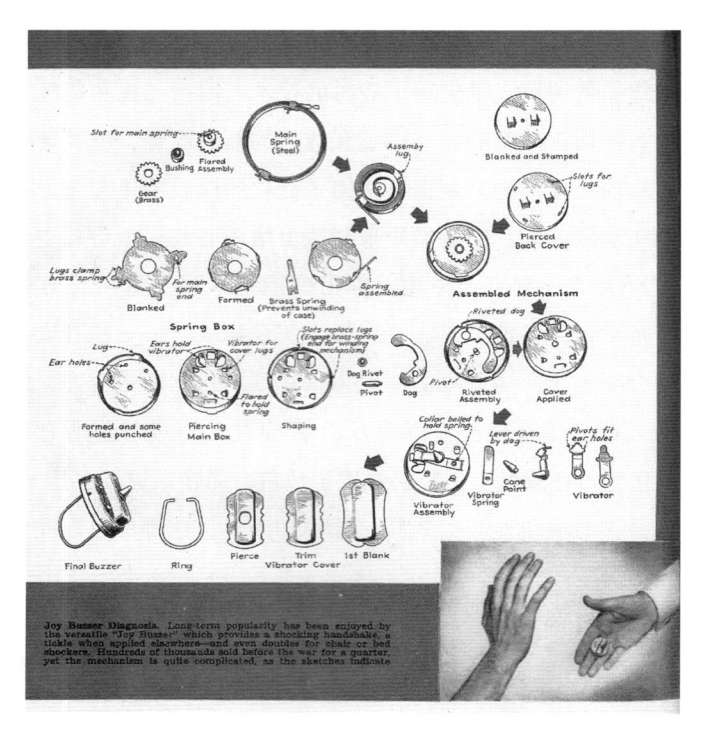

图 11.17　欢乐蜂鸣器的内部构造。《美国机械师》(*American Machinist*)，1946 年 8 月。承蒙 Informa Media Inc. 授权翻印。

国内销量超过 250 万个，1946 年亚当斯的年收入约为 25 万美元，在 4000 家商店渠道的零售额约为 200 万美元。其他新奇物品同样在艰难时代大开销路。20 世纪 30 年代中期，法美新奇物品公司的销售额达到了 100 万美元，这要归功于滴水杯子、橡胶甜甜圈等 3000 多种"无聊物品"的火爆交易。

　　20 世纪 90 年代，约翰逊·史密斯的老板承认，公司多年来的成功主要是由于美国人坚定不移地喜欢贬抑幽默（disparagement humor）："几乎所有的恶作剧中都有虐待的成分。是在实现人人平等。我把你拉到我的水平上，或者至少是在你太浮夸的时候戳破你的泡沫。在某种程度上，幽默是报复性的。"一位律师在为产品责任案辩护时指出，"如果一个人决定购买会爆炸出很大动静的雪茄并拿去送人，那么对这样的人来说,其他雪茄的有趣程度连它的一半都比不上"。新奇物品巧妙地省略了幽默和攻击,本质上是双面的、复杂的、不真诚的,而这正是它们备受青睐的品质。

屎成真了

新奇物品帮助人们认识到自己的弱点。有一些新奇物品,如"晦气眼睛""烈焰红唇""咕咕牙""大脚丫"和"大鼻子"等,关注的是反常现象。然而,还有一些新奇物品弱化了身体机能和人体混乱的实体观感,这些东西更加黑暗。"可怕事故面具"和"流血手指","丑陋疖子"和"流泪眼睛","打鼾机"和"吹鼻机","便便坐垫","模拟呕吐物","马桶烟灰缸",等等,都提示着人类持续的腐烂状态和不可避免的死亡。围绕这些事情,开玩笑比聊天谈论更容易。

尽管在 1930 年,S. S. 亚当斯拒绝了放屁坐垫的想法,认为它"太粗俗",但美国人其实至少从 19 世纪末就开始购买屎尿屁主题的新奇物品。例如,坐上椅子时,隐藏在"座椅喇叭"和"音乐坐垫"里的风箱会"发出可怕的声音,给附近制造麻烦"。一瓶瓶"放屁粉",形似马桶的瓷器小饰品,和各种含有茅房元素的东西,也在同一时期开始流行。就在亚当斯拒绝放屁坐垫时,假便便——人类的,犬类的,禽类的——已经成为一种不愁销路的常见新奇物品。

塑料呕吐物出现得更晚——大概不是因为缺乏市场需求,而是因为材料技术还没有跟上消费者刚刚萌生的需求。就像爆炸雪茄和假墨水一样,能开花结果的新奇物品必须是令人信服的模拟物,这就给生产执行层面带来了挑战。栩栩如生的塑料呕吐物,名为"呜呼"(Whoops),直到 1959 年才推向市场,因为制造商 H. 菲什洛夫就是花了很久才研究出如何制造。塑料技术的进步使乳胶和海绵结合在一起,制造出恰到好处的质地,使其变成恰到好处的形状。巧妙的是,菲什洛夫还设计了一种工艺,使得通常为白色的液体橡胶在固化后变成逼真的胆汁黄色。由于工人将液态塑料从桶中倒出，模仿真实呕吐物的流动轨迹，所以"呜呼"的形状看起来很真实。工厂早期的照片展示了假呕吐物的流水线，产品摊开晾干，就像许多刚出炉的饼干（图 11.18）。关键在于要让它足够真实，正如菲什洛夫的创意团队所说，要让它"恶心""反胃"。他们认为，其实，"这东西没什么好玩的"。但消费者群体并不同意，从公司推出"呜呼"的那一刻起，每年就能卖出成百上千个这种令人作呕的东西。按照新奇物品专家斯坦·蒂姆（Stan Timm）的说法，人们"就是会追捧这东西"。其衍生产品包括"信天翁大小"的假鸟粪"扑通"（Plop）和假的狗呕吐物"黏糊"（Glop）（彩图10）。这些东西因恶心而有趣。

图 11.18　H. 菲什洛夫塑料呕吐物工厂里摊开的饼干。图片承蒙斯坦·蒂姆和马尔迪·蒂姆（Mardi Timm）提供。

然而，塑料呕吐物其实是新瓶装旧酒——嘉年华狂欢传统的新奇和实物迭代，可以追溯到中世纪，甚至更早。战后的美国消费者周围全是新潮的电器和汽车，线条流畅、表面镀铬，而那些草根又粗俗的商品唤起了遥远而猥亵的过去，则让他们从中找到释放的出口。拉伯雷（Rabelais）写于 16 世纪中期的《巨人传》（*Gargantua and*

Pantagruel），生动地描述了嘉年华狂欢中受到控制的混乱和有节制的放纵——在这个空间里，规则被抛却，权力和地位等级被颠覆。参与者戴着面具，匿名，暂时摆脱了自己的身份，以奇特的方式自由行事。上层下凡，下层居上；压抑不再，皆可展示，文化的束缚被放开，礼节和端庄变得不合时宜。

一块块的塑料呕吐物——以及一瓶瓶有味道的放屁粉，放屁坐垫，还有假鸟粪——都是现代的、商品化的道具，召唤了拉伯雷的狂欢世界。他笔下的人物胡吃海塞、互扔粪便、泡在尿里。他们的屎尿屁幽默和"对文明改造的负隅顽抗"再次出现在 16 和 17 世纪的英文笑话书中。本杰明·富兰克林从不回避粗俗的幽默，喜欢人体排泄物和赘生物，从放屁、排便、撒尿和射精中找乐子。只举一例：他在 1781 年向布鲁塞尔皇家学院（the Royal Academy of Brussels）建议，应将科学奖颁发给能够使屁的气味更加芳香，而不是变得无法察觉的人。

其他人也试图将不便细说的真相发挥到极致。早期美国人痴迷于记录他们的排泄过程，因为肠道运动和坏死是健康或疾病的指标。例如，伊丽莎白·德林克（Elizabeth Drinker）[1]记录于 18 世纪的日记中提到了她家的肠胃问题，她常年在试验治疗消化不良、便秘和其他疾病的新药。当时流行的家庭医疗论文也涉及同样的问题。如果推荐的疗法没有效果，读者可以从一些催吐剂、泻药和栓剂中进行选择，以达到诱导或遏制的目的。

越是严重的疾病，似乎就越适合幽默的疗法。尽管痢疾是困扰美国南北战争士兵的最严重的疾病之一，但形似"人类粪便"的法国烟草盒在战斗部队中相当流行，而且很容易从淫秽图书和色情图片经销商那里获得。20 世纪 20 年代，人们可以买到一种笑话火柴盒，里面装有熟石膏做的微型模拟大便（图 11.19）。同时，市场上出现了假狗

---

[1] 18 世纪晚期居住在费城的一位妇女，从 1758 年到 1807 年坚持写日记，留下关于当时社会生活的史料。——译者注

屎"讨狗嫌"（Doggonit），一位零售商说这种产品已经"出名到不需要介绍详情。非常逼真。独立包装"。另一位零售商解释说，如果把它放在地板上，就会"引发一阵狂笑"。到 20 世纪中期，H. 菲什洛夫公司的一些恶搞盒子里也出现了假粪便。

图 11.19　假粪便可能会隐藏在无辜的火柴盒里（约 20 世纪 30 年代）。

尽管 19 世纪的礼仪大师们持之以恒地开化、改造不洁的大众，但美国人仍然对肮脏、原始和粗鲁的幽默表现出特别的热情。屎尿屁被如此彻底地禁止进入大雅之堂，意味着它是一种永远存在的威胁，需要警觉地管控。通过规则和约束来遏制的污秽，意味着它是无法完全征服的。对自己动物性那一面的不当行为而感到的焦虑，继续困扰着维多利亚时期的人们。与吃、喝、坐、站、走等几乎所有行为相关的大量规则，只能暂时遏制住人们的低级自我：身体的弱点随时可能通过嘴巴、鼻孔、肛门暴露出来。

为了达到"高雅"的境界，19 世纪的美国中产阶级尽可能地克制自己的嘉年华狂欢冲动，试图否认作为人类更容易感到羞耻的一些方面。1870 年的《巴扎尔礼仪书》（Bazar Book of Decorum）是无数礼仪类图书之一，讨论了揪耳朵（"不礼貌且有危险"）、手指长倒刺、笨拙地喝酒、"抽动"鼻子等问题。书里写道，典型的大老粗，"通常会把汤和油弄得满身都是",还把餐巾塞在纽扣眼里。他大口大口地喝着酒,"边喝边咳嗽,喷到周围人身上"。他的"奇怪举动"包括不仅会挖鼻孔,还会查看结果,"以便让旁边的人犯恶心"。新奇物品和普通商品销售商同时迎合人们内心的魔鬼与天使,以此来应对这种焦虑,使得控制和释放这两种相互冲突但又并存的冲动都能得到满足:一个人的羞耻是另一个人的乐子。他们的产品目录会提供以下这些东西,而且往往是并排展示:胡子保护器和假胡子,"高级的"亚麻毛巾和新奇的"手帕小喇叭"(一种发出噪声的吹鼻器),镀金的斯宾塞钢笔和消失墨水,甚至还有《求爱礼仪》(The Etiquette of Courtship)和《一车的乐趣》(A Cart-Load of Fun)这样从标题来看像是要决斗的廉价图书。

维多利亚时代的人们发现身体的变化——最明显的是进食、排泄和性——相当有问题,不仅因为让他们想起了自己原始的动物性,而且更重要的是,它们提供了身体无法被控制的确凿证据。我们只能暂时主宰我们的身体,因为身体永远处于变化和腐败的状态中,会不可避免地通向死亡。像臭气弹、放屁粉、放屁坐垫和假便便——最字面意义上的垃圾货——这样的新奇物品,正如富兰克林肯定会欣赏的那样,它们美妙之处在于展现了人们最想控制、掩盖和否认的东西,而且往往是以欢乐而毫无歉意的方式。

生而为人的荒谬感

新奇物品看似轻浮、短暂和无用,但随着时间的推移,它们有助于为探索那些最深刻的问题提供掩护,在关于现代消费文化的更大的对话中用商品的语言进行阐述。维多利亚时代的惯例依然存在,而且可以理解的是,人们仍然对身体如何背叛——无论是打嗝、放屁还是呕吐——感到尴尬。这曾经是(现在也是)作为人类的一个重要部分。

也许新奇物品相比其他任何商品而言，都更能让人们面对那些原本禁忌的、恐惧的以及被驱逐的东西。假粪便和塑料呕吐物（不）是有趣的。正如民俗学家格申·勒格曼（Gershon Legman）所观察到的，屎尿屁笑话可以唤起"愤怒、恐怖、震惊、冒犯或笑声——也就是幽默"。勒格曼认为，与排泄物或呕吐物相关的笑话对接收者来说"总是"一种"攻击"——不是因为这些笑话像爆炸性恶作剧那样令人震惊，而是因为它迫使人们面对自己的身体排泄物。"排泄行为本身是日常生活中熟悉的一部分，只有它们在公共场合现身才成为禁忌。"他如此写道。以身体为主题的新奇物品只是为这些禁忌提供了掩护。例如，"水管工"（或称"脑子里的感冒"），精准模仿擤鼻涕，只是声音被放大了至少十几倍，听起来像德国乐队的低音号。"流血的手指"，特色是"沾着大滴血迹"的纱布绷带，不仅让人感到恶心，而且把同情心变成"揭秘笑话时爆发出的笑声号叫"。"讨狗嫌"地板专用新奇物品会"制造疯狂爆笑"。约翰逊·史密斯以这种方式向其顾客宣传假呕吐物"呜呼"：

> 逼真到令人震惊的呕吐物！看起来好像有人吐了，吐了，吐了！为了搞个恶作剧，让你差点真的反胃了，太逼真了。它们由塑料制成，有着"最黏糊恶心"的造型，可以放在婴儿、狗、餐桌旁边，或者假装你刚呕吐过。这是我们见过的最令人反感、最肮脏的把戏。（在我们试用时引起了一阵骚乱！）

最好的恶心式幽默不仅能冒犯人们的感官，还能引起生理反应。像"呜呼"这样的产品足够真实，承诺"让你差点真的反胃"。是说这东西很好的意思。幽默在于恶心和惊讶带来的刺激：恶搞造成的本能反射是一种生理反应，将私下里不安的羞耻感和脆弱性，转化为公众场合里的奇观。

一段时间内，美国人似乎对最新款的新奇物品欲罢不能。20世纪40年代，人们可以在全国4000家商店里买到X光眼镜、恶搞盒子和尖叫鸡等。新奇物品经销商斯潘塞礼品公司，刚开始是做邮购的，1963年开设了零售连锁旗舰，大约有450家。菲什洛夫公司在20世纪60年代每年销售数百万个恶搞盒子。到21世纪初，海猴子已经成为一个市值数百万美元的企业，仅在2006一年的销售额就达到340万美元。"奇亚宠物"一直很受欢迎，2007年售出了约50万只。最近有个讽刺口吻的标题说："奇亚宠物往往在新奇劲儿过去后被安乐死。"

今天，美国人大多生活在一个后新奇物品的世界里，也许是因为，新奇物品作为连接我们与前现代的、肉体的自我残余的少数实体物品之一，在粉饰太平、青春永驻的超现实世界里，没有它们的容身之所，也容不下关于必死命数的深刻思考。人们并没有远离新奇物品本身；事实上，人们比以往任何时候都更习惯性地寻求新奇物品。虚拟世界立即满足了"对新玩物的热切渴求"，又为其创造了持续不断的机会。它是对人类现状的一种轻松而适意的逃避，是一种避免思考存在主义思想的方式。更实际的是，现在的个人羞辱是虚拟的、线上的、非常公开的，而不是在比较封闭、有凝聚力的群体中发生；相比之下，新奇物品带来的恶作剧似乎完全是老套的、"完全无害的"。

如果正如我所论证的那样，我们可以通过垃圾货固有的缺乏诚信、虚与委蛇和玩世不恭等特点来识别它们，那么我们应该如何看待新奇物品？因为它们是看似轻浮的东西，只是蜻蜓点水，而实际上帮助我们深入挖掘。通过嘲笑我们的身体机能，它们将我们最急于掩盖的东西暴露出来。通过嘲弄性和阳刚之气，他们将可能生死攸关的地位之争暴露无遗。通过弱化暴力，它们揭示了幽默和攻击是怎样有机结合的。愚蠢可笑、用后即弃、转瞬即逝且不胜其烦，但新奇物品终究是最深刻的。当被问及谁创造了假狗屎时，S. S. 亚当斯公司的总裁约瑟夫（布德）亚当斯回答说："我不知道是谁。狗会回头看自己的过去吗?"我问一位朋友,他觉得我们是什么时候开始从一个不需要塑料呕吐物的社会过渡到一个需要塑料呕吐物的社会,他回答说:"温迪,我们一直都需要塑料呕吐物。"他的话有道理。

尾 声
一个由垃圾构成的世界

垃圾不仅是美国历史的一部分，现在也依然活跃，并将在未来很长一段时间内伴随我们左右。我们生活在持续获得物质满足的状态之中。然而，总是有更多东西是我们想要的、需要的。例如，"风情假发遮阳帽"，是一个连着假发的高尔夫遮阳帽。空中商城（SkyMall）[1]的产品目录把它吹捧为"一个好笑礼物——特别是对于那些什么都有的人"（应该说是除了头发什么都有）。对于那些"什么都有"的人来说，完美的礼物难道不应该是什么都不送吗？（图12.1）

图12.1 这就是你给"什么都有的人"准备的东西。风情假发遮阳帽，空中商城产品目录，2011年。

那些什么都有的人总是可以拥有点别的什么，特别是一些垃圾货。

---

[1] 成立于1990年的美国邮购公司，专营飞机上放在座椅口袋里的邮购目录。——译者注

风情假发遮阳帽完美体现了我们与消费文化和晚期资本主义之间的关系。它没有目的,也没有存在的理由。它既不是高端的概念,也并非精工细作。它甚至可能不是一个受欢迎的礼物。

我们可能会嘲笑,反正我经常这么干,嘲笑垃圾货明目张胆的荒谬和自以为傲的愚蠢:无数的"煎培根器""神奇裤子搭扣"和"带翅膀的使者"小雕像。在这个完全物质过剩的时代,得要点创造力才能产生新型垃圾。真正有远见的人能够想象出彻底的新事物,无论是19世纪末上市的胡子杯还是近几年的东西,比如"光明节烛台装饰"(Menorahment),这是一种形似希伯来六芒星的圣诞树顶装饰物(Menorah)❶。聪明人能想出如何制造这些东西——将垃圾属性融入他们的设计中,并最大限度地利用规模效益,尽可能降低成本。不仅是制造,还要令人信服地推销垃圾,这也是个颇具挑战的议题。

但是,无论我们多么任性地取乐于最新款狗屁小装置的荒谬至极,或者最新款量产收藏品难以置信的过剩产量,或者仅仅因为便宜而"乐于接受垃圾",垃圾总是有代价的。所以我们作为个体也作为整个社会,必须扪心自问:这一切值得吗?生活在一个没有垃圾的世界会是什么样的?这是一个我们可以想象的世界吗?考虑一下:

涉及塑料——21世纪垃圾货的首选材料——的制造过程,向空气和水体释放有毒化学品而污染了环境。用廉价塑料制造的商品本意就是一次性的,更容易分解,但永远不会彻底消失。不久前,美国人是回收者、修理者、重复利用者。现在,我们是购物者和浪费者。老式垃圾货至少是用可再利用的材料制成的——金属、木材、玻璃、纸张、骨头和橡胶。新式垃圾货更短暂又更持久,它是由合成材料制成,可以永久生存,但不能被重新塑造成任何有用的东西。如此之多垃圾货的毫无价值的"尸体"充斥着垃圾填埋场,导致我们海洋中循环的

---

❶ 原指犹太人光明节时期用到的烛台,上面可以插七支蜡烛。——译者注

垃圾漩涡发生恶性转移。例如，太平洋垃圾带（Great Pacific Garbage Patch）由18000亿块塑料组成，重约88000吨。世界上有5个这样的漩涡，而太平洋垃圾带是其中最大的一个，这些漩涡不断扩大，其中不仅有塑料包装，还有垃圾货——乳房形状的啤酒罐盖子（Boobie Beer Covers）、香蕉狗（Banana Dogs），而且，是的，甚至还有风情假发遮阳帽，它们都在海里旋转着，永远地旋转着。它们不会像堆肥垃圾那样降解，为生命循环做贡献；相反，它们扼住生态圈的咽喉，使其加速死亡。这就是垃圾货留下的遗产。

劳动力剥削是垃圾货索取的另一个代价。廉价的东西不仅是由可疑的低成本材料制成的；生产商和销售商尽可能给工人少付工钱，才能拿到微薄的利润。大多数时候，这种工作是在海外进行的，条件恶劣——剥削真是说来话长，现在也是熟悉的故事了。20世纪下半叶，垃圾货的生产中心已经从德国和日本转移到了中国，那里的工人平均月薪是45~165美元。到21世纪初，垃圾货已经通过各种方式改造了中国。似乎在一夜之间，曾经用来种植庄稼、养家糊口的农田变成了"速成城市"，其组织和人口完全是为了满足出口商品市场，其中大部分是面向美国消费者的垃圾货。这些"工厂区"是被改造成商业中心的农村地区，为当地居民也为国际贸易商提供工厂、工人住房和购物商场。仅在一个镇上，"就有一个围巾专区，一个塑料袋市场，一条全是卖橡皮筋店铺的大道。如果你看腻了纽扣，"一位观察家提到，"可以到宾王拉链专业街去逛逛。"

为了制造这些东西，工人们必须"甘愿吃苦"。无论甘愿与否，2010年中国变成了世界上最大的商品出口国，中国工人在这方面发挥了关键作用——价值超过15000亿美元，占全球出口市场的19%，而1998年仅为2%，20世纪70年代末则几乎为零。这都是因为中国可以实现快速而廉价地生产。事实上，中国的出口价格通常比其他发达经济体低约60%。

零售商继续"纵容"大多数消费者"对廉价的病态喜爱"。早期杂货店演变成独立的固定价格商店，预示着更大规模的连锁店的出现，它们有充足的资本、集中的组织，并能够巩固力量来获得更大的市场份额。有些独立商店起诉连锁店的垄断行为，有些地方试图征税以帮助小商店保持竞争力，但大多数抵抗都是徒劳的。仅举一个有说服力的统计数字，国会在1926年至1931年间对30个小城镇进行的研究发现，连锁店的数量增加了近90%，而独立商店则减少了近8%。

留下的遗产并不鲜见，因为我们每天都会想起它们。一些垃圾货供应商肯定受到了品位、市场和鉴赏力变化的影响。有关种族主义、性别歧视和道德败坏的抗议已经降低了某些新奇物品的人气。例如，消费者抵制斯宾塞礼品店，因为它家有反爱尔兰的T恤衫和反阿拉伯的万圣节面具，还在儿童商品旁边随意出售"面向成人"的商品。一些收藏品也变得不那么受欢迎了：例如戈贝尔公司在2008年停止生产喜姆瓷偶，"因为销量急剧下降"。而值得尊敬的空中商城目录，自1990年以来一直在用几页垃圾货信息来娱乐航空旅客，其中包括真人大小的喜马拉雅雪人复制品和神奇头部按摩器，这本目录也在2015年停止出版。

但是，垃圾货行业里的其他生意却很兴旺。沃尔玛，像早期的连锁零售商一样，凭借其大箱的垃圾货挤占了小村镇和大城市的小型家庭杂货店。连锁1美元店的情况也是如此。在20世纪50年代末成立之初，它们专为低端客户服务，现在已被所有美国消费者接受。2004年，每三个家庭中就有两个家庭经常在这些以廉价为荣的零售商那里购物。在21世纪的头几十年里，所有的主流连锁1美元店的销售额都在稳步增长。例如，美元树在2006财年的总收入为39亿美元，比上年增长了17%；到2015年，这一数字已经上升到86亿美元。家多乐的收入2007财年是68亿美元，短短7年后增长到104亿美元。这是卖了很多垃圾货啊！

在折扣零售店的货架上，有相当大比例的商品是最垃圾的垃圾货。就像几十年前那种易燃的赛璐珞假花和会散架的尖锐塑料玩具一样，很多新商品不仅垃圾，而且有害。近年来，各种系列的廉价商品都会被召回："各类金属首饰"和万圣节塑料小桶的铅含量高到令人无法接受；使用陶瓷发热元件的暖风机有火灾危险；压铸金属玩具有"划伤危险"；遥控坦克有潜在的"燃烧危险"；飞镖套装有"误吸危险"的（与两起死亡事故有关）；棒棒糖"可能存在金属纤维或碎片"；宠物食物被塑料三聚氰胺污染；可伸缩狗链"有严重风险会造成受伤"；玩具枪有窒息危险。和过去一样，我们可以继续行使我们的自由"用自己的方式堕落"，这种精神显然已经非常美国式了，就像 1 美元店冷冻柜里的预包装苹果派一样。

因此，垃圾不仅重塑了美国之外的经济和社会，也重塑了美国。曾经，强健稳固、充满活力的制造业城镇，建立在雇用高薪工人、生产高质量产品的公司之上，而现在这些公司已经关门大吉；许多城镇已经成为海洛因窝点和冰毒实验室的罪恶之地。仍在国内从事制造业的工人们已经发现自己的工资停滞不前甚至下降，原因是生产外包导致外国竞争、工会影响力减弱等。曾经自己当老板的人，现在为别人打工，赚的钱几乎不超过最低工资，而且经常依靠公共援助来填补缺口。当然，讽刺的是，他们只能在"每日低价"的零售店购物，而正是这些零售店参与了对他们的剥削。雇员已经对美元树、家多乐等垃圾零售商采取了法律行动，因为他们违反了最低工资规定，剥夺了工人吃饭和上厕所的时间。可以肯定的是，这许多事情都与全球贸易中更广泛的宏观经济变化有关。但是，想象一下，如果我们能够超越"垃圾工业综合体"来思考和生活，那么剥削系统——从采购到制造到分配到销售——会如何被破坏颠覆。

事实上，垃圾的逻辑在很多方面可以被理解为一个贬低降级的循环，从东西的制造方式到东西本身都是如此。为了快速而廉价地生产，工人们必须被剥削，这就是为什么许多垃圾货生产商都落户在发展中国家或官方指定的工厂区，因为这样做可以规避国际条约中关于劳动条件的规定。贫穷又无权无势的工人们——无论是制造廉价娃娃的纽伦堡妇女和儿童，为 1 美元店编织柳条篮子的日本家庭，还是为斯塔福德郡陶器拉坯上釉的年轻男孩——他们的生命都被用来为更有特权的消费者制造商品。他们的劳动成果是垃圾的而不是美好的，这使得他们承受的剥削更有辱人格。反过来，西方的低薪工人又被用于销售这些垃圾——为大宗零售商上货、收银。此外，垃圾货本身也常常带有公开的贬损信息，无论是新奇物品的种族主义夸张模仿，还是性贬低的商品。我们对垃圾的消费只会鼓励这个贬低降级系统中的许多层级，通过物化弱者或完全抹去弱者的劳动来抹杀弱者。

此外，还有垃圾无处不在所带来的无法量化的、更加抽象的成本。我们现在交流的主要方式之一就是通过商品的语言，这是一个通常十分复杂的符号系统，被无意识地"解读"——物品的符号学。服装和家具的时尚潮流是我们最熟悉的标志物。但是，几乎每一个实体物品都带有某种抽象的意义，是内化的，而我们渐渐知道并理解。

这也不是什么新鲜事。19 世纪，美国人发现自己被越来越多的陌生人，以及新款的，甚至越来越实惠的市场商品所包围，他们开始依赖一种不断发展的物品的语言来帮助他们更好地理解他人的身份，并塑造自己的身份。通过他们所穿戴的、所拥有的、所展示的东西，表达自己的阶级、种族、职业甚至宗教等方面。个人物品也愈发标志着在特定群体中的成员地位，成为在特定同侪群体中寻求身份、建立地位的一种方式：我和你一样，我和他们不一样；我是你的上级，我是你的下级。随着时间的推移，特别是随着大规模经销商的兴起，物品更普遍、也更必要地成为地位和身份的标志。消费者的革命和易得商品的爆发，使这种语言变得更为精巧复杂、细致微妙。参与到物的世界中，用物质语言交流，变成必要的、必需的技能。人们会评判你和你的东西——并用相应的方式对待你——无论你是否也这样做。

今天，这种商品的语言是先进资本主义的语言：如果不援引资本主义本身，就无法从外部、从更高层面乃至批判性地讨论资本主义。它已经变得如此层累叠造。当今消费者其实相当热情地接受了诸如品牌商品这样的东西，成为跨国企业行走的广告，使它们成为我们的一部分。对许多人来说，衬衫上绣什么动物，牛仔裤口袋的针脚样式，手提包上印的标志，这些都是十分重要的。

那么，如果商品的语言不仅仅是商品资本主义的语言，而是一种特别愤世嫉俗、不诚实而又垃圾的方言，会发生什么？我们认为衣服作为快时尚产品，不会坚持很长时间。只要有撕开的接缝和破损的拉链，我们就会扔掉，不假思索地买新的。有些衣服设计成只穿一次的，甚至都不能洗。我们的家具也是如此。

即便我们可能认为是"好商品"的东西也往往是垃圾。今天的"艺术制品"——例如在礼品"画廊"中看到的吹制玻璃花瓶——是晚期资本主义的又一个虚构故事。人们倾向于寻找带有艺术家亲笔真迹的独特作品，以彰显自己的眼光和独到的创造力。但这些物品往往是在海外大规模生产的，生产机器能故意添加不规则的纹理，模仿出独特的、有价值的人类手工痕迹。签名也变成了空洞的符号，只是由机器冲压出来，或者由全天候专职的生产线工人手绘出来的品牌。而艺术家们的独特构思也不过是商品化的"外观"；它们的细微差异，是计件工人的产物，使之"独特"而又"艺术"：是相同的东西，但是又不同。

手工艺是门大生意。不管所谓的独一无二、与众不同、复古做旧还是手工制作，礼物制品是——而且一直以来都是——工业化和全球化的产物。今天，世界各地都有礼品行业的贸易展会，代表"礼品和家居贸易协会""礼物制品协会""礼品篮子协会""国际礼品和家居用品协会""气球理事会""印第安艺术和手工艺协会""北斯塔福郡餐具和礼物制品部门"，以及很多很多这样的组织。还有一些行业出版物支持"工艺品零售"和批发市场，包括《礼品与装饰品》(*Gifts & Decorative Accessories*)、《礼物制品新闻》(*Giftware News*)、《礼品节拍》(*Gift Beat*)、《纪念品》(*Souvenirs*)、《礼品与新奇物品》(*Gifts and Novelties*)。仅美国的礼品店在 2017 年的销售额估计约为 167 亿美元；

平均每个男女老幼都要消费51美元。据一位贸易观察家说，手工礼物制品"表达了手工艺人的道德、伦理、价值体系"。但实际上并非如此，因为礼物制品艺术家的成功依赖于市场的价值体系。礼物制品行业所销售的东西（"艺术制品"）和礼物制品消费者认为自己所购买的东西（纯艺术品）是两码事。

我们送给彼此的大多数礼品，都是从大批生产的劣质东西中挑选出来的。不仅如此，反常的是，我们更有动力去买好东西，而不是去做善事，因为我们会得到垃圾作为奖励。分发广告礼品的做法已经变得比过去还要胡作非为，而且更具强制性；因此出现了大量的"赃物"——"我们都有的东西"。根据国际促销品协会的统计，免费物品的制造、进口和分销，在2015年是一个价值208000亿美元的产业，这个产业全部建立在印着商标的圆珠笔、啤酒保温套、遮阳帽、马克杯、钥匙链、便笺、贴纸、手提袋、台历、卷尺、午餐盒、书签甚至急救包上。广告礼品协会为定制商标物品的供应商和分销商牵线搭桥，旗下有大约23500名会员，经手超过95万个品种的垃圾。

接受"赃物"并不能使我们成为有价值的礼品接收者，而是成为移动打广告的推广代理，在我们身上承载商业的世界。2017年，在参与网络调查的1000人中，有一半的人说他们一直都会带着促销品。广告商甚至不介意80%的接受者会用转送这些赠品的方式来拒绝他们，因为这只会更广泛地传播他们的信息，"进一步扩大品牌影响力"，而不需要额外的费用。而我们仍然通过接收礼品而得到了认可，即使它是廉价的、大批量生产的、不真诚的、不想要的东西。研究表明，得到免费的东西会让我们感到"高兴""感恩""赞赏"和"特别"。我们难道不值得更好的东西吗？

显然，我们的善意很容易被收买，因为我们继续被"取悦"，用亨利·邦廷的话说，"与物品的内在价值完全不成比例"。对免费物品的巴甫洛夫式反应，可以建立终身的商业忠诚和关系，理想情况下在消费者年轻时就已经具体化了。在21世纪的头几十年里，"儿童导向型赠品开支"高达数十亿美元，更不用说"广告游戏"（advergaming），即在线品牌娱乐体验，孩子们可以赚取虚拟积分来换取现实中的东西。每年在拉斯维加斯举行的棒球智囊团（Baseball Think Tank）等活动中，美国职业棒球大联盟球队的主管们聚集在一起，了解"球场内赠品和门票更新计划的产品趋势"。赠送"免费"人偶和其他"特殊"商品，不仅能吸引更多人去看比赛，还能使球队实施"动态定价"，即对门票的收费更高，让兴奋的球迷提前进场，这也意味着可以销售更多场内特许商品。

除了利用我们大脑本能对免费东西的渴望，通过卑躬屈膝的商业途径获得情感回报的这种想法，已经改变了馈赠本身这一行为。温情的文化曾经完全与利润无关，这种想法是错误的怀旧。但是，礼物商品、商务礼品、广告礼品、"赃物"——随便怎么称呼这些东西——的繁荣贸易表明，一些重要的事情已经发生了变化。区分礼品和商品变得更加困难，因此，也更难确定它们的交换究竟意味着什么。对于公司来说，商务礼品有助于"将赢利的目标放到一个更容易被社会接受的位置"，将经济上的需求伪装成礼物或奖励。根据一位学者的说法，把商品（而不是自己做的东西）作为礼品的"后果"之一是，"以礼品形式传达的信息，有可能消失在市场交易获得的东西所制造的持续背景'噪声'之中"。垃圾的免费东西既是礼品又是噪声。

这也会牵涉到道德伦理层面。商务礼品，即便是垃圾货，对重要的决策过程可能会造成何种影响？医药公司知道个人接触会对处方率产生积极影响，因此在广告预算中花了相当大的比例——数千万美元——让他们的销售代表将笔、遮阳帽、咖啡杯和雨伞等垃圾送给医生们。他们甚至打造了一个新术语——"关系营销"。

"关系营销"是晚期资本主义所设想、所需要的无数委婉用语之一：垃圾的生产和消费不仅重塑了我们的物质世界，也重塑了我们谈论它的方式。垃圾货需要促销式废话搭起的脚手架来把它从廉价无用的东西转化为有价值的东西，优雅而有效地避开了庆祝性的、玩世不恭的内容。以小装置为例，它们在市场上的销量靠的是宣传炒作多过实际功能。蔬菜切片机、食品真空密封机、GLH（Good Looking Hair，好看的头发，又称"罐装头发"）等各种设备都承诺能带来快速、简便、神奇，而且往往是具有娱乐性的转变，无论是帮你切出薄如蝉翼的蔬菜，还是按下按钮就让秃顶"消失"。"吹吹风"（Flowbee）理发"系统"将剪子和吸尘器结合在一起，减少了飞散的碎发，但该设备的"受害者可能看起来像是输掉了和吊扇的一场搏斗"。"闪亮器"（BeDazzlers）可以"把俗气的衣服变成镶水钻的奢侈品"，这可以是一个特色，也可以是一个漏洞，视情况而定。力牌厨刀声称"即便厨房刀具很少被要求切割的东西也能切"。何博士肌肉按摩系统（Dr. Ho's Muscle Massage System）呼应了一个世纪前的电疗腰带，该腰带声称通过"直接向脊髓发送电流"来缓解肝病、消化不良、坐骨神经痛、风湿病、肾脏疾病和妇科疾病。它也提供肌肉电刺激，承诺治疗"偏头痛、颈痛、脚痛、肌腱炎、坐骨神经痛、滑囊炎、痛经、腕管综合征、压力造成的失眠以及许多许多其他疾病"，并警告使用者不要在开放性伤口上使用。

面对大多数小装置不可避免的失败，消费者并没有放弃它们，而是继续为新形式的炒作买账。令人失望的表演只是鼓励我们购买其他东西，把希望寄托在下一个最新潮的东西上，无论是过去的新型伦勃朗土豆削皮器，还是现在的"红铜主厨"（Copper Chef）加大号不粘锅（"可以让你成为大厨"）。这种吹嘘非常有效，让我们相信小装置和其他形式的垃圾并没有让我们失望，而是我们让它们失望了。

但在很长一段时间内，垃圾已经以无数种方式让我们失望了。"廉价的狂热"已经造成了损失：我们甚至不能再得到像样的垃圾。塑料呕吐物具有多面而矛盾的特质，为我们的堕落现状提供了一个恰当的比喻。几十年来，它一直是新奇物品市场的可靠主力，但现在它太垃圾了，一无是处。网络评论者对现在中国制造的最新版本进行了严厉的批评："非常令人失望，看起来一点都不像呕吐物。""看起来很假的假呕吐物。""可怕的产品……不要浪费钱。垃圾。""只会让盲人上当。""不像人们预期的那样自然。"

我们对垃圾会有什么希望?除了劣质东西的劣质版本,我们是否真的应该期待它为我们带来点什么?毕竟,我们已经接受了这个堕落的物质世界,有时是有意的,有时是无意的。我们生活所需的东西——用来工作、表达自我、了解我们是谁、与他人建立关系——从根本上说是廉价而疏远的。矛盾的是,我们因这些冗余的东西而陷于贫乏。我们这个垃圾世界里不仅充满了塑料呕吐物的鉴赏家,也充满了家具脚(Furniture Feet)、抱抱娃娃(Huggles)和汉密尔顿收藏品小雕像(Hamilton Collection figurines)的拥趸。它有多么富于多样性和新奇性,就有多么缺乏诚意和严肃性。

我们贫乏的商品世界,是否意味着我们的思想和情感也陷于贫乏?在一个除小玩意儿、小东西和便宜货外一无所有的世界里,我们能感受诚意、找到意义、表达真爱吗?我们自己是否已经变成垃圾了?

致　谢

我已经数不清有多少次有人跟我说,"看到这个垃圾我就想到了你",这是让我非常高兴的。这些人有多年故友也有近年新交,有图书管理员和策展人,有同事和远方的通信者——他们都拥抱了这个项目的精神。垃圾将我们所有人团结在一起,鉴于我所要致谢的众多合作者们,这点应该显而易见。

这个项目始于我和朋友兼前编辑罗伯特·德文斯（Robert Devens）的一个相当胡闹的想法,我们在美国历史学家协会（或者是美国历史学会）度过了漫长的一天,晚上我们在丹·瑞安高速公路上行驶时,他的孩子在我们身后的儿童座位里唱着另类摇滚的经典老歌。一个相当超现实的时刻。我不确定他是否想让我这么认真地对待垃圾,但我确实这么做了。

随着时间的推移,随着这本书的成长,它从一个日渐庞大的人与机构网络中获得了支持和依赖。其中包括科研机构的众多图书馆、档案馆和博物馆的专业人士,他们对我们的工作至关重要。在项目的早期阶段,弗吉尼亚理工大学的参考资料档案员马克·布罗德斯基（Marc Brodsky）提供了关于南北战争时期"奖品礼包"的重要信息;一直以来,我在费城图书馆公司的前同事、参考资料主任康妮·金（Connie King）都会给我寄来19世纪垃圾货的绝佳案例,若非如此我自己恐怕注意不到。我的朋友、罗格斯大学卡姆登校区罗伯逊图书馆的参考资料馆员朱莉·斯蒂尔（Julie Still）,不仅解答了关于新奇商品和礼物制品的古早对应物的问题,还帮我在数字信号时代获取模拟信号时代的资料,让我重新认识那些古老但仍然有用的朋友,《期刊文献和社会科学读者指南》（*Readers' Guide to Periodical Literature and*

Social Sciences）索引。罗格斯大学的馆际借阅主管 Glenn Sandberg 负责将克力司吉文件的微缩胶片拷贝从安娜堡运到卡姆登。档案员朱莉·罗西（Julie Rossi）让我高效且富有成效地完成了在罗切斯特的斯特朗博物馆（Strong Museum）查阅 J. 埃德温·里奇（J. Edwin Rich）文件的工作。在印第安纳州历史学会，特雷莎·凯宁格斯内奇（Theresa Koenigsknecht）帮助我查阅了基普兄弟公司（Kipp Brothers）的商业记录，该公司是一家历史悠久的新奇物品和嘉年华奖品的销售商。达特茅斯大学档案和特藏部副馆长朱迪·法拉尔（Judith Farrar）慷慨地将 E. P. 查尔顿（E. P. Charleton）文件进行数字化处理，该文件揭示了 20 世纪早期廉价商店的管理。

　　研究基金资助我在三个机构驻留，这段时间在工作人员的协助下特别富有成果。在哈格利图书馆，出版物藏品馆长 Max Moeller 和参考资料馆员 Linda Gross 帮我找到了早期新奇物品贸易、小装置技术和 20 世纪日本商品贸易有关的材料。我在美国古文物学会的工作，特别是在吉吉·巴恩希尔（Gigi Barnhill）、南·沃尔弗顿（Nan Wolverton）和托马斯·诺尔斯（Thomas Knoles）的指导下，充实了美国早期的垃圾货历史。而杜克大学哈特曼中心的销售、广告和营销历史方面的了不起的人们，以各种方式做出了贡献，使我的研究之旅比我预想的更成功——也更愉快。其中，研究服务档案员特鲁迪·埃布尔（Trudi Abel）、研究服务图书管理员伊丽莎白·邓恩（Elizabeth Dunn）和参考资料档案员乔舒亚·拉金·罗利（Joshua Larkin Rowley）热情接纳了我的项目，开心地为我翻出各种东西，比如一盒盒富兰克林铸币厂制作的戴安娜王妃娃娃的相关文件，还有小装置电视广告的古早视频。

　　多亏了熟谙珍稀书籍和短效纸品（ephemera）的朋友们，我不用跑去很远的地方就能做很多研究；我大概可以承认，我对垃圾相关研究内容的收藏，毫无疑问是最为广泛丰富的。我从卡罗尔（Carol）和德恩·卡米（Dean Kamin）那里获得的第一批资料，是聚会用品店和魔术用品店的行业目录，展示了新奇物品的用法；其中许多图片出现在书里。自从我们第一次见面后，他们不仅成为本书的热情支持者，而且事实上也成为我的研究助手，为我找到了晦涩难懂但又非常宝贵的短效纸品，从明信片和广告牌到产品目录和小册子。另一个重要的盟友是特级书商彼得·马西（Peter Masi），他找到了各种类型的垃圾学材料，为每一章都提供了信息：诡异、奇特和非常古怪的东西，包括关于厕所幽默的书、古早的小装置目录和流动销售代理手册。商业界的策展人提供了许多支撑本书内容的档案记录，做出了宝贵的贡献。我不仅要感谢他们提供的东西，还要感谢他们的陪伴。

我也很感谢商业界其他人对我的支持：特别是芝加哥阿什（Ash）魔术品店的老板阿什先生，以及华盛顿特区的 Monarch 新奇物品公司的老板道格拉斯·罗宾逊（Douglas Robinson）。阿什先生从他深厚的库存中为我发掘出了古早的恶搞玩具和小把戏，而罗宾逊先生则向我传授了早期嘉年华奖品和游戏的奥秘。他们是那个年代的最后一批人了，祝愿他们健康长寿，生意兴隆。

值得思考的是，我们的垃圾世界从根本上说是物质的，不能仅仅通过语言来完全描述或理解。因此，这里的图片和文字一样重要；如果没有专业人士的努力和技术，帮我找到重要图片并协助提供可印刷品质版本，这本书就不可能成为现实。除上述人员外，还包括奥尔巴尼研究所（Albany Institute）的首席策展人 W. 道格拉斯·麦科姆斯（W.Douglas McCombs）和博物馆管理员杰西卡·勒克丝（Jessica Lux）；美国古文物学会的版权和翻印经理玛丽·拉穆尔克斯（Marie Lamoureaux）；哈佛大学维德纳图书馆（Widener Library）的摄影师罗伯特·辛克（Robert Zinck）；宾夕法尼亚历史学会版权和翻印部门的卡罗琳·海登（Caroline Hayden）；费城图书馆公司版权和翻印团队孔切塔·巴伯拉（Concetta Barbera）和安妮·麦克沙恩（Ann McShane）；谢南多厄河谷博物馆的藏品馆长 A. 尼古拉斯·鲍尔斯（A. Nicholas Powers）；纽瓦克博物馆的注册员 Andrea Ko 和图书管理员及档案员威廉·佩尼斯顿（William Peniston）；罗格斯大学图书馆特藏部图书馆助理戴维·库兹马克（David Kuzma），附属分馆经理迪安·迈斯特（Dean Meister）和资源共享协调员珍·莱伯（Jen Reiber）；以及斯科基文化传统博物馆的主管阿曼达·J.汉森（Amanda J. Hanson）。

更多不寻常的图片几经辗转得以在书中露面，其来源十分隐晦，得益于几位人士慷慨介绍，追寻不为人知的线索，并提供了他们自己的部分私人收藏来帮助我。《收藏家周刊》（*Collectors Weekly*）的莉萨·希克斯（Lisa Hix）让我与同好马迪（Mardi）和斯坦·蒂姆（Stan Timm）取得了联系，他们是新奇物品方面最博学的专家。感谢他们提供塑料呕吐物流水线的图片，该图片来自他们丰富的个人收藏。我很感激他们的支持和慷慨。马克·纽格顿（Mark Newgarden）帮助我找到了威廉·V.劳舍尔（William V. Rauscher），从他所著关于 S. S. 亚当斯的开创性著作中，得到了这位标志性新奇物品发明家演示爆炸香肠的照片，这又是一张重要的配图。我对劳舍尔先生的热情也深表感谢。费城艺术博物馆的照片助理策展人阿曼达·博克（Amanda Bock），能够确定摄影师阿瑟·格拉克（Arthur Gerlach）的传记细节，他的作品出现在早期《财富》杂志上，但不幸的是，此后逐渐淡出人们的视野。我很感谢她为我所做的努力，也很高兴能让格拉克的作品得到应有的展示机会。蒂姆·迪勃特（Tim Tiebout），这位摄影大师，也是有幽默感的人，他的技术通常被用于记录艺术杰作，却勇敢地努力实现了对宝贝时光小雕像和假狗粪的完美拍摄。罗格斯大学的慷慨资助使所有这些精彩的图片得以收录。

我很幸运地身居几个学术团体中，这些团体多年来一直鼓励我和我的工作，并对章节草稿提供了宝贵的反馈。其中包括麦克尼尔早期美国研究中心（McNeil Center for Early American Studies），特别是戴恩·里克特（Dan Richter）的鼓励；美国早期共和国历史学家协会（Society for the Historians of the Early American Republic）；商业史会议（Business History Conference），特别要感谢荣格·霍罗威茨（Roger Horowitz），他还邀请我在哈格利图书馆的研讨会上介绍一些这方面的工作。在我们自己的在罗格斯大学卡姆登校区利斯研讨会（Lees Seminar）上，阿尔文·莫恩（Arwen Mohun）深思熟虑地批评了这个项目的早期版本。我还有幸在两个研究生组织的会议上介绍了我的作品，即弗吉尼亚理工大学的布莱恩·贝托蒂年会（Brian Bertoti Conference）和特拉华大学物质文化中心的新兴学者研讨会。

我在罗格斯大学卡姆登校区历史系的同事们不仅对这本书的各个方面提出了精辟的批评，还允许我在许多快乐时光里讨论垃圾。我们圈子里的物质文化学者们尤其如此，包括妮科尔·别洛拉恩（Nicole Belolan）、金·马丁（Kim Martin）、戴维·内希尔（David Nescior）和玛特·怀特（Matt White）。我尤其要感谢我们在罗格斯大学的行政助理莎伦·史密斯（Sharon Smith）：对她来说，问题无论大小，她都会像变魔术一样让问题消失。

还要特别感谢手稿的匿名审稿人，他们的反馈帮助我澄清论点并整理想法。我也很感谢芝加哥的团队，包括我的编辑蒂姆·门内尔（Tim Mennel），他坚韧不拔的助手苏珊娜·玛丽·恩斯特龙（Susannah Marie Engstrom），以及目光敏锐的文字编辑因迪·库柏（India Cooper）。

还有许多人值得感谢，他们多年来一直支持我。我特别感谢我最喜欢的高中老师苏珊·费尔莫（Susan Fermer），她让我体会到了研究和写作的乐趣。我的密友莎伦·伊尔德布兰多（Sharon Hildebrand）、珍妮弗·伍兹·罗斯内（Jennifer Woods Rosner）和萨拉·韦瑟瓦克斯（Sarah Weatherwax）一直给予我特别的支持和鼓励。我也很感谢在我生命中出现的其他人，包括已故的威廉·赫尔方（William Helfand），总能找他来一场关于塑料呕吐物的生动谈话等。此外，还要感谢戴恩（Dan）和斯图（Stu），我在自由包裹（Liberties Parcel）寄快递准会找他俩。

最后，献给我的家人，从我心爱的比格犬塞西尔开始，它提醒我沉闷的电脑屏幕之外有更大的世界。每天都在想你。我也要感谢我的兄弟布莱克·伍尔森（Blake Woloson）和他的伴侣梅利萨·克尔（Melissa Kerr）；我的母亲琼·伍尔森（Joan Woloson）；我的父亲肯特·伍尔森（Kent Woloson）和他顽强的妻子琳达·伍尔森（Linda Woloson）。最后，也是最重要的一点，要感谢戴维·米勒（David Miller），他读了太多的草稿，并在深夜跑到苹果小屋去买火鸡、烤炉和土火箭。我爱你们。

把名字写下来并不算是报答，甚至不能完全体现这里每个人对这项工作的贡献，也不足以体现我对你们的帮助和鼓励的感激之情。让我举起会滴水的恶搞杯子，敬大家一杯。